创新生态顶层设计

THE TOP-LEVEL DESIGN OF INNOVATION ECOSYSTEM ECOLOGY

徐苏涛　谢盼盼　刘　赞　李志国◎著

新华出版社

图书在版编目（CIP）数据

创新生态顶层设计 / 徐苏涛等著.
－－ 北京：新华出版社, 2022.10
ISBN 978-7-5166-6510-7

Ⅰ.①创… Ⅱ.①徐… Ⅲ.①技术革新－研究 Ⅳ.①F062.4

中国版本图书馆CIP数据核字（2022）第190802号

创新生态顶层设计

作　　者：	徐苏涛　谢盼盼　刘　赞　李志国		
出 版 人： 匡乐成		**责任编辑：** 赵怀志　陈思淇	
特约编辑： 孙延青		**封面设计：** 刘宝龙	

出版发行： 新华出版社	
地　　址： 北京石景山区京原路8号	**邮　　编：** 100040
网　　址： http://www.xinhuapub.com	
经　　销： 新华书店、新华出版社天猫旗舰店、京东旗舰店及各大网店	
购书热线： 010－63077122	**中国新闻书店购书热线：** 010－63072012

照　　排： 六合方圆	
印　　刷： 天津文林印务有限公司	

成品尺寸： 170mm×240mm　1/16	
印　　张： 19.5	**字　　数：** 288千字
版　　次： 2023年4月第一版	**印　　次：** 2023年4月第一次印刷

书　　号： ISBN　978-7-5166-6510-7	
定　　价： 80.00元	

序　言

　　如果说改革开放第一个四十年末——2018 年中美贸易摩擦，是全球治理结构重构"大变局"的节点，全球加速从以西方文明为主导的全球化加速走向以东方文明为主导的全球化转变，进一步加速双循环发展格局；中国改革开放第二个四十年开端——2019 年中美科技博弈，是全球创新版图演变"大变局"的起点，中国从无农不稳、无商不活、无工不富走向无科不强，进一步走向科技自立自强；"十三五"末——2020 年在全球范围的新冠疫情，是全球经济社会发展的"大变局"的历史拐点，全球经济加速从半工业半信息社会走向智能社会，进一步倒逼生产生活方式的全面变革；那么，作为"十四五"开端——2021 年，将是应对全球治理结构之变、全球创新版图之变以及全球经济社会之变叠加的历史交点。

　　在这里，我们需要重新思考，究竟应该感叹中美关系回不到过去了，还是需要追问在新的历史条件下如何建立新型的中美关系，并在新旧两个超级大国竞合发展基础上进一步优化全球治理结构、促进全球和平与发展；在此时，我们需要重新反思，究竟应该感叹无法再通过韬光养晦闷声发大财，还是需要探寻如何在特殊的发展阶段、国情与地缘条件下如何走出一条无懈可击和自立自强的大国崛起之路，并在新科技革命与

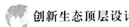

产业变革之中加速全球经济重心与创新中心向中国为首的新兴市场双重位移；在此刻，我们需要重新认识，究竟应该感叹疫情让我们重识不可承受生命之轻，还是应该站在更高的人文、理性与科学的维度上走出现代文明的脆弱，在人民日益增长的美好生活需要和不平衡不充分的发展之间重建新时代的经济社会。

如今当新时代的车轮和脚步进入了"十四五"，这是我国进入新时代后的第一个五年，也是两个一百年奋斗目标的历史交汇的第一个五年。经济社会发展进一步从以往的"推拉并举"——政府是推手、市场是拉手、企业是选手，走向"生态赋能"——政府搭建赛场、市场开放赛道、企业成为赛手。在新时代条件下，我们更需要逆势而为、另辟蹊径、奋发有为，将新一轮经济全球化与新一轮地区一体化、新一轮科技革命与新一轮产业变革、新一轮改革开放与新时代高质量发展、新一轮全球治理与新一轮社会治理有机结合，以高水平发育带动高质量发展、以高质量发展带动高效能循环、以高效能循环带动高速度增长，实现超周期逆势发展。

在此过程中，我们需要通过根植实际、回归常识、遵循规律、奋发有为，以新的发展方式、新的创新范式、新的组织模式与新的运作机制，在创新驱动发展和科技自立自强上，不仅需要促进科教资源、智力资源、创新资源、产业要素、财税要素、政策资源的适配，还要加快产业生态、数字生态、研发生态、创业生态、金融生态、服务生态的建设发育，亦要促进科技企业孵化器、大学科技园、创业投资以及产业互联网、产业创新大脑、大科学装置等等的布局建设，更要在企业成长规律、科技创新规律、市场经济规律、产业组织规律、公共治理规律之间找到平衡点，以质优创新生态带动经济社会发展轻盈地腾飞。

整体而言，产业生态是创新生态的主线，数字生态是创新生态的新段位，两者共同构成了创新生态的基本面；研发生态是创新生态的源头，创业生态是创新生态的灵魂，两者共同构成了创新生态的原动力；金融生态是创新生态的血液，服务生态是创新生态的基底，两者共同构成了创新生态的支撑点。这种创新生态的生成、建设与发育，从根本上取决于产业发展规律从工业经济条件下的模块化走向新经济条件下的生态化。

产业生态化，不仅导致经济形态加速数字化，还进一步强化了创业创新在产业发展、经济发展与科技变革中的核心地位，亦突出了金融创新、服务创新在科技研发创新、新兴产业组织中的基底作用。创新生态建设，无论对于科技自立自强，还是对于未来产业发展，抑或新型社会治理，将成为重要的着眼点、着力点、着重点。

本书包括总论、上篇、下篇和附篇。总论为"理论综述"，为"破除创新生态建设发展迷雾"一个章节，阐述本书关于创新生态的基本观点与基本架构；上篇为"生态发育"，主要包括"产业生态赋能国民财富创造、数字生态孪生创新价值增值、研发生态优化技术源头供给、创业生态海量试错衍生动能、金融生态撬动价值财富分配、服务生态优化创新资源配置"六个章节，就创新生态的不同方面系统论述；下篇为"平台建设"，包括"新型研发机构突出创新源头、大学科技园区搭建创新桥梁、天使投资平台点燃创业引擎、科技创业社区衍生高端创业、产业互联平台优化产业组织、政府引导基金助推做大做强、科技（学）城承载战略力量、政府平台公司赋能开发建设"八个章节，就创新生态建设的主要平台或政策工具的顶层设计、最佳实践以及创新精要予以分析；附篇为"组织方式"，为"创新科技自立自强组织方式"一个章节，重在阐述在创新生态条件下如何实现组织方式创新和创新组织方式。

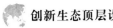

从自力更生到改革开放，从自主创新到自立自强，我们在站起来、富起来、强起来的历史进程中，必将拥有一个强大的中国。谨以此书，献给为中国自主创新、科技自立自强、新兴产业发展同仁，共同见证更加富强的中国引领世界未来的发展！

徐苏涛

2022 年 12 月 20 日于北京

目 录
CONTENTS

下篇 平台建设

附篇 组织方式

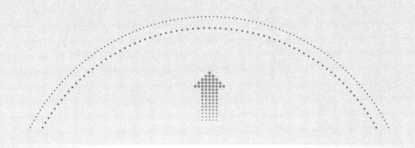

总论

理论综述

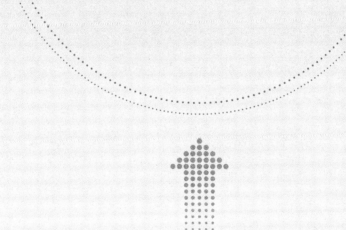

01 破除创新生态建设发展迷雾

伴随创新驱动发展的路数从创新体系、创新网络（系统）走向创新生态，创新生态建设、创新生态赋能逐步成为业内及社会各界发展的共识。但在新经济与数字化条件下，究竟如何理解创新生态？既不能是看不见摸不着的，也不能单纯予以热带雨林式的形象描述，而应该是看得见摸得着、有规律有路数的。简而言之，创新生态是"政、产、学、研、金、介、用"多类创新主体围绕创新能力提升与新兴产业组织而发生的一系列关系的总和，强调经济发展、产业发展、创新驱动是内生自生、自组织自成长、闭环的循环的、自动发展自动修复的，具有产业跨界融合、企业互联融通、资源要素聚合、空间服务耦合、开放协同合作等特点。整体而言，创新生态建设发育核心解决四个问题：一是资源适配，即科教资源、智力资源、创新资源、产业要素、财税要素、政策资源的适配；二是子生态发育，即产业生态、数字生态、研发生态、创业生态、服务生态、金融生态的建设发育；三是若干平台搭建，从 2.0 的科技企业孵化器、大学科技园、产业中试基地、创业投资等，到 3.0 的产业互联网、科技创业社区、大科学装置及数字基建等；四是遵循规律，能够在企业成长规律、科技创新规律、市场经济规律、产业组织规律、公共治理规律之间找到平衡点。在新的历史条件下，一个国家或区域需要充分把握创新生态建设发育逻辑，才能更好地带动经济社会发展轻盈地腾飞。

1.1 热带雨林成为新经济地理追捧

作为全球新经济策源地，硅谷具有最负盛名的"创新生态"，有人形象地称之为"热带雨林"。正是在这种雨林创新法则下，硅谷发展成为全球的创新尖峰，成为全球很多国家和地区学习榜样。整体而言，创新生态

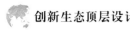
本质上是从传统经济地理走向新经济地理的产物。对于一个地区而言，无论科教智力资源是富集还是薄弱、产业发展层级是高端还是初级，创新生态对新经济时代的区域发展都具有普遍意义。

1.1.1 硅谷是全球最早的创新雨林

硅谷是全球最早的创新雨林，而对于硅谷模式也有着不同的解读。亨利·罗文认为"硅谷的优势在于此地怡人的阳光和气候"。《硅谷优势——创新与创业精神的栖息地》总结出硅谷模式的十个特点，分别是良好的游戏规则、知识密集、流动的高质量劳动力、注重实效的知识精英、奖励冒险容忍失败的氛围、开放的商业环境、大学研究机构与产业界的互动、企业政府与非营利机构间的合作、高质量的生活、专业化的基础服务。《构建高技术集群》归纳了硅谷高技术产业的成功模式，分别是科学家学习成为管理者、从商业角度出发从事科研并在企业内部完善科技管理；辨别创造并且抓住机遇、从大公司中衍生公司，新公司专注于参与竞争的领域、呼应时代的幸运。《硅谷中关村人脉网络》提出对硅谷模式的新看法，包括硅谷模式的灵魂是创业、一流的斯坦福大学与一流的科技园相辅相成、天使投资无处不在、崇尚的是系列创业家、创业者追求的是改变世界的商业模式、由于众多移民企业家而产生巨大的辐射和影响，最终形成一个从创业到创新型经济发展的良性循环。《硅谷生态圈：创新的雨林法则》提出了创新生态系统——雨林模式，在此模式下我们眼前浮现的是茂密的丛林，充足的阳光、空气和水分造就了物种的多样性；在雨林中一棵像野草的植株极有可能是整个生态环境中最有价值的新植物，今天的"野草"可能就是明天的"参天大树"，千万不要把那些特立独行的创新想法扼杀在摇篮中。如今"热带雨林"成为很多地区创新发展过程中的标榜，尤其是在营造地区创新生态中成为重要的发展共识。

1.1.2 热带雨林成就全球创新尖峰

《全球科技创新中心指数2020》在全球范围内研究遴选出30个城市（都市圈）作为评估对象，测算结果显示综合排名前十的城市（都市圈）依次为：旧金山—圣何塞、纽约、波士顿—坎布里奇—牛顿、东京、北京、伦敦、西雅图—塔科马—贝尔维尤、洛杉矶—长滩—阿纳海姆、巴尔的摩—华盛顿、教堂山—达勒姆—洛丽。尽管这个排名并非完美，因为很多依靠市场化、国际化、法制化的新兴城市（都市圈）并未列入，且入选的城市并非能够真正代表全球范围内的创业创新活力与水平，但也基本代表了重科技、轻创新的全球创新版图。但这其中，这些城市（都市圈）拥有三个共性特征：一是科教智力资源高度集聚，往往是有了著名高校院所的源头与池子，就有顶级人才与拔尖人才，就能更好地从事知识创造与科技创新；二是率先以创新驱动走向新经济，以创业创新为灵魂，不仅涌现出一批创新企业，还产生了一批新兴产业，提升了经济发展水平；三是具有质优的创新生态，以科技金融为杠杆、以数字基建为底盘、以全球配置资源为途径、以创新文化为底蕴。在其生态建设发育过程中，有如下作用机制：一是一流大学与一流城市有机结合；二是高度重视高新科技产业培育发展；三是一流工作居住环境吸引一流人才；四是头部企业扎堆是产业高地的核心；五是科技金融是创新生态的核心组件；六是都有自成体系的区域创业创新文化。

1.1.3 老树新枝与后起之秀都需要

在全球科技创新中心中，除了日本、中国、英国三个国家的首都，其他都是美国的城市（都市圈），其中旧金山—圣何塞、西雅图—塔科马—贝尔维尤、洛杉矶—长滩—阿纳海姆三个在美国西海岸，数量少于美国东海岸但影响大于美国东海岸；纽约、波士顿—坎布里奇—牛顿、巴尔的摩—华盛顿、教堂山—达勒姆—洛丽四个在美国东海岸。某种意义上，美国东海岸是第二次工业革命的产物，如今美国东部很多城市形成的科技创新中心（城市）是上一轮产业技术革命的升级版、迭代版，坚持了"基础设施—基础研究—应用研究—商业研究—转移转化—产业化"的正向链式创新，更多体现为经济增长带动研发、研发带动新兴产业进而带动经济增长。美国西海岸主要在 20 世纪迅猛发展，是第三次科技革命的产物，如今美国西部城市形成的科技创新中心（城市）是新一轮产业技术革命的延续，以高端产业带动高端研发创新、创业带动创新为基本逻辑，形成了从产业需求、市场需求反向配置资源的逆向创新，将基础应用研究、应用研究、基础研

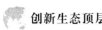

究与创业创新高度垂直一体化的创新。从美国东西海岸科创中心对比可见，创新生态建设不仅能赋能产业高地或创新高地，更能带动一些产业资源、科教智力资源薄弱地区加快成为创新尖峰，在新经济地理上异军突起。

1.1.4 新经济地理上创新生态赋能

在传统经济地理学上，哪里有钢铁、煤矿、港口、铁路等资源、区位优势，生产力布局、产业布局、产能布局就在哪里，而生产力布局、产业布局、产能布局在哪里，人才、资本、技术、要素、市场、服务等就流向哪里。这其中，一个国家或地方发展的核心，是基于资源禀赋的比较优势，而地区经济增长方式被归纳为生产函数——在一定技术条件下，投入多少土地、劳动力、资源以及企业家才能，就能有多少的产出。于是便出现了要素驱动、投资驱动等发展模式，也就是要素跟着投资走、技术跟着产业走、人才跟着市场走等资源配置机制。

在新经济地理条件下，哪里的创新生态质优，人才就会流向哪里，人才就流向哪里，资金、技术、资源、市场、产能、产业就流向哪里。这其中，有多大的发展不均衡、不协调以及有多大差距，就有多大的发展空间，而地区发展更重要的不在于天赋的资源禀赋、他赋的外生变量，而来自于自赋的人择优势。在创新生态之中，不再是"投入—产出"的函数关系，而是场景需求、智能技术、数字要素、平台服务、流量能量如何优化配置、同频共振、引爆奇点，进入"输入—输出"的生态演化；其核心是对人的价值驱动，让技术、资本、知识、资源等等都"跟着人走"。

1.2 创新生态是经济发展的永动机

从创新体系、创新网络（系统）到创新生态，人们对创新的发展范式纵向深化。这其中，"生态"就是有源头、有平台、有流量、有能量；生态赋能就是储能、孕能、使能、释能。在创新生态赋能条件下，创新生态构成了经济发展的"永动机"。

1.2.1 创新路数是如何迭代发展的

本质上说，创新是一个技术经济学概念，是以商业为目的、产业为导向的生产方式与组织方式再造,不仅包括产品技术创新、商业模式创新、管理模式创新、产业业态创新、产业组织创新、体制机制创新、思想文化创新,还包括跟随创新、集成创新、颠覆创新、引领创新等,亦包括串联创新、并联创新、矩阵创新、系统创新。在推进创新发展方面,最早倡导建立完善从国家到地方的"创新体系",基本上以科技基础设施、科研条件平台、科技园区载体为主;后来倡导建立完善"创新网络"或"创新系统",将创新从串联创新、并联创新与系统创新有机结合;再后来便是将"创新生态"作为共识,实现自组织自成长。之所以从讲求"创新体系"、到注重"创新网络""创新系统"、再到倡导"创新生态",其根本原因在于"创新体系"侧重平台载体,让创新能有所依托;"创新网络"侧重组织方式,让创新成为集体行动;而"创新生态"侧重生态环境,让创新成为无所不在的空气。

1.2.2 生态环境是如何创新衍生的

"生态"就是有源头、有平台、有流量、有能量。"源头"就是人才、资本、技术、思想的源头;"平台"主要是科技服务业;"流量"就是创业—企业—产业;"能量"就是新思想、新模式、新技术、新业态。形成生态赋能的结构,核心就是储能、孕能、使能、释能的四步法,恰恰与有源头、有平台、有流量、有能量相呼应。所谓"储能",就是依托源头聚合高端要素,形成人才、资本、技术、思想的"池子";"孕能"就是依托平台布局造势,夯实科技服务业的"台子";"使能"就是抓取创业、企业、产业的流量,从"茎"到"叶"再到"干",产生新的动能;"释能"就是释放新思想、新模式、新技术、新业态,以新模式驾驭新模式、以新模式架构新技术、以新技术衍生新业态。总而言之,"生态赋能"就是用资源要素的"池子"以及创新服务的"台子",让更多创新创业的"种子"落地、生根、发芽、开花、结果,以创业、企业、产业意义上的"果子",产生带动经济增长与社会发展的"柱子"。

1.2.3 创新生态是如何叠加嵌套的

如果说"创新"是一个发展主题,"生态"既是一个名词、又是一个动词,那么"创新生态"则是一种发展范式。这种发展范式具有产业跨界融合、企业互联融通、资源要素聚合、空间服务耦合、开放协同合作等特点,

强调经济发展、产业发展、增量经济是内生自生、自组织自成长、闭环循环、自动发展自动修复的，构成了经济产业发展的"永动机"。在创新生态建设发育过程中，核心解决四个问题：一是资源适配，也就是科教资源、智力资源、创新资源、产业要素、财政要素、政策资源的适配；二是子生态发育，也就是研发生态、创业生态、产业生态、数字生态、服务生态、金融生态的建设发育；三是若干平台搭建，从 2.0 的科技企业孵化器、大学科技园、加速器、专业园、创业投资等，到 3.0 的产业互联网、科技创业社区、大科学装置等及数字基建等等；四是遵循规律，能够在企业成长规律、科技创新规律、市场经济规律、产业组织规律、公共治理规律之间找到平衡点。

1.2.4 生态赋能是如何创新涌动的

如今从国家到地方、从政府到企业，大家都在寻求从"推拉并举"型发展结构及其发展机制，向"生态赋能"型发展结构及其发展机制系统转换。过去发展都讲选手、推手和拉手，这其中市场是经济发展的拉手——作为内需的消费和作为外需的出口，政府是经济发展的推手——政府的投资与政府引导的社会投资，企业是经济发展的选手——推拉并举的"四驾马车"中实现抓机会、赚钱以及扩大再生产的闭环。伴随世界经济从工业经济加快向新经济方向发展，以及全球化与逆全球化发展态势并存，一个国家或地区的发展，越来越强调经济发展、产业发展的内生性与自生性、自组织与自成长、闭环与循环，于是以"生态赋能"为代表的新经济发展范式应运而生，不再是"选手、推手和拉手"，而是"搭建平台、开放赛道、产生赛手"。政府需要去搭建平台、去做局，市场需更加放开、充满无数可能的成功渠道，而企业需要从以往被动性的选手成为主动性的赛手。这其中，让科教资源、智力资源、产业资源、创新资源、政府资源优化配置和适配，让"政产学研金介用"等多类创新主体实现自组织自成长的创新生态则成为重要的着力点、着重点。

1.3 创新生态最大价值是爆发增长

伴随工业经济走向创新经济，人类生产生活方式从基于物理空间的创新、走向基于虚拟空间的创新。在从半工业半信息社会走向智能社会过程中，人类生产生活进入将物理空间、物理硬件与虚拟空间、数智科技有机结合的数字空间。正是由于发展空间从一维世界、二维世界走向三维世界，传统生产函数限制了想象力，创新发展进入自组织自成长的新阶段，也正是在海量创新试错过程中产生了奇点爆发，进而为爆发增长形成了可能。

1.3.1 从物理空间向虚拟空间升维

在工业时代，人类生产生活方式建立在物理空间之上，很多国家或地区的发展是基于土地的一、二、三级开发建设运营。在信息时代，人类生产生活方式走向了虚拟空间之中，利用信息技术与平台企业链接一切的特性及其虚拟空间，打破时间限制与物理空间距离，使得企业超越区域小市场到面向全国或全球大市场。尤其是对于企业发展而言，能够从针对存量的"鳌头"到拓展增量的"长尾"，从人工操作处理为主到工具的程序替代，从封闭的以产定销到反向资源配置的敏捷供应，最终实现无边界、无距离、自成长的爆发成长。如今伴随从半工业半信息社会走向智能社会，物理空间与虚拟空间紧密结合，呈现出以数字化为基本形态、以智能化为显著特征的高维阶段。对于很多国家或地区而言，经济社会建设发展逐步从基于土地的一、二、三级开发建设运营，走向以数据的一、二、三级开发建设运营，也便决定了从创新体系、创新网络系统走向具有数字维度的创新生态。某种意义上，脱离数字化的创新生态仍然还处于一维的创新体系发展阶段，或者处于具有一定信息化基础的二维创新网络（系统）发育阶段。

1.3.2 传统生产函数限制了想象力

经济学上讲的"生产函数"，往往指在一定时期内，在技术水平不变的情况下，生产中所使用的各种生产要素的数量与所能生产的最大产量之间的关系。换言之，就是一定技术条件下投入与产出之间的关系。但在处理实际经济问题时，生产函数不仅是表示投入与产出之间关系的对应，更是一种生产技术的制约。在生产函数的逻辑下，这个投入主要是不同的生产要素，一般被划分为劳动、土地、资本和企业家才能这四种类型。"劳动"往往指人们在生产过程中提供的体力和脑力的总和；"土地"不仅指土地本身，

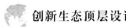

还包括地上和地下的一切自然资源，如森林、江河湖泊、海洋和矿藏等；"资本"可以表现为实物形态（如厂房、机器、原材料等）或货币形态（货币资本）；"企业家才能"指企业家组织建立和经营管理企业的才能。无论对于工业经济发展，还是传统发展经济学，一个经济体、经营实体的增长与发展，都与生产函数有莫大的关系。也就是说，只要在一定技术水平与技术构成条件下，加大相应生产要素投入，就会出现特定的产出。"要素驱动"、"投资驱动"，都是这个传统惯性思维的产物。

1.3.3 创新生态加速自组织自成长

进入创新驱动发展阶段，尤其是当前科技革命与产业变革条件下，新经济意义上的生产函数不仅仅关注在一定技术条件下的投入与产出关系，而是在一定技术构成、制度结构与组织方式基础上，如何"多快好省"地产生更高的效率与更大的效益；新经济意义上的生产要素不再单纯是人才、土地、资本、技术，更重要的是场景、智能、数字、平台、生态、流量；新经济意义上的组织方式不再是工业化、信息化、市场化、资本化等等，而是在场景拉动、智能引领、数字驱动、平台带动、生态赋能、流量聚合。就新生产要素而言，一是场景，其本质是需求再造与需要挖潜，主要是通过数据、内容、服务、工具、体验的有机结合开辟新的市场空间、消费空间、应用空间或想象空间等；二是智能，其本质是把不同的技术串联在一起更好地替代人工、满足人的需要，将人工智能与大数据、云计算、物联网、移动互联网、5G以及其他新技术、先进制造相结合；三是数字，其本质是信息化的升级版，主要是加快将人流、资金流、信息流、物流、商品流等转化为数字流及其价值流；四是平台，其本质是从做事到做局，具体而言是在上下游、买卖方、供需方之间从第二方走向第三方、第四方；五是生态，其本质是开放创新、共生共荣、共同成长的环境，既包括产业价值网上大中小企业之间的产业生态，也包括"政、产、学、研、金、介、用"之间的创新生态；六是流量，其本质是新的动能，既可以表现为创业，也可以是企业，既可以是人口，也可以是用户等。相对于人才、土地、资本、技术等生产要素及其机械化的组合或结合，场景、智能、数字、平台、生态、流量更具动态感、活力感以及无限的想象力及爆发力。当前，只有促进场景、智能、数字、平台、生态、流量的有机结合，才能形成全新的增长方式、发展方式，才能产生全新的生产方式与产业结构。

1.3.4 海量创新试错产生奇点爆发

在创新驱动高质量发展新阶段，需要围绕开放、多元、活力、共赢的生态环境，打破传统生产函数、生产要素及组织方式，探索全新产业组织方式，在海量创新试错中产生"奇点"爆发。

一是以场景拉动加快业态创新。这种场景创新就是从市场需求反向创新产业组织方式，就是围绕市场需求、市场应用、市场交易、终端服务、消费体验等，从正向配置资源的链式创新到反向配置资源的逆向创新，从支持行业供给到支持市场需求，进而产生全新的业态，构成了新科技革命与产业变革的重要突破口。相比土地、政策、资金等传统产业促进方式，场景能够提供需求、打磨产品，提供数据、改进算法，提供市场、迭代商业模式，而主动营造各类产业发展的场景成为催生产业爆发的新逻辑。

二是以智能引领再造生产方式。伴随人工智能等智能科技的突破、应用与发展，不仅能与大数据、云计算、物联网、移动互联网、5G以及其他新技术相结合形成新的技术构成与技术架构，还能与先进制造相结合形成新的生产方式、经营业态，最终从信息化到智能化创新产业组织方式，形成以物理设备、电脑网络、人脑智慧为基本框架，以智能政府、智能经济、智能社会为基本内容的经济结构、增长方式与经济形态。

三是以数字驱动加快互联融通。在新科技革命与产业变革条件下，最具有价值的行业一定是能够将人流、物流、信息流、商品流、资金流转化为数据流，最终转化为价值流的行业。在促进数字驱动面前，核心是从传统的供应链到生态圈与价值网，促进产业链、创新链、资本链、数据链、供应链以及人流、物流、信息流的资源共享、互联融通、开放创新、优化配置以及快速生成，最终形成"数据驱动＋平台赋能＋智能终端＋场景服务＋敏捷供应"的全新生产组织方式，加快产业跨界融合，探索以数字驱动加快互联融通。

四是以平台带动创新产业组织。伴随市场资源配置优化、生产组织方式优化以及产业组织创新，先后出现了企业与市场、市场与集群、集群与平台、平台与生态之间的相互关系、乃至相互替代，不断优化生产组织方式、资源配置方式、产业组织方式的关系。在平台经济与企业平台化条件下，不仅要打破企业边界、商业疆域、产业界限，还应成为产业创新生态的建设者、组织者与维护者，最终以平台带动创新产业组织。

五是以生态赋能激发市场活力。主要是在产业跨界融合、企业互联融通、资源要素聚合、空间服务耦合、开放协同创新的条件下，促进各类市场主体、创新主体能够把创新资源及产业要素流向产业、实业、企业、创业，并通过创业创新、转移转化及产业化等方式，转化为生产力和财富，并形成新的财富创造与分配机制。

六是以流量聚合优化资源配置。不仅要通过创业、创业、再创业，通过创新、创新、再创新，把高端创新创业人才、原创思想、先进技术、成熟经验知识等创新资源转化为生产力和财富；还要通过外贸企业、跨国公司、平台企业、国际产业园区等，通过跨区域创业、跨国经营、跨国技术并购、跨国技术转移、跨境贸易等提升全球资源配置能力；通过体制机制创新打破条块分割、多头管理的治理结构与治理机制，提升跨行政系统资源配置能力。

1.4 资源适配是创新生态发育核心

整体而言，创新能力的提升取决于资源适配结构与资源配置能力。这种资源包括科教资源、智力资源、创新资源、产业资源、财政要素、政策资源，相应地便出现了不同的科教型城市、制造业城市、资源型城市、创新型城市、商贸型城市、文旅型城市等，不同的城市需要扬长避短实现创新资源的优化配置、不同创新资源的适配。

1.4.1 科教资源是基本的发展母体

科教资源就是科技资源与教育资源叠加，能够共同支撑科学研究并能够教书育人的总和。最典型的载体是高校、科研院所及其科研教学平台载体，如国家实验室、重点工程实验室、研究中心等；亦包括跨国公司的研发总部、产业企业的研发机构等；还包括设计单位、行业协会、学会等创新枢纽组织及其业内资源。如前所述，全球科技创新中心或者创新中心，都是以科教资源高度密集为基础的。在以往惯性体制下，科教资源充足的地方，智力资源亦充足，但市场化发育水平低、体制机制障碍多，以至于创新资源积累不充分或释放不足。在创新生态建设发育过程中，对于科教资源的布局往往是成建制、成体系、成系统的，在整个创新资源优化配置与产业要素供给中具有基础性、源头性、衍生性等特征。以往科教资源投入机制往往以国家为主体，如今需要将国家投入、地方投入、企业投入、社会投入有机结合，从源头上保证科教资源的开放性、应用性。国家投入面向基础研究与基本保障等，地方投入面向产业培育与资源承载等，企业投入面向应用研究与市场需求等，社会投入面向公共服务与公益服务等。如今伴随东南沿海主要省份或城市成建制地引进高校院所，我国科教版图重构将带动创新版图重构，进而带动产业版图重构。

1.4.2 智力资源是最活的发展灵魂

创新驱动的核心是对人的价值驱动，智力资源是最活的发展灵魂。在生产函数思维下，作为"劳动力"的人甚至被视为是一种要素，而且人和要素跟着资本走，如今所有的资本、技术、要素都跟着人走。在新的历史条件下，需要将人才工作更好地和创业城市、创新城市、产业高地、开放城市等有机结合在一起，吸引集聚大量顶尖级、领军型、创业创新型、专业技术性、实用技能型人才，引导创业创新型、专业技术型、实用技能人才创业创新、投资兴业。在强化智力资源建设发育过程中，起步是通过改革开放充满大量的淘金机会、多样的成功渠道、富集的资源要素、良好的创新环境，一旦发展起来、产业高端化、政府财力具备，进一步推进人口结构、产业结构、公共服务、机制环境、创新生态的协同发展，建立全新的"选、引、留、用"机制，以人才战略带动人口战略，营造更加开放、包容、融合、创新的文化。这其中，高校重点集聚科教、科研人才；院所重点集聚产业技术人才；企业重点培养和集聚经营管理、创业创新、工程技术人才；机构或协会重点培育专业技术、实用技能人才；党委政府加强人才、人事、人社工作。

1.4.3 创新资源是最大的发展因子

一般意义上，创新资源主要是指能够快速转化为生产力和财富的资源要素，主要包括专利技术、风险资本、经验知识等。在此转化过程中，一般以为需要加强三个专门化、三个循环、三个创新。"三个专门化"即实现创业者的专门化（经验知识）、风险投资的专门化、职业经理人的专门化；"三个循环"即在区域层面实现经验知识、资金、信息的循环；"三个创新"即思想观念、商业模式和技术的创新。其中，"三个专门化"是创业式创新的组织保障，"三个循环"是创业式创新的聚合过程，"三个创新"是创业式创新赖以取得成功的关键。比如，在硅谷有很多系列创业家。这些创业者一般不随着企业做大上市而跟着成为公司的CEO。要想让企业发展得更快，创业者必须在完成创业后主动退出，这样创业者和大企业的职业经理在职能上就分开了。而这种基于"三个专门化"展开"三个循环"、"三个创新"的发展机制则逐步成为新经济深化发展的趋势，最终回答人才、资本、技术如何在创新源头、要素市场、产业企业之间形成高效对接及自由流动。

1.4.4 产业资源是最硬的生产要素

"产业资源"就是支撑和满足生产、释放产能、加速产业化的系列资源要素综合。最基础的是自然资源，如土地资源、矿产资源、能源资源、淡水资源、生产原料、海洋资源等等；最基本的是企业资源，如人力资源、技术资源、数据资源、财务资源、金融资源等；还有发展资源，如无形资产、业界资源等。我们常说的"把资源优势转化为产业优势、投资优势、创新优势"，更多的说的是自然资源；但很多时候难以实现，恰恰是因为这些自然资源并没有与企业资源、发展资源有机结合在一起。在形成生产力、释放产能、加速产业化过程中，往往不在于自然资源的多寡，而在于企业资源与发展资源能否形成合力。这其中，往往是很多自然资源富集地区陷入"成也资源，败也资源"的资源魔咒、路径依赖与技术锁定。对于很多地区的发展而言，核心是掌控资源在本地实现高附加值——突出创业人才、科技金融、产业技术等创新资源的创业创新动力，发挥总部企业、平台企业、要素机构等产业资源的产业整合能力，促进科教资源、能源资源的优化配置和产业生成。

1.4.5 财政资源是最实的资金杠杆

财政资源主要依托中央财力或地方财力形成。一般而言，财政资源对经济社会的作用主要体现在如下方面：一如拉动经济增长，转变财政资金扶持方式、促进投资结构不断优化，尤其是积极的财政政策对于拉动经济增长具有强大的引导作用与杠杆作用；二如促进结构调整，财政资本流向哪里与增长来自哪里往往是正相关；三如积极培育市场，加快产业培育力度，落实企业税费优惠政策，推进企业减负增效，加大创新创业支持力度，进一步推动创新驱动发展。在分税制条件下，目前很多地方财力主要依赖土地财政，伴随经济社会发展，未来将加速向金融财政转变。政府在"科产城港金"的发展结构下，进一步优化土地收入及房地产衍生收入、生产性税源与消费性税源、企业所得税与个人所得税、实体经济税收与虚拟经济税收的结构与配比，为加快营造质优创新生态创造良好的条件。

1.4.6 政策资源是根本的制度安排

"政策资源"是指一个国家或地区为实现一定时期内社会经济发展战略目标而制定的指导资源开发、利用、管理、保护等活动的策略。纵观世界各国发展经验，无论是产业企业的制度/政策需求，抑或政府的制度/政策供给，都拖离不了三个层面：一是针对微观基础如何优化资源配置，主要是立足产权制度等促进人才、资本、技术、土地以及其他资源的配置；二是围绕市场机制如何创新产业组织方式，主要解决市场失灵和培育市场，面向产业体系、产业集群、产业组织、产业准入、市场培育等方面；三是面向宏观治理如何优化生态环境建设，核心是以相应的政治法律财税等制度安排，让真正创造财富的群体以更低的交易成本、更集中的精力获得优先超额回报。在制度产品需求与制度产品供给的互动发展下，建立覆盖技术创新全链条及关键节点的政策体系与体制机制安排。如通过产权改革、期权等股权激励优化企业产权结构，加强商事制度改革以及知识产权保护、品牌培育、市场准入，构建多层次资本市场等优化投融资及科技金融体系，

促进重大成果产业化落地及产业融合等加速科技成果产业化，综合采用税费减免、项目支持、各类补贴、政府采购以及示范工程等培育市场，促进中介机构发展等等。

1.5 让创新生态更加看得见摸得着

相对于传统营商环境，创新生态更富有内涵和生动性。但创新生态并非看不见摸不着，恰恰是看得见摸得着的。具体包括产业生态、数字生态、研发生态、创业生态、金融生态、服务生态等。从基本面来看，产业生态是创新生态的主线，数字生态是创新生态的新段位；从原动力来看，研发生态是创新生态的源头，创业生态是创新生态的灵魂；从支撑点来看，金融生态是创新生态的血液，服务生态是创新生态的基底。在创新生态建设发育过程中，产业生态赋能国民财富创造、数字生态孪生创新价值增值、研发生态优化技术源头供给、创业生态海量试错衍生动能、金融生态撬动价值财富分配、服务生态优化创新资源配置，共同构成了生动、开放、多元、活力、多彩的创新生态。

1.5.1 产业生态赋能加持财富创造

整体而言，"产业生态"更多的是侧重产业链上中下游、大中小企业之间的关系，主要从"块状经济—产业集群—产业生态"演变而来。块状经济本质是规模经济，主要是围绕大企业产品配套而聚集在某一特定区域，或由于产品相似出现在某一区域的产业集聚，也就是产业空间集聚与专业空间集聚；产业集群本质是范围经济，主要是在某一特定领域内，在地理位置上邻近、有交互关联性的企业和相关机构，并以彼此的共通性和互补性联结，呈现出产业高度集聚、价值链条完善、企业协同发展、服务体系完备、产城融合发展等特点；产业生态本质是网络经济，以链接一切、平台型企业、网络化生产、去中心化为代表，各次产业、各类企业、各类资源共生共荣、竞合发展、开放创新。伴随产业模块化到产业生态化，认识产业生态需要从以往产业价值链到产业价值网。在产业模块化条件下，本质是产业价值链的分解分解再分解、融合融合再融合；但在产业生态化条件下，是产业价值网的融合融合再融合、跨界跨界再跨界。这种"产业生态化"不仅将以往产业链、创新链、资本链、数据链、供应链从串联创新到并联创新，还将以往的人流、物流、信息流、资金流转化为数据流、价值流，最终实现要素设施共享、企业互联融通、开放协同创新、资源优化配置以及产业快速生成。这其中，产业价值运动从串联的分解、并联的融合到了各次产业之间的跨界，并不是以往的产业价值链无法继续分解、融合，而是爆发成长、裂变发展的新业态新模式却更多的是通过"穿透"价值链，进入了"产业价值网"。下文《产业生态赋能加持财富创造》，指出伴随工业经济走向数字经济，经济发展的核心是从工业思维向产业思维，而从工业思维向产业思维的核心是从大规模生产条件下的产业模块化向跨界融合条件下的产业生态化升维。而在从产业模块化向产业生态化认知升维的过程中，逻辑起点是从传统产业价值链的一维世界走向产业价值网的三维世界；主攻方向是从一般工业化发育走向产业高级化；工作重点是从传统产业集群的价值链分解、产业链集聚走向多个产业跨界融合的产业族群；组织方式是从传统工业组织方式走向新兴产业组织；目标诉求是从滚动发展的线性增长走向生态赋能的爆发成长。

1.5.2 数字生态孪生创新价值增值

数字生态就是在数字经济、数字社会、数字政府等方面建设过程中，如何将人流、物流、信息流、资金流转化为数据流，嵌入到产业链、价值链、创新链、资本链、服务链之中实现价值转化与释放，衍生生产力和财富，进而产生全新的增长方式、生产方式、生活方式或治理方式。在数字生态建设发育过程中，其一，加快数智技术跨界是发展动力，借助互联网插上人工智能、云计算、大数据、新一代通讯的翅膀，将数字化、智能化、网络化结合在一起，围绕前沿技术、高新技术领域交叉融合、颠覆性技术突破催生等未来领域，紧盯全球未来产业发展趋势，形成一批具有领先优势的原创新技术、新产业、新业态，加快数智技术与先进制造、城市管理深度融合。其二，布局数字基础设施是发展基础，加速建设以数字基础设施为代表的"新基建"，将过去的智慧转化为智能，让数据从中自动发生作用，实现万物互联，核心是完善现代通讯（5G/6G）、下一代互联网、物联网等网络基础设施，

建设城市园区数据资源平台、算法服务平台等大数据平台和综合治理平台，推动"城市大脑"等在交通、医疗、政务、安防、城管等领域示范应用。三是加快数字生态孪生是重要着力点，打破以往注重政务、生活、财政、安防、交通、口岸、教育、医疗、房产、环保、养老等各细分领域的上下贯通的顶层设计，加快从打造条块工具转向构建生态协作与市场化、企业化、平台化、商业化运作机制，在若干领域培育出基于新场景的全新商业模式、生活方式、产业形态。在下文《数字生态孪生创新价值增值》中，指出尽管自数智科技兴起以来，数字经济成为重要发展趋势，数字化变革成为产业转型升级的重要脉搏，数字化成为重要手段，并在日后的经济重建中亦发挥了独特的作用，成为新发展的共同指向。如今我们更加需要重新认识数字化发展的范式，更好地拥抱数字型产业组织，加快数字生态建设发育，建立以数字一、二、三级开发的创新生态。

1.5.3 研发生态优化技术源头供给

从技术生命周期来看，研发生态就是在前端的基础研究、应用基础研究（共性技术研究）与中端的商业应用研究、商品开发之中，围绕"科"与"技"的"成"与"果"、"转"与"化"，政产学研金介用等各类创新主体之间关系的总和。整体而言，研发生态核心是高校院所研发主体与企业创新主体之间的关系。

从中美研发生态协作关系比较来看，美国的高校院所重点承担基础研究与共性技术，而美国的企业已经实现从后端的产业化规模生产向中端的商业应用研究、商品开发、工艺开发以及前端的共性技术位移，二者形成了良性的组织分工协作；我国高校院所整体上以有限的基础研究为主，部分具有共性技术研究、商业应用研究的能力；而我国企业整体上以规模生产为主，并从后端往商品开发与工艺开发位移。此外，政府与相关研发创新主体的关系也是重要的内容，尤其是共性技术研究与中试加速环节是政府解决市场失灵的重要着力点。

从整个技术生命周期来看，研发生态建设具有如下取向：对于前端的问题，核心是科研导向和人才评价的问题，需要打破唯论文、唯专利、唯"成果"，建立以商业检验价值为导向的立项机制、评价机制和验收机制；对于中端的问题，核心是科技成果转化相关的制度安排与体制机制；对于后端的问题，主要是提高产业组织实施能力——系统性降低创业及产业化风险，优化企业创业治理结构——让合适的队伍推进创业及产业化。在下文《研发生态优化技术源头供给》中，指出国内外一批新型研发机构、新型研发机制、新型研发模式、新型研发业态等均表现出多元主体合作、研发各环节边界模糊、市场需求导向、新场景新物种引领等生态化特征。而在科技自立自强与打造战略科技力量的新时代条件下，研发生态建设成为提升原始创新能力的源头和决胜未来产业的利器，需以完善科研管理体制体制全面激发全社会创新活力。

1.5.4 创业生态海量试错衍生动能

从企业生命周期来看，创业生态就是从商业计划书到创办企业、从初创期到跨过"死亡谷"、从成长阶段走向高成长阶段、再从成熟期走向"二次创业"过程中，围绕科技成果、商业模式、创业投资、产业导入以及创业政策等投入的不确定如何转化为生产力和财富的确定性，在创业者（创业团队）、投资者（机构）、创业服务机构、产业企业以及政府机构之间产生的关系。这种从不确定性到确定性，依赖的是技术试错、产品试错、创业试错、企业试错、产业试错、区域试错等等。从最早的"讲故事"及商业计划，到后来的技术路线及产品概念，再到商业模式及管理架构等等，每一步创业行动，无不接受投资者、消费者的市场检验，以及自我的、员工的矫正。而在检验过程中，如果方向正确就要在现有方向上不断调整和进一步完善；如果方向选择错误，轻则转换路线方针、重则立即关闭企业。正是由于大量企业同时试错，必然会产生大量失败案例，而只有少量创业企业能够存活并发展起来。然而当创业行为嵌入一种具有"传帮带"创业文化、生生不息创业精神的网络环境中，创业资源不再贫困、创业行为不再孤单、创业成本亦不再高昂。这其中，与生俱来的偏执特质，改变世界的伟大梦想，自由自主的原创思想，生生不息的创业精神，试错验金的创新文化，传帮接带的人脉网络，不拘一格的天使投资，赢家通吃的商业模式，是创业生态中的重要元素。在下文《创业生态海量试错衍生动能》中，指出伴随科技革命日新月异与产业变革大破大立，使得技术生命周期、产业生命周期、企业生命周期变得越来越短，变革式创业、颠覆式创新不断打碎传统产业价值链、重建游戏规则、重塑市场格局、重构产业版图，只有不断地创新创新再创新、创业创业再创业才能适应新发展环境。在此过程中，只有真正源自社会、民间、市场生生不息的寻利行为、生产性行为，才能回归"大众创业、万众创新"的原本，才能无穷尽地释放一个国家、时代与社会的活力。而中国的"大众创业、万众创新"不仅确立了创业作为中国经济内生增长的根本动力及源头地位，还吹响了中国经济从工业经济逐步向创新经济、后工业时代过渡的号角。

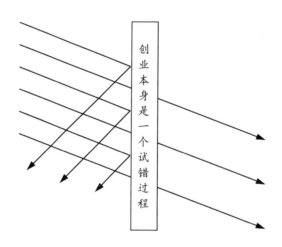

图：创业的本质是试错

1.5.5 金融生态撬动价值财富分配

每次大的产业革命，都发源于技术创新，成就于金融创新。在创新生态语境下，金融生态从科技金融到金融科技，从交易平台到数字货币，是政策性、市场性、平台性资源与机构及其相互关系的总和。金融生态[1]不仅包括形成政府资本与社会资本、金融资本与产业资本、直接融资与间接

---

[1]　以下主要是指狭义的、偏科技金融、产业金融意义上的金融生态。

融资的科技金融体系，还包括覆盖从金融科技到数字货币的新技术新业态新规则，亦包括从交易平台到财富分配的关系。金融生态不仅让各类资本参与创新活动、分散科技创新的风险，分享科技创新收益；还让科技创新更快、更大的财富化，为资本带来更为丰厚的回报；还通过数字货币、金融科技固化新的财富创造与分配制度。在下文《金融生态撬动价值财富分配》中，指出围绕产业链布局创新链，围绕创新链布局资本链，建立覆盖技术创新及产业发展全链条及关键节点的科技金融服务生态，成为一个国家和地区培育新兴产业、加快创新发展的战略手段。针对技术生命周期不同链条及关键节点金融需求，建立覆盖技术创新及产业发展全过程、多功能、多层次及普惠型的政策体系、服务体系及工作体系，是科技金融创新与金融生态建设的目标模式、主轴主线及根本任务；而着眼技术与资本对接效率不高等问题，从不同环节及层面设计科技金融工具及金融服务产品，创新有关政策、手段及渠道，使得创业型企业、新兴产业的有效融资需求得到充分满足、使得创新资源优势得以充分发挥，是科技金融政策的核心价值及切入点。

1.5.6 服务生态加速创新资源循环

在创新生态语境下，服务生态主要是科技服务生态。这种服务生态立足研究开发服务、技术转移服务、创业孵化服务、知识产权服务、科技咨询服务、科技金融服务、检验检测服务、综合科技服务等，充分发挥资源属性、产业属性、平台属性、生态属性，成为创新资源聚合器、战略发展增长点、高端创新辐射源、政产学研黏合剂。如今无论对于科教智力资源薄弱地区，还是对于科教智力资源密集地区，科技服务业往往能够"以科技服务带动科技创业，以科技创业带动自主创新，以自主创新壮大新兴产业，以科技合作实现全球配置"，使得诸多地区初步走出了一条"创新驱动、内生增长、开放合作"的开放创新发展之路。目前，我国科技服务生态建设，主要依托高校科研院所溢出、大企业开放资源、服务机构专业化、新兴服务业态、行业联盟服务等，其发展的关键是不仅作为一种产业来发展——具有市场自生能力，还作为一种服务体系来发展——解决市场失灵、承担政府培育市场

的公共服务职能，尤其是探索促进创业创新的新机制新模式，为我国科技自立自强、打造战略科技力量开辟了新的视野。在下文《服务生态加速创新资源循环》中，指出通过建立完善覆盖技术创新全链条、产业生命全周期的科技服务生态，不仅成为一个国家或地区率先加速各类创新资源要素吸引、集聚、流动、融合的核心载体，还成为区域创新中心城市提升高端创新资源及产业要素承载能力、链接能力的战略举措。核心是科技服务生态充分发挥资源属性、产业属性、平台属性、生态属性，发展成为创新资源聚合器、战略发展增长点、高端创新辐射源、政产学研黏合剂，成为打造国家战略科技力量的重要依托。

1.6 打好重点创新平台建设组合拳

整体而言，各类创新服务平台是创新生态建设的核心载体，也是各子生态建设发育的重要依托，本文重点列举了一些近年来很多地区重点搭建的平台载体，但在实践过程中并不局限如此，譬如大科学装置、企业加速器等等。如下所列举的平台，分别是新型研发机构突出创新源头、大学科技园区搭建创新桥梁、天使投资平台点燃创业引擎、创业孵化社区衍生高端创业、产业中试基地突围创新瓶颈、产业互联平台优化产业组织、大型科学装置提高原创能力、政府引导基金助推做大做强、科技（学）城承载战略力量、政府平台公司赋能开发建设，粗略地形成了创新生态的核心组件。

1.6.1 新型研发机构突出创新源头

近年来我国涌现出很多以河流、山川、湖泊以及人文地理标志命名的实验室 / 研究院 / 新型研发机构等，而伴随国家提出科技自立自强，加快建设引领创新驱动及新兴产业发展的战略科技力量迫在眉睫。这其中，新型研发机构是具有新研发属性的技术源头与产业组织能力的产业技术创新服务平台。之所以成为"四不像"，主要有如下特点：一是立足共性技术研发使前端与后端相贯通，不仅是前中后端贯通，还是从后端往前延伸，做反向资源配置的逆向创新；二是立足研发跳出研发，将产业技术源头、创业企业源头、产业人才源头、科技服务源头等有机结合；三是既不是从科研到产业的中介，也不是单边的技术供给，而站在产业发展高度成为产业创新服务平台，成为重要的产业组织者；四是不仅仅是政府在解决市场失灵与培育市场，还是大企业或平台型企业将成为承担产业技术创新、产业组织创新的重要依托力量。在下文《新型研发机构突出创新源头》中，对新型研发机构究竟是什么、需要怎样的新型研发机构、为什么很多新研机构会失败、台湾工研院究竟过时了吗、美国的创新中心怎么搞的、近来涌现出哪些典型机构、关键是处理哪些重要问题、究竟达成和践行哪些共识、凭什么赋能科技自立自强等做了阐述。

1.6.2 大学科技园区搭建创新桥梁

从全球范围来看，大学科技园不仅是国际上最早的新经济源头和新兴产业策源地，还是我国创新型国家建设核心载体与服务平台，亦是高科技创业带动高水平创新的战略功能平台，更是新时代支撑科技自立自强的战略力量与创新生态中枢。我国大学科技园从1998年起步探索，到1999年规范发展，再到2010年以来徘徊有进，中国大学科技园通过链接创新源头、强化创业源头、增强人才源头、孕育产业源头，实现了从无到有、从少到多、从小打大、从弱到强的发展，初步成为高校科技成果转化、高新技术企业孵化、创新创业人才培养、服务社会经济发展的综合性平台。在下文《大学科技园搭建创新桥梁》中，针对当前大学科技园面临的"五大形势"、存在的"五大问题"、成功的"五大关系"、定位的"五大功能"、发展的"五大导向"、目标的"五个转变"等方面的阐述，揭示了当前大学科技园发展的基本判断，寻求一脉相承与环环相扣的发展逻辑与顶层设计。

1.6.3 天使投资平台点燃创业引擎

天使投资是指超越世俗得失及回报、对早期项目展开的直接权益投资，具有依赖人脉网络、投资程序简约、专注早期项目、引而不控等特点，本质是"拿输光了都不在乎的钱赌一个伟大的梦想和未来"。在新经济发达区域，很多"天使"往往是成功创业者或大公司高管，他们具有深厚的业界人脉、行业背景和管理经验，不仅能为创业者（企业）提供外部资金支持，还能为其导入专业人员、关键资源等，给创业者（企业）带来全新的视野、业界关系、

后续投资，更能够在企业战略、商业模式、具体实施等方面提供高水平指导，从而大大降低创业试错成本，有效提高创业企业的成活率。天使投资通过人脉链接将整个地区所积淀下来的技术、知识、经验迅速聚集并充分调动起来，完成了创新循环中最重要的环节，使得一两个点子、一两项技术加几个创业者最终演变为高技术大公司或上市企业。如今创新被置身前所未有的高度，而天使投资作为原创思想、原创技术及全新的商业模式的主要发掘者和育孵者，不仅是点燃创业之父，还是锻造原创之母。在下文《天使投资平台点燃创业引擎》，提出天使投资网络是创新生态核心组件，分析了天使投资成长发育发展机制、天使投资促进新兴产业发展机制等，以图让天使投资带动新经济轻盈地腾飞。

1.6.4 科技创业社区衍生高端创业

在新的历史条件下，创业从逐步从"大众创业、万众创新"走向"新业态创业 开放式创新"、"变革式创业 颠覆式创新"；创业孵化从封闭的孵化器走向开放的众创空间、全链条的孵化生态；创业服务从单一的专业服务走向集成的平台服务、聚合的生态服务；创业管理从形态开发走向功能开发、生态开发；创业载体从粗糙的创业楼宇走向创业地产、创业社区；创业治理从简单的政策扶持走向制度创新、治理重置纵向深化。如今在形态各异、模式多样、层级不同的各类创业孵化机构、平台、载体中，我们重点把一些具有集群性、多样性、多元化、综合性的创业孵化集聚区重新剖析，力求探索具有局部创新生态圈功能的新型创业孵化综合体——科技创业社区。这种"新型"或者"综合体"，核心通过将"政产学研金介用"之间的创新生态嵌入以"产业链上中下游大中小企业"为核心的产业生态，形成能够形成共生共荣、生生不息、自组织自成长的"永动机"。在下文《科技创业社区衍生高端创业》中，围绕创业带动创新灵魂，聚焦创业服务（孵化）发展，把握中国创业服务（孵化）发展阶段，重识国内外行业发展特点与取向，探究行业未来发展趋势及模式，进而将科技创业社区作为行业发展新范式，着力推进局部创新生态建设和提升系统服务能力，成为一个地区加快创新生态建设与新型产业组织的重要突破口和着力点。

1.6.5 产业中试基地突围创新瓶颈

中试基地即聚焦中间试验的专业基地，是依托科研院所、政府、企业等建设，集应用技术研发、新产品中间放大评价以及工艺流程优化等服务于一体，并同时兼顾后端创新孵化等服务的新型创新实体。中试基地一般包括场地和设备两大基本硬件支撑。其中，场地主要有研发中心、中试平台线、生产厂房、孵化器平台实等平台；设备主要有实验设备、试制生产设备、在线检测设备、短距离的接拨运输设备以及数据中心等。一方面，建设中试平台有利于带动区域创新能力提升。凭借需求牵引，中试平台通过开放，为企业、高校、科研院所等创新主体提供研发、转化所需的软、硬件设备与服务，可加快集聚人才、技术、资本以及科技服务等创新资源，逐步形成聚焦在某一细分领域的创新生态，创新生态将自发吸引更多研发资源、成果转换资源加速向平台集聚，逐步壮大平台创新实力，进而带动所在区域创新能力。另一方面，建设中试平台是战略性新兴产业育成的重大催化剂与加速器。中试平台作为科研、开发、生产、经营相结合的科技实体，通过中试放大评价、工艺流程优化等，开发出稳定成熟的技术，提高科技成果转化成功率。同时，通过中试环节预演大规模生产，可对新产品进行试销，获取科技成果经济效益指标，及时改良以提高市场接受程度。

1.6.6 产业互联平台优化产业组织

进入互联网下半场，数字化转型成为地区经济发展的重要突破口；产业互联网平台作为重要的基础设施，成为数字产业化与产业数字化能否实现的基石。如果说改变生活方式的是消费互联网，改变社交方式的是社群互联网，改变生产方式的是工业互联网；那么，在数智科技条件下，能够将生产生活方式实现贯通并实现"交易平台＋产业数字化＋供应链金融"的则是产业互联网。更进一步而言，"产业互联网"就是面向生产者、消费者等用户，通过在社交、体验、消费、流通、交易、生产等各个环节的网络渗透从而达到优化资源配置、加速敏捷供应、提高消费体验，最终将生产方式（技术构成＋组织方式＋管理模式＋服务模式）与生活方式（消费模式＋社交模式＋消费体验）全面贯通的产业形态。这其中，在《产业

互联平台优化产业组织》一文中，指出产业互联网本质上是产业组织创新，中间层是资本运作、技术架构和商业模式，基底则是产业开放创新生态圈；只有尊重产业互联网的组织逻辑、技术逻辑、资本逻辑、商业逻辑、生态逻辑，重构生产与消费、工业与商业、制造与服务、数据与智能、线上与线下、工厂与场景等关系，最终实现生产方式、生活方式以及社交方式、治理方式的贯通，更好地服务数字化转型与产业组织创新。

1.6.7 大型科学装置提高原创能力

伴随新一轮科技革命与产业变革从蓄势待发到已然来袭，大科学时代再度来临。大科学装置往往是指通过较大规模投入和工程建设来完成，建成后通过长期的稳定运行和持续的科学技术活动，实现重要科学技术目标的大型设施。对于具有条件的地区或城市，需要以重大科学基础设施为支撑，发挥科研院所、研究型大学等主力作用，面向世界科技前沿、面向经济主战场、面向国家重大需求，以实现原始创新突破为主线，切实推动地区由要素驱动向创新驱动转变、由壮大优势产业向谋划未来产业转变、由谋求自身发展向策源引领带动转变，构建面向未来的产业体系与产业创新生态，打造世界级原始创新战略高地。

1.6.8 政府引导基金助推做大做强

广义政府引导基金，旨在引导社会各类资本投向政府期望的企业、产业、基础设施等领域，通常以单一政府出资、上下级政府联合出资、政府与社会资本共同出资等形式设立，主要采用股权投资等市场化方式运作，既包括母子基金形式，也参与直接投资。历经二十余年增量培育与野蛮生长，逐步进入存量优化与增量延伸新阶段；如今进一步成为解决市场失灵与培育市场的重要政策工具。在下文《政府引导基金助推做大做强》中，指出我们需要重新审视政府引导基金的前世今生，透视我国政府引导基金的基本景框，回顾国内外成功案例的借鉴启示，思考政府引导基金如何从困境和泥沼中走出来，成为地区创新生态建设的创新中枢、战略平台与产业组织者，赋能传统产业升级、新兴产业发展和科技自立自强，并建议围绕"创新基底—运作要素—生成价值"三循环，打造活跃的创新生态，构建良善的运作机制，实现累进的价值创造，打通创新链产业链与价值链，赋能区域抢占科技创新制高点、产业发展主导权、综合竞争主动权。

1.6.9 科技（学）城承载战略力量

近年来一批有财力、有源头、有人才、有产业等地方打造科学城，有产业、有财力但人才、源头不多的地方打造科技城，有产业、有财力、有源头但人才不足、层级不高的地方打造科教城。整体而言，科技（学／教）城是一种在科学技术革命和高等教育改革背景的础上，以一系列高技术产业为前沿，以知识、技术、人才的高度集中和科研、教育、生产汇成一体为特点的新的区域性科研生产组织形式。在下文《科技（教／学）城承载战略力量》中，试图回答科技（教／学）城到底是什么，究竟历经了什么建设和发育，国内外建设发展有什么得失，到底在建设发展过程中应该秉持什么、坚持什么、践行什么，并在新时代条件下如何成为国家战略科技力量的核心载体。在新一轮科技城建设高潮中，需要从硬核科技、硬核产业再到硬核城市，从先声夺人、出手不凡到异军突起，从高风险、高投入、高杠杆到生产力和财富，最终以一流的人才、一流的科技、一流的产业、一流的城市重塑创新版图、产业版图和经济地理。

1.6.10 政府平台公司赋能开发建设

地方国有平台公司始于 20 世纪 80 年代末，是我国经济与政治体制下的特色产物，具有鲜明的时代特征与历史阶段性，对我国地方经济建设和城镇化发展起到非常重要的作用。简而言之，开发平台公司就是地方政府"借、用、管、还"的资金的载体。平台公司不仅作为地方政府投融资抓手，弥补了政府投融资职能的缺失，推动了地方城市开发建设、经济社会建设；还通过运作土地等资源，提升了区域空间价值，实现了土地资源向资本的原始积累；更是作为创新生态建设者，带动了科创园区运营、创新服务集成与新兴产业组织。在下文《地方平台公司赋能开发建设》一文中，从地方政府城市开发建设运营模式提出平台公司是地方发展的重要推手，并结合平台公司面临的形势趋势、政府平台公司典型案例提出平台公司需发展成为企业界的斯坦福，在此基础上提出如创新投融资及资本运营、业务模式及形态、建设发展路径等。

1.7 在不同规律遵循中寻求均衡点

在创新生态建设过程中，无论是产业政策、企业政策，还是科技政策、营商政策，核心是通过优化市场配置效率、创业创新活力、产业组织能力、公共财政绩效，提高企业经营效益、成长速度和创新能力，并在效率效益、活力张力、公平公正之间寻求最大公约数。在不同的政策倾向、价值取向和发展趋向下，解决企业成长、市场运行、科技创新、产业发展与政策供给之间的内在矛盾，核心是在整体上创新公共政策的供给侧改革，在具体问题上坚持不同的导向。

1.7.1 企业价值规律加速价值再造

一般而言，企业价值规律决定企业经营主体创造生产力、财富和经营效益的水平和能力，不仅决定着企业自身的成长方式与发展路径，还作为全社会微观基础决定着一个国家或地区的增长方式，亦决定着企业价值再造的经营效益。"企业的价值"核心是如何在最短的时间内、最轻（交易成本）的方式下、最高（技术壁垒）的门槛下，针对多大的市场、抓取多大的流量、抢占多大的份额，最终挣更多的钱、更大的钱、更值钱的钱，进而赢得更高的附加值。衡量一个企业价值的标准，不是当前的收入、利润乃至市值，而是在可预期、可预见、可触摸的想象空间、流量支撑、市场位势、技术变现、盈利模式等条件下，在未来是否有更爆发的收入、更暴利的利润、更爆棚的市值，即"估值"。纵观国内外企业发展，任何一个企业价值再造的模式，或者价值再造途径，往往脱离不了经济学意义上不同维度的"创新"，有的企业由此走向创业成功，有的企业由此实现高速增长，有的企业由此做强做大。这便是以新产品、新技术、新服务、新模式、新业态、新组织、新市场、新场景为代表的价值再造。在价值再造的过程中，要么是一个方面取得突破便具有相应的价值，要么是几个方面取得突破具有集成的价值，要么是全面的体系性创新产生更高能级、更大量级的价值。

1.7.2 市场经济规律提高配置效率

一般而言，市场经济是指通过市场配置社会资源的经济形式，核心是在坚持效率优先的条件下优化资源配置。这其中，市场经济规律决定市场机制能否发挥资源配置中的决定性作用；而市场机制则是资源、商品、要素在市场上通过自由竞争与自由交换来实现配置的方式和机制。在经典教科书上，市场经济规律包括价值规律——各种商品都是以各自的价值为基础进行等价交换、竞争规律——对商品生产中劳动力消费的比较、供求规律——供求关系变化导致价格的变化及市场均衡／出清。而一般市场机制是指在任何市场都存在并发生作用的市场机制，主要包括供求机制、价格机制、竞争机制和风险机制。这其中，供求机制的背后是交易，只有在交易中才能产生价值；价格机制的背后是分工，不同的价格信号决定不同生产资源的流向和消费品的流通，正是在价格机制下产生了社会化专业分工、社交化大分工；竞争机制的背后是效率，质优优胜劣汰才能创造更多的消费者剩余和长期的效率效益；风险机制的背后是试错，只有在技术试错、产品试错、企业试错、市场试错、产业试错中才能融炉试金。

1.7.3 产业发展规律放大生态张力

一般而言，产业发展规律主要包括产业成长规律、产业价值规律、产业组织规律。产业成长规律往往是根据产业创新活跃度、产业集中度、产业规模、产业链、产业利润率和产业前景等，将产业发展周期分为孕育期、形成期、成长期、成熟期和衰退期等阶段，以便系统认识各个成长阶段与发展特征；产业价值规律更多的基于产业价值链分析、产业价值运动（分解、融合、跨界）、产业梯度转移、产业空间集聚（集聚、集群、集约），反映产业发展中价值的分配、运动、空间转移和空间集聚趋势；产业组织规律更多地反映"政、产、学、研、金、介、用"等各类创新主体、市场主体如何优化资源配置、组织分工、产业促进和产业生成。在以往工业经济条件下，产业发展规律更多的受产业模块化理论影响。在国际产业分工基础上，通过产业价值运动、产业梯度转移以及产业集群发展，在专业上分解分解再分解、在空间上集聚集聚再集聚。如今在以数字经济为代表的新经济条件下，产业发展规律更多的受产业生态化理论影响。在新经济生态中，通过产业价值运动、产业梯度转移以及产业族群发展，实现融合融合再融合、跨界跨界再跨界。

1.7.4 科技创新规律激发双创活力

一般而言，科技创新规律决定创新能力能否得以充分地释放和发挥效能。整体而言，判断一个国家地方创新能力是否突出，往往取决于四个方面，一是科教智力有没有集聚，资源集聚是前提，往往是"前人栽树，后人乘凉"；二是创业创新活不活跃，科技创业是灵魂，只有足够的创业试错才能产生伟大的创新；三是高新产业发不发达，产业族群是主线，只有大量企业同频共振才能越走越远；四是商业氛围浓不浓厚，创新文化是根本，既需要财富创造的商业动机，又需要宽容失败的包容氛围。反过来讲，创新发展具有如下属性：一是投入产出的跨期性，需要在创新投入上更加超脱，需要站在更长的周期上布局创新发展格局；二是创新行为的试错性，失败率越高原创性越大，需要建立适宜创新试错的制度安排和监管机制；三是群体创新的迭代性，需要形成开放式创新发展格局；四是创新文化的包容性，需要有科技创造财富的理念以及包容异端的创新文化。

1.7.5 政策供给规律促进公正公平

整体而言，政府在市场面前，不仅具有补充市场失灵的责任，还有培育市场的职能。尤其对于经济建设领域，政府作用发挥得怎样，主要取决于公共政策水平及其相应的公共财政管理能力，从根本上取决于社会公平公正环境建设与制度安排。一般而言，公共政策是指国家通过对资源的战略性运用，以协调经济社会活动及相互关系的一系列政策的总称；在经济建设领域，主要表现为产业政策、企业政策、科技政策、营商政策等。而公共财政是指国家（政府）集中一部分社会资源，用于为市场提供公共物品和服务，满足社会公共需要的分配活动或经济行为；在经济建设领域，主要通过国家或地方财力经由相应的产业政策、企业政策、科技政策、营商政策对各类市场主体、创新主体予以财政资金支持。尤其以地方政府为例，由于很多财政税收、管理体制、法律法规性的制度性政策供给主要由中央政府承担，地方公共政策的实施主要依赖地方财力。

近年来社会各界加快从"推拉并举"型发展结构及其发展机制，向"生态赋能"型发展结构及其发展机制系统转换，更加强调经济发展、产业发展的内生性与自生性、自组织与自成长、闭环与循环。在未来发展过程中，需要进一步让创新生态赋能经济轻盈腾飞，核心是在价值规律、创新规律、市场规律、组织规律、治理规律之间找到平衡点，最终让企业价值规律决定微观基础、让创新发展规律决定创新能力、让市场经济规律决定市场机制、让产业组织规律决定产业生成、让公共治理规律决定政府作用。

上篇

生态发育

02 产业生态赋能国民财富创造

日本著名学者青木昌彦、安藤晴彦编著的《模块时代：新产业结构的本质》，系统性地解释了在产业价值链分解融合过程中"模块化"的本质、内涵与规律，不仅成为经济学、管理学之间最热门的话题之一，还在一定程度上了改变现存产业、企业的发展结构。然而伴随工业经济走向新经济，经济发展的核心是从工业思维向产业思维，而从工业思维向产业思维的核心是从大规模生产条件下的产业模块化认知向跨界融合条件下的产业生态化升维。在从产业模块化向产业生态化认知升维的过程中，逻辑起点是从传统产业价值链的一维世界走向产业价值网的三维世界；主攻方向是从一般工业化发育走向产业高级化；工作重点是从传统产业集群的价值链分解、产业链集聚走向多个产业跨界融合的产业族群；组织方式是从传统工业组织方式走向新兴产业组织；目标诉求是从滚动发展的线性增长走向生态赋能的爆发成长。

2.1 从产业模块化走向产业生态化

伴随大规模生产的工业经济走向跨界融合的创新经济，很多地区历经块状经济、产业集群的发育逐步走向产业生态和生态经济，其背后的发展逻辑是产业模块化条件下的产业价值链分解融合让位于产业生态化条件下的产业价值网跨界融合。而对于一个国家或地方的产业规划布局而言，核心是着眼于生态赋能建设发育质优产业生态。

2.1.1 从块状经济集群经济到生态经济

一般而言，"产业生态"更多的是侧重产业链、上中下游、大中小企业之间的关系，主要从"块状经济—产业集群—产业生态"演变而来。这其中，

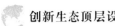

块状经济是指在一定区域范围内形成的一种产业集中、专业化强、具有明显地方特色的区域性经济组织形态，通过一定规模基建，降低工业化的初始成本，快速形成产能，开拓和占领国内外市场。块状经济要么是专业的空间集聚，强调同一个价值环节在一个地方集聚；要么是空间的专业集聚，强调在同一个地方集聚了相关专业环节，其基本逻辑是产业模块化条件下的规模经济。产业集群主要是在某一特定领域内，在地理位置上邻近、有交互关联性的企业和相关机构，并以彼此的共通性和互补性联结，呈现出产业高度集聚、价值链条完善、企业协同发展、服务体系完备、产城融合发展等特点。产业集群往往是政府前瞻布局与市场自然选择合力的结果，其基本逻辑是产业分解融合条件下、基于物理空间的范围经济。产业生态以链接一切、平台型企业、网络化生产、去中心化为代表，各次产业、各类企业、各类资源共生共荣、竞合发展、开放创新，本质是网络经济。强调自组织自成长，具有产业跨界融合、企业互联融通、资源高度聚合、空间服务耦合、开放创新发展等特点，其基本逻辑是产业跨界融合条件下、从物理空间走向虚拟空间的生态经济。

2.1.2 经济形态演化决定产业规律演变

从工业经济到新经济，伴随产业模块化条件下的分解融合，到了产业生态化条件下的跨界融合，认识产业价值运动方式的分析视角，从以往的产业价值链到产业价值网。产业模块化是指某一行业一体化或产业的价值链结构逐渐裂变成若干独立的价值节点，通过各价值节点的横向集中、整合以及功能的增强，形成了多个相对独立运营的价值模块制造者以及若干模块规则设计与集成者的产业动态分化、整合的过程。在产业模块化条件下，本质是产业价值链的分解分解再分解、融合融合再融合；但在产业生态化条件下，是产业价值网的融合融合再融合、跨界跨界再跨界。这其中，产业价值运动从串联的分解、并联的融合到了各次产业之间的跨界，并不是以往的产业价值链没法继续分解、融合，但更多的爆发成长、裂变发展的新业态新模式却是通过"穿透"价值链，进入了"产业价值网"。更进一步而言，这种"产业生态化"，就是产业发展从块状经济、产业集群走向产业生态，就是产业创新从创新体系、创新网络走向创新生态。不仅将以往产业链、创新链、资本链、数据链、供应链从串联创新到并联创新，还将以往的人流、物流、信息流、资金流转化为数据流、价值流，最终实现要素设施共享、企业互联融通、开放协同创新、资源优化配置以及产业快速生成，并产生全新的生产组织方式。这种"产业价值网"就是从注重产业价值链中下游的关系，到注重产业价值网左中右、前中后的关系；就是从注重产业价值链上的串联式的生产消费供应链，到注重产业价值网上的并联式的开放创新生态圈；就是从注重产业价值链上你死我活的竞争，到注重产业价值网上共生共荣的竞合；就是从注重产业价值链上产业分解、产业融合的线性增长，到注重产业价值网上产业融合、产业跨界的爆发成长。

2.1.3 产业生态决胜产业规划引导布局

在产业运动规律从产业分解、产业融合到产业跨界的条件下，当前及未来"产业规划引导布局"的"局"就是从1.0的产业集聚（原生态）、2.0的产业集群（推拉并举型）到3.0的产业生态（生态赋能型）。在工业经济时代，很多实体企业围绕价值链从低端向高端攀升，很多产业在产业分解融合规律下不断出现产业集群，很多地区在产业模块化条件下承接产业梯度转移，形成"企业价值链—产业价值链—区域价值链"的发展结构。在此条件下，哪个地区、产业、企业掌握产业链、价值链、生态链、供应链的制高点与主动权，就掌握了产业发展的主导权，而后发地区、欠发达地区就越没有机会。但伴随新一轮科技革命与产业变革，伴随产业价值运动从分解融合向跨界融合方向转变，产业链、价值链、生态链、供应链将发生重组、重构、重建、重塑。如今，对于产业布局引导发展的重点，核心是解决产业导向、空间布局、生态发育、产业组织等四大问题。"产业导向"重点回答到底如何构建一个符合地区发展的现代化产业生态，确定哪些是规模体量大、带动系数高、辐射能力强、综合效益好的先导或者主导产业，哪些是成长速度快、专业领域新、发展潜力大、创新能力强的主体产业或者重点产业，哪些是提供生成能力、支撑能力、服务能力、保障能力的基础产业或者培育产业。"空间布局"强调城市功能、产业功能、创新功能在空间上的有机结合，从强调物理空

间到强调物理空间与虚拟空间并重。"生态建设"重点围绕产业生态的特征，优化生态建设发展路径。"产业组织"重点围绕在政府、市场、产业、企业、社会之间建立一个怎样的治理结构与协同推进机制，尤其是在资源配置、产业促进、产业规制、管理手段上的新举措新机制。

2.2 从传统工业思维走向产业思维

从传统工业思维到产业思维，就是从工业单边思维到产业双边思维、从生产决定消费到消费决定生产、从正向链式创新到逆向创新。前者回答的是如何理解工业经济与新经济的逻辑，中间回答的是生产方式与生活方式的关系，后者回答的是创新组织范式的问题。

2.2.1 从工业单边思维到产业双边思维

如今在国内外国民经济统计中，依然按照一产、二产、三产的传统分法进行统计核算，以至于很多人都把工业看成产业，这便从思想认识的源头导致了过重的产业发展结构、片面的发展思路或路径。在此条件下，工业是工业、商业是商业，生产是生产、消费是消费，行业是行业、市场是市场，供给是供给、需求是需求等等，并没有在供需两侧、买卖两方、上下两端等"对立"中找到"统一"。一般而言，工业代表了生产、行业与供给，商业代表了消费、市场与需求。但真正的产业思维和段位，一定是涵盖工业与商业、生产与消费、供给与需求、行业与市场的总和。只有从工业单边思维到产业双边思维，才能拓展商业发展的疆域、打破企业发展的边界、弱化产业发展的界限，才能培育发展出更多的新动能。从拓展商业发展疆域来看，无论从 B2B、B2C 到 F2C 等等，代表的一个趋势便是从生产到消费渠道越短而交易成本就越低，那么消费者剩余就越大；从打破企业发展边界来看，无论是制造业服务化、服务业制造化，还是生产即服务、产品即服务、软件即服务，大量的企业能够越过中间商直接为消费者提供服务，企业更加垂直化或者平台化；从弱化产业发展界限来看，各行各业借助服务、终端、场景、消费、商业融为一体，不断打破产业的发展界限，产生出新业态新模式。

2.2.2 从生产决定消费到消费决定生产

工业经济与新经济最大的差别就是生产与消费的关系发生了结构性变化。这其中，工业经济条件下更多的是生产决定消费，新经济条件下则是消费决定生产。如果说新一轮科技革命与产业变革与上一轮科技革命与产业变革最大的不同，那就是生产方式与生活方式发生了结构性变化，以往的科技革命与产业变革是生产方式决定生活方式，而新一轮的科技革命与产业变革则是生活方式决定生产方式。正是从工业经济条件下的生产决定消费，到了新经济条件下、产业思维条件下的消费决定生产，对企业资源配置方式、行业经营发展形态、市场供需发展结构等等发生了重要的影响。从企业资源配置方式来看，需要从以往的以产定销到如今的以销定产，也就是我们常说的从市场的外部需求反向配置生产资源；从行业的经营发展形态来看，需要从重视车间或工场的制造到重视场景应用，更加重视将数据、算法、服务与客户体验相结合；从市场供需发展结构来看，不仅要从生产的源头上推进供给侧结构改革，还要从外需拉动向内需拉动转变，打破以往新兴经济体的发展是由外部需求决定的发展结构。简而言之，只有赚到钱的工业生产加上商贸流通才叫产业，赚不到钱或没有市场的生产制造叫做工业库存。

2.2.3 从正向链式创新到逆向垂直创新

很多经济学、技术经济学意义上的创新有两类，一类是从生产到消费意义上的正向的，这往往是工业思维的逻辑；一类是从消费到生产意义上的反向的，这往往是新经济条件下产业思维的逻辑。前者往往从科研创新源头、资源源头开始，要么是通过科技成果转移转化，要么是通过自然资源开发利用，培育出一批原材料、半成品、中间件、部件配件等等，这往往是科技创业者、类似于"煤老板"做的。后者往往从终端产品、场景服务、行业应用、市场交易、商业运营等反向资源配置或者模式创新，往往是先做小买卖、小生意到做大买卖、做大生意再到做平台、做技术，这往往是草根企业家、真正的企业家、新经济意义上的创业者做的。目前来看，依靠高校院所所搞的"基础设施—基础研究—应用研究—转移转化—高新产业"创新链条是长周期的、不经济的，一项成果技术从研发到产业化在最顺利的情况下

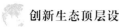
也得八到十年、甚至更长；而依靠企业家的"市场需求—高新产业—转移转化—应用研究—基础研究—基础设施"等是短周期的、最技术经济优化的，核心是将创业、研发和产业化高度一体。从这个意义上，以市场需求为导向、以企业家为主导、以产业发展为落脚点的逆向创新，才是真正的产业发展与产业创新，而不是赚不到钱的研发。

2.3 从产业价值链走向产业价值网

从产业价值链到产业价值网，不仅是从一维链式思维到三维生态思维，打破产业模块化条件下的链条思维，转而进入产业生态化条件下的网的、圈层的思维；还要从传统产品形态到数字服务业态，打破工业经济大规模生态条件下的模块化，转入新经济跨界融合条件下的生态化；更要从强基嵌链生成到破链成网赋能，居正出奇、无中生有，彻底地重构产业价值链。

2.3.1 从一维链式思维到三维生态思维

迈克尔·波特认为"每一个企业都是在设计、生产、销售、发送和辅助其产品的过程中进行种种活动的集合体。所有这些活动可以用一个价值链来表明"，这可理解为"企业价值链"。"产业链"则是各个产业部门之间基于一定的技术经济关联，并依据特定的逻辑关系和时空布局关系客观形成的链条式关联关系形态。

按迈克尔·波特的逻辑，每个企业都处在产业链中的某一环节，一个企业要赢得和保持竞争优势不仅取决于其内部价值链，而且还取决于在一个更大的价值系统中，一个企业的价值链与其供应商、销售商以及顾客价值链之间的联接。这种价值链关系，需要在产业链中、在企业竞争中所进行的一系列经济活动仅从价值的角度来分析研究，称之为"产业价值链"。

在以往工业经济条件下，我们都在讲这个产业价值链，甚至产业价值运动规律，也是在产业价值链上做分解和融合。但是到了新经济条件下，产业价值运动从串联的分解、并联的融合到了各次产业之间的跨界。如前所述，这不是以往的产业价值链无法继续分解、融合，但更多的爆发成长、裂变发展的新业态新模式却是通过"穿透"价值链，进入了"产业价值网"。

在这个"产业价值网"中，"长度"是单一产业原有的产业价值链；"宽度"是由于商业模式革新打破了若干行业、产业领域的界限；"高度"是由于技术突破对商业模式构建实现的程度。从产业价值链到产业价值网，核心就是一个企业、行业、产业的发展从产业价值分解、产业价值融合到了产业价值跨界，正是由于产业跨界融合的出现，才出现了"改变世界"的商业模式、短时间内估值较高的"独角兽"企业以及原创新兴业态等。

2.3.2 从传统产品形态到数字服务业态

过去的科技革命与产业变革，往往是由于科技革命实现了产业在质上的、代际上的变革，这尤其表现在一项关键技术往往就是一个具有市场竞争力产品本身。但伴随着产业跨界融合与新经济的发展，新科技革命重在为产业革命与业态创新所服务，技术成为产品、服务重要的技术门槛，或者产品构建的功能实现手段，而将技术（如数据、算法、智能终端）、服务（如内容、软件等）与场景结合所形成商业模式成为业态革命的核心。这其中，没有商业模型的产品是制成品或者研制品，没有技术门槛的商业模式是商业操作；而一个真正意义上的、具有一定技术门槛的产品，往前走是商业模式以及商业模式背后的商业逻辑、商业思想，往后走是新业态、新形态。从这个意义上，从工业技术革命不是目的，关键是要不断推进产业业态创新；技术创新是单维的，模式创新是涵盖技术创新等多维的，而"硬科技"与"软创新"相辅相承、不可偏废。如今很多业人认为中国的很多新兴企业是"模式创新"，因而评价不高，未来需要更多的技术创新。这不仅没有认识到中国发展阶段决定了不同程度上的"跟跑、并跑与领跑"，还没有认识到这恰恰是中国人的灵活性与创造性所在，更没有认识到很多模式创新需要大数据、人工智能等等新技术的支撑。

2.3.3 从强基嵌链生成到破链成网赋能

对于产业生成形成，需要立足强基嵌链，实现从无到有；对于产业创新发展，需要破链成网，进入生态赋能阶段。所谓"强基"，一是通过加强1.0的现代工业基础设施建设，如铁公基、工业四基以及技术改造等等，增强产业基础能力；二是通过加强2.0的科研科创基础设施建设，如大学科技园、

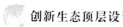

科技企业孵化器、科技企业加速器、专业园等等，增强产业技术创新能力；三是通过 3.0 的新型数字基础设施建设，如数字基建、场景实验室、大科学装置等等，增强产业业态再造能力。所谓"成链"，一是往下游应用走——延伸产业链，或建链、强链、补链，或大力发展下游产业及接续产业，做大体量规模；二是往科技创新走——强化创新链，从产品工艺创新、产业技术创新走向科技创新驱动，提高创新能力；三是往服务业态走——跃升价值链，大力发展生产性服务业、科技服务业、数智服务业等，提升发展质量；四是往数字大脑走——嵌入区块链，率先建设数字城市、数字园区等等，围绕不同应用场景探索产业互联网 + 交易平台 + 产业数字化发展模式，拥抱数字变革；五是往金融资本走——壮大资本链，从资源到资产化、资本化，从资源流转到资源配置，从生产财富到分配财富；六是往绿色发展走——夯实生态链，实现低碳发展和绿色发展。所谓"成网"，核心是形成将研发生态、创业生态、服务生态、产业生态、数字生态、金融生态于一体的创新生态。最终立足资源要素的"池子"以及创新服务的"台子"，让更多创新创业的"种子"落地、生根、发芽、开花、结果，以创业、企业、产业意义上的新动能，产生带动经济增长与社会发展的新能量——新思想、新模式、新技术、新业态、新产业。

2.4 从工业化发育走向产业高级化

在产业生态建设发育过程中，从工业化发育到产业高级化，不仅要把握工业化走向泛工业化的发展趋势，还需要把握一个地方产业发展的基本路径，还需要把握如何从一维产业、二维产业到高维产业。

2.4.1 从一般工业化走向泛工业化发展

一般而言，"工业化"被定义为工业（特别是制造业）在一个国家或地区在国民生产总值或国民收入中比重不断上升的过程，以及工业就业人数在总就业人数中比重不断上升的过程。但工业化既不能狭隘地理解为工业发展，也不能局限地理解为工业成为主导产业，更多地需要将"工业化"理解为社会化的生产方式、体系化的工业门类、工程化的技术构成、企业化的经营方式、资本化的经济体系的总和。很多地方产业发展之所以发展的不充分，在于混淆了"工业"、"制造业"与"工业化"之间的关系，进而在产业战略、产业政策、产业组织上出现了很多迷雾、迷失和迷途。伴随新科技革命与产业变革条件下，为"工业化"赋予了新的内涵——社会化生产方式转变为社交化生产方式、体系化工业门类转变为生态化产业族群、工程化技术构成转化为硬科技技术构成、企业化经营方式转变为平台化经营方式。在此背景下，工业化发展进入"泛工业化"时代。这其中，只有"泛"，才能打破产业体系，进入产业生态；只有"泛"，才能打碎产业模块，培育产业族群；只有"泛"，才能打破线性增长，寻求爆发成长；只有"泛"，才能穿透产业价值链，重塑产业价值网；只有"泛"，才能打破高精尖，重塑新场景新产品新服务。

2.4.2 从高技术制造业到高技术服务业

一般而言，一个地方的产业发展先是推进工业化进程，强调工业在整个地区国民经济的比重；再就是强调现代服务业尤其是生产性服务业发展，再逐步形成以生产性服务业为主导的产业结构中加速产业高级化；再就是全面走向以创新驱动为核心新经济，不再是工业经济的消费决定生产而是消费反向决定生产。在这种演化经济条件下，一个地方一般是先有了制造业的实体根基与产业基础，一方面通过二三产业分离的生产性服务业掌握产业主导权——实现对价格主导权、技术主导权、资本主导权的掌控，另一方面通过科教智力衍生的科技服务业抢占新兴产业制高点，最终促进高技术制造业态走向高技术服务形态。这其中，没有发达的高技术服务业就没有高端、高效、高附加值的价值链环节与新兴业态；没有雄厚的高技术制造业，就没有安全可控的供应链与强大的产业化实施能力；没有高水平的生产性服务业，就难以掌控产业主导权并形成产业竞争力；没有高水平的科技服务业，就没有强大的创业创新源头及创业创新生态母体。

2.4.3 从一维产业二维产业到高维产业

在过去，各次产业分为一产、二产、三产甚至四产，但在新科技革命与产业变革条件下，更加强调一维产业、二维产业、三维产业，甚至其他高维产业。如今一维的传统产业正在推倒重建，二维的信息经济的发展格局在很大程度上被瓜分完毕，以数智科技为代表的三维产业或高维产业蓄势待发。无论对于发展方式转变、产业转型升级、新旧动能转换，核心是借助新经济变革与数字化转型，加快将一维产业、二维产业重新做一遍，不仅为实体经济穿上科技创新的"新装"，更为实体经济嵌入数智科技的翅膀。在此背景下，一个国家或地区需要加快将过去以战略新兴产业、高技术产业、现代服务业为先导和主体的产业体系，向以未来新兴产业（先导产业）、原创新兴产业（特色产业）、战略新兴产业（战略产业）、现代基础产业（优势产业）为主体的现代化产业体系方向发展，促进传统一维产业、二维平台产业向三维数字产业、高维智能产业方向发展

2.5 从传统产业集群走向产业族群

整体而言,产业族群是产业生态的核心体现,从产业集群走向产业族群,就是从物理意义上的"集"与"群"走向化学意义上的"族"与"群"。

2.5.1 产业集群更多的是物理的集与群

产业集群超越一般产业范围，形成特定地理范围内多个产业相互融合、众多类型机构相互联结的共生体，构成了这一区域特色的竞争优势，并具有如下特点："产业高度集聚"就是通过优化产业空间布局结构、统筹安排项目落地资源、聚合产业资源要素等，促进同一类产业（环节）或全产业链环节集聚并达到一定规模体量，占所在地区、城市或园区经济总量的比例较高，呈现出明显专业的空间集聚或空间上的专业集聚特征。

一方面是空间集聚性，产业集群内各创新主体具有地理位置上的临近性，在地域空间上相对集中；另一方面是专业集聚，集群内各企业的生产与服务总是集中于有限的产品和生产过程，整个集群生产与服务具有趋同性，紧紧地围绕某一专业化生产过程。"价值链条完善"就是通过以增量培育带动存量提升，促进产业价值链、企业价值链、区域价值链、企业外部价值链发育完善，各种业态较为完备，形成完整的产业体系。

一方面，产业集群包括了研发、设计、产品开发、生产制造、销售、售后服务、循环利用等各个环节相关的企业，形成了从原材料和零部件生

产到终端产品完整的、功能配套齐全的产业链条；另一方面，产业集群基于某一创新链、供应链和价值链，重点在某几个关键价值环节或比较优势环节集聚了大量企业，形成了优势环节内控、外围环节外包的价值链条。

"企业协同发展"就是大中小企业借助供应链、战略投资、技术集成等支持企业供应链本地化、打通链条企业股权纽带、推进企业协同技术创新，最终形成联动发展、协同创新的格局。集群内大中小企业及相关机构由于所处地理位置相近、专业趋同，往往通过生产或配套服务联系形成紧密的关系网络，以正式或非正式关系，频繁进行着贸易往来、交流与互动、学习与合作，往往以终端产品创新为牵引、以技术集成创新为契机或以资本联合为纽带，实现产业链上下游企业联动协同发展。

"服务体系完备"就是借助科技服务业、专业服务业等搭建行业公共服务平台、强化枢纽社会组织建设、完善社会中介服务体系，建立完备的创新服务体系、创业服务体系、产业服务体系，更好地服务于创业创新、成果转化及产业化。集聚大学科技园、孵化器等创新创业服务机构，有关技术转移、技术开发、检验检测、节能降耗等公共技术服务平台，咨询、法律、资产评估、金融、保险、审计、会计等专业中介服务机构，有关人才、资本等要素资源市场体系，产业技术联盟、行业协会、商会等枢纽型社会组织，为集群的发展提供各类服务保障。

"产城融合发展"就是顺应工业化、城市化融合发展趋势，着眼产业发展优化城镇功能、立足城镇发展优化区域生产力布局，建设相匹配的市政设施和公共服务设施，促进城镇功能与产业发展的空间结合，实现产业功能与城市功能的耦合发展。

"综合效益突出"就是产业集群通过企业集中布局、产业集聚发展、资源集约利用、功能集合构建等，往往具有降低创新成本、扩大知识溢出、加速技术扩散等规模经济效应、范围经济效应和创新网络功能，在有限的空间资源和一定的创新资源基础上，创造巨大的经济效益与社会效益。

2.5.2 产业族群需要的是化学的族与群

伴随以产业模块化条件下的产业集群走向产业生态化条件下的产业族

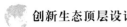

群，集群经济加快向产业创新生态方向转变，逐步形成产业创新生态圈，使得产业链、创新链、资本链、数据链、供应链与人流、物流、信息流的资源共享、互联融通、开放创新、优化配置以及快速生成，并呈现出如下特点：一是产业跨界融合，不仅用经济形态＋产业业态架构打破现代产业体系、产业新体系的传统思维束缚，抢占未来发展制高点、主动权、主导权的经济形态与产业业态，还要用创新生态培育发展产业集群，更进一步是促进各次产业跨界、融合发展。

二是企业互联融通，不仅是建设"新业态创业—高成长企业—独角兽企业—龙"等新型企业梯队，还要通过战略投资、兼并重组、供应链协同等新机制新模式新形式建立联动发展机制，更进一步是通过平台企业、战略联盟、枢纽组织等优化企业组织方式。

三是资源高度聚合，建立各类创新资源要素跟着人走的机制与制度安排、工作抓手，促进人才、加快系列人才引培、加快技术转移转化、加快科技金融创新、传播交流双创文化。

四是空间服务耦合，不仅要围绕"园"向"城"的核心转变优化空间格局，补足城市功能、强化城市特质、塑造城市魅力，还要强化空间资源供给，促进从空间分解到空间集聚融合，更进一步是立足物理空间引进相应科技服务平台等，加快从形态服务向功能服务方向转型。五是开放协同创新，重点通过加强周边统筹发展、强化区域分工合作、加强国际科技合作等，在周边、地区、区域以及国际化方面开展高水平开放式协同创新。

2.5.3 产业族群是产业生态的核心体现

如果说产业集群更多的是同一个产业不同环节之间的价值链分解与产业链空间集聚，主要体现为分解融合；那么产业族群更多的在不同产业之间衍生新经济业态、新经济模式、新经济形态，主要体现为跨界融合。正是在产业集群走向产业族群基础上，通过不同产业之间的深度跨界融合，形成具有带动系数大、辐射能力强、发展前景好、综合效益高的现代产业新生态，重点是构建现代产业生态、培育新型产业族群、促进产业跨界融合。在此背景下，产业发展不再是同一产业的空间集聚或某一空间的专业集聚，而是同一种经济模式、产业业态、经济形态的在一定物理空间或基于虚拟空间的互联互通、共生共荣、开放创新、自组织自成长。"一园一产业"或"专业园"仍然局限在基于物理空间的产业模块化思维，按照产业领域专业集聚，将让位于按经济模式、经济形态与产业业态、产业生态聚合。在此产业生态条件下，大力发展具有产业跨界融合特征的智能经济、数字经济、平台经济、分享经济等新经济形态，以技术跨界、市场跨界、产品跨界、企业跨界以及产融融合、军民融合、文科融合等促进产业内部、不同产业之间的产业跨界融合。

2.6 从工业组织走向新型产业组织

在产业生态建设发育过程中，从工业组织到新兴产业组织，不仅需要在产业发展逻辑上从承接国际产业转移到内生增长，还需要在经济发展范式上从工业化发展道路、高科技发展模式到新经济发展道路，更需要在组织方式上从依赖大企业到依赖平台企业和生态企业。

2.6.1 从承接国际产业转移到内生增长

无论是产业发展逻辑还是产业组织方式，一定离不开全球视野下的国际分工或区域分工。在以往条件下，全球产业分工基本上是由跨国公司主导，在发达国家、新兴市场、欠发达国家之间形成"大脑—躯干—四肢"分工体系。新兴市场和后发国家整个发展逻辑就是承接产业梯度转移，并形成出口导向型的发展模式，基本上形成"划地成园—招商引资—规模制造—出口加工"的外生增长、外延发展的组织模式，以及强调"大产业、大企业、大平台、大项目、大集群"的政策导向。新兴产业组织更加强调内生增长与内涵发展，这种"内生增长"往往强调"大企业的溢出能力、平台企业的衍生能力、源头企业的育成能力、市场试错的自生能力"，力求将"创业高端化、企业高新化、瞪羚公众化、大企业平台化"融为一体；这种"内涵发展"往往强调从传统工业化模式向新经济道路转变，力求形成"新思想、新模式、新技术、新业态"的新格局。譬如，从机会型的大项目招商，到建链、补链、强链为主的产业链招商，再到以创新生态建设为着眼点的新经济招商，根本上是由于产业价值运动规律、产业组织规律以及产业发展逻辑共同作用决定的。产业价值运动规律从分解、融合到跨界，分别与产业组织规律下的产业模块、产业集群、产业生态相呼应，于是便出现了对点的大项目招商、对线的产业链招商、对圈的生态圈招商。前两个阶段背后的产业发展逻辑是承接产业梯度转移，往往是"中间在内、两头在外"的外生增长；生态圈招商背后的产业发展逻辑是高端链接与高端辐射，具体而言是将创新高地的创新资源要素到本地落地、生根、发芽、开花、结果，并将商品、产能、技术、资本辐射到产业洼地，体现的是内生增长。

2.6.2 从工业化、高科技到新经济进阶

对于很多地区产业组织创新，核心是打好 3.0 新经济发展道路、2.0 高技术产业发展模式、1.0 传统工业化方式的组合拳，以 3.0 抢占未来、2.0 壮大主体、1.0 夯实根底，以 3.0、2.0 带动 1.0。

新经济发展道路

新场景、新研发、新赛道、新物种、新组织、新枢纽、新基建、新治理

哪吒企业、瞪羚企业、独角兽企业、龙企业

高质量发展带动高速度增长，实现量级与能级提升、量变与质变并举

高技术产业发展模式

科技创业、孵化器、大学科技园、风险投资、产业集群

科技初创企业、高新技术企业、高技术大公司

产业新体系、城市新空间、企业新梯队、创新新生态、服务新供给、开放新格局

工业组织方式

工业投资、招商引资、技术改造、税收返还、工业园区、土地指标

小微企业、规上企业、骨干企业、龙头企业、跨国公司

大产业、大企业、大项目、大平台、大服务

图：工业化、高科技发展模式与新经济发展道路

这种 1.0 的工业化发展模式，包括工业投资、招商引资、技术改造、税收返还、工业园区、土地指标等元素，"铁公基""工业四基"是重要的发展基石，形成以小微企业、规上企业、骨干企业、龙头企业、跨国公司为代表的企业结构，以及"大产业、大企业、大项目、大平台、大服务"为代表的组织动员机制。

2.0 高技术产业发展模式包括科技创业、创业孵化、风险投资、产业集群等元素，大学科技园、科技企业孵化器、专业园、科技城、科技条件平台等等是重要的基础设施，形成以科技初创企业、高新技术企业、高技术上市公司、高技术大公司为代表的企业结构，以及"产业新体系、城市新空间、企业新梯队、创新新生态、服务新供给、开放新格局"为代表的组织动员机制。

3.0 的新经济发展道路立足数字基建、数字大脑、数字平台、大科学装置、综合科学中心等基础设施，包括新场景、新研发、新赛道、新物种、新组织、新基建、新治理等元素，形成以哪吒企业、瞪羚企业、独角兽企业、龙企业为代表的企业结构，以及高质量发展带动高速度增长，实现量级与能级提升、量变与质变并举的发展结构．

2.6.3 从大企业、平台企业到生态企业

在以往产业发展过程中，以跨国公司、企业集团、高技术大公司为代表的大企业凭借强大产业资源条件、产业资本资产、产业技术能力、市场整合能力、产业组织实施能力等产业主导权，成为特定产业格局、行业格局、市场格局中产业组织、产业整合的重要主体。如今在产业生态化以及产业族群条件下，产业生态中枢及纽带不再是能够带动产业链上中下游大中小企业发展的龙头企业，也不是能够推动行业交流与技术攻关等方面的产业技术联盟，转而是能够链接上下游、供需端、买卖方并能够第三方或第四方服务的平台企业、平台化大企业、产业组织者以及新经济头部企业。这其中，平台型企业、平台化大企业、产业组织者、头部企业本身最具有产业组织能力，以及一定的资源配置能力。伴随平台或者平台企业从市场中来、到产业中去，平台企业需要历经去中心化、再中心化、再去中心化发展过程，要成为产业生态中与他人共生共荣、共赢共享、共促共建，最终发展成为生态型企业。

2.7 从滚动线性增长走向爆发成长

产业生态不是滚动发展与线性增长的，而是在生态赋能条件下最求爆发成长。在以往产业发展过程中，只要锚定于模块就难以爆发成长；当前

及未来，只有穿透价值链才能实现高成长，在产业创新生态中实现奇点爆发。

2.7.1 只要锚定于模块就陷入滚动成长

一般而言，工业企业往往是滚动增长、工业管理范式往往是静态管理，这主要表现在一个企业发展往往是从销售代理、到生产制造贸易、再到研发创新、最后形成"产供销人财物一体化"，完成一个区域市场再做另一个区域市场，完成全国布局再做全球布局；而对于产业的管理，也是按照"小微—规上—骨干—龙头—跨国公司"的逻辑。其根本原因，在于当时的技术条件、产品形态、运作模式仅适用于区域小市场，而非马上就能适应全国大市场、全球大市场，以至于只能先做事再做局。从工业滚动增长到产业爆发增长的核心，是先做局再做事，通过平台化发展在大市场范围高举高打，而且遵循"烧钱"的发展运作模式。这个"先做局后做事"就是围绕新兴业态或新兴领域成为游戏规则的制定者，抢占未来发展先机，超前"谋势"；这个"通过平台化发展在大市场范围高举高打"，一定要走"去中心化（传统大企业）、再中心化（平台企业）"的路径，直接面向全国或全球在细分领域的长尾市场，将一个细分市场无限地放大，即都处收账的"谋利"；这个"遵循烧钱的发展运作模式"，就是有一个好团队、有一项专有技术、有一个好的商业模式或想法充分与创业投资相结合，短时间发展成为快公司。

2.7.2 只有穿透价值链才能实现高成长

企业爆发成长，从根本上而言源自产业发展从产业价值链运动规律向产业生态发展规律方向演进所产生的大机会大发展，核心是通过产业的跨界融合"穿透"传统产业价值链。如果说以往产业价值运动的规律更多的从制造业、服务业中分解、融合，在产业中观层面出现了更多产业细分，在企业层面出现了单点突破的新业态。那么在新经济条件下，尤其是以数据驱动的产业跨界融合，往往以信息经济、知识经济与工业经济融合为基础，以制造业与服务业融合为形态，实现产业价值链前后、上下、左右的产业融合、价值穿透与行业跨界，最终形成全新的新业态。这其中，产业价值运动从串联的分解、并联的融合到了各次产业之间的跨界，并不是以往的产业价值链没法继续分解、融合，但更多的爆发成长、裂变发展的新业态新模式却是通过"穿透"价值链。

2.7.3 在产业创新生态中实现奇点爆发

在新经济条件下，伴随产业运动规律从分解、融合到跨界，新经济的运行规律逐步从产业价值链演化到基于创新创业的新经济生态论。在生态观条件下，各类创新主体、资源要素都积蓄着不同的能量，一旦越过发展的"奇点"，产业就会呈现出非线性特征的爆发式增长，新商业模式、新业态、新物种不断涌现。只有具有超然的洞见力，才能洞见产业生态中的奇点。这其中，洞见使得人们能够在巨量信息噪音和干扰中准确快速甄别机遇与威胁、穿透信息海洋高效决策、识别个性与独特竞争力、抢占新制高点。更进一步来讲，洞见的作用就是以跳跃式思维质变，直接发现隐藏在巨量信息中的机遇和威胁，提高决策效率，抢占未来竞争的制高点。

在以往工业经济条件下，产业转型升级方针往往可以"以增量培育带动存量提升"。其逻辑假设是在原有的发展基因、技术路线、路径依赖或资源锁定下，很多产业难以实现内生转型升级，只能依靠"新陈代谢"与市场出清。如今在新经济条件下，产业转型升级方针需要是"在存量经济中培育增量经济"，也就是用新经济将产业重新做一遍。其逻辑假设是没有传统的产业，只有传统的思想观念、技术构成、经营形态、组织方式，需要打破产业模块化与穿透产业价值链，在产业生态化下再造产业价值网。产业生态化打破产业模块化，决定着产业发展规律、产业价值规律、产业组织规律以及产业发展规律；而产业生态作为生产力和财富创造的核心载体，构成自主创新能力提升与新兴产业发展的载体。

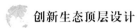

03 数字生态孪生创新价值增值

整体而言，数字生态就是在数字经济、数字社会、数字政府建设过程中，如何将人流、物流、信息流、资金流转化为数据流，嵌入到产业链、价值链、创新链、资本链、服务链之中实现价值转化与释放，衍生生产力和财富，产生全新的增长方式、生产方式、生活方式或治理方式。尽管自数智科技兴起以来，数字经济成为重要发展趋势，数字化变革成为产业转型升级的重要脉搏，但最大的触动机制则是疫情的刺激。在防疫抗疫过程中，很多场景假设成为现实，数字化成为重要手段，并在日后的经济重建中亦发挥了独特的作用，成为新发展的共同指向。如今我们更加需要从理论到实证，重新认识数字化发展的范式，更好地拥抱数字型产业组织，加快数字生态发育，建立以数字一、二、三级开发的创新生态，并将创新生态从一维世界、二维世界带入三维世界、高维世界。

3.1 如何审视疫后经济社会之重建

3.1.1 疫后经济为什么能加速高增长

前些年，我们的经济增长与发展政策几乎锚定在中等收入陷阱、中低速等理论基础与认知段位。这个"中等收入陷阱"，其基本逻辑就是当要素驱动、投资驱动与外部需求、技术锁定、政策收紧、银根收紧、土地收紧、要素约束、环保约束不适配，传统发展模式难以为继，就无法实现中高速。也正是这个舶来式"中等收入陷阱"的自我锚定，都以为在中长期没有中高速的发展空间、政策空间、操作空间，以至于很多分析建立在基本面的粗糙分析之中，实际上忽略了科技革命、产业变革、创业创新、改革红利的内生作用与作用机制。当前，以数字经济、绿色经济等为代表的新经济日益成为经济发展的主旋律,在新一轮科技革命与产业变革方兴未艾、疫后全球经贸格局与产业链分工体系加速重构的重大历史窗口期,意味着"高质量发展带动高速度增长"可以成为未来的政策空间、政策目标。这其中,最大的成因是疫情之变,具体作用机制如下:一是周期性政策因素,疫后为了"六保"、应对变革和破局等,不仅有产业投资"放开",还有经营主体"放活",亦有财政货币政策"放水"等周期性、政策性的释放因素,譬如 2021 年增长很大程度上得益于 2020 年下半年的谋划部署、工作安排与政策导向。二是结构性发展因素,疫情使得很多场景从假设成为了现实,加速了经济社会发展从半工业半信息社会走向智能社会,伴随着新科技革命与产业变革的作用,新经济、数字化、硬科技、新物种、新基建、新治理等等成为主攻方向,新旧动能转换提速换档。三是外部性的驱动因素,尽管中美贸易出现摩擦,并出现与多个国家或地区纷争,但由于中国疫情防控得力保障了生产秩序的迅速恢复,而相关国家依然在防疫抗疫之中,以至于外需依然是带动经济增长的重要拉手。四是战略性的导向因素,高质量发展成为高速增长的重要前提,双循环发展格局促进经济长期安全、健康、高速、可持续发展,科技自立自强提高经济增长的技术构成与产业发展的主导能力,以及相应区域战略、产业战略、科技战略等布局进一步加速质优创新资源、产业要素的优化配置,并转化为生产力和财富。

3.1.2 疫情刺痛了人们对未来的思考

黑死病产生于欧洲的中世纪,黑死病之后出现了文艺复兴、宗教改革和工业文明。如今当长期主义成为标榜,发展导向比问题导向更重要,未来希望比当前困难更重要,因为相信所以看见比因为看见所以相信更重要。未来不同时间尺度都有着变化万千的可能,但也有万变不离其宗的大趋势,这些变化并非疫情直接导致的,但疫情的出现无疑加速了这些发展趋势。

一是未来社会将更加数智兼备。疫情使得社会形态加速从半工业半信息社会走向智能社会,在线经济、虚拟空间打破物质能源、物理空间的主导地位成为新宠儿,社会建设为经济建设开辟全新的空间;在治理结构加速从科层化的金字塔结构走向平台化的橄榄型结构,公共行政逐步让位于

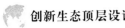

公共治理、数字治理、智能治理。

二是未来产业将更加跨界融合。疫情倒逼消费方式场景化、生活方式社交化、生产方式智能化与治理方式数字化，将进一步有机结合产业发展将打破传统统计学意义上的一、二、三产，不再是产业价值链的分解融合，而是在产业跨界融合中产生新技术、新模式、新业态、新产业，从一维的物质能源主导的传统产业、走向二维虚拟空间驱动的信息产业、再走向三维或高维的数智产业。

三是未来城市将更加数字孪生。城市将不再是基于钢筋混凝土的地域空间与生活载体，不再是人口越多产业、资源、环境、生态之间的矛盾就越大；而是基于数字新基建的想象空间、创新空间、发展空间、市场空间，在数字孪生机制下成为超级物联生态，人口越多交互价值就越大。

四是未来科技将更加软硬结合。不再是产品工艺创新、跟随式创新、薄创新的层级，而是突破关键技术、瓶颈技术、共性技术、工程技术的大科学、硬科技、厚创新，并在软硬结合中将科学技术转化为生产力和财富。

五是未来世界将更加平尖湿深。全球产业链在产业梯度转移与价值链贸易的带动下，使得世界越来越平坦；全球价值链伴随跨国技术转移与空间集聚，使得新的"创新尖峰"崛起；全球创新链伴随创新全球化，使得世界变得更加湿润；全球供应链伴随自由贸易与贸易保护，使得世界是深的。

3.1.3 当前经济社会发展的三个结合

当前及未来我国经济增长，核心是在新经济变革与数字化改革的条件下实现三个方面的结合：一是生产方式与生活方式的有机结合。前两次产业技术革命是生产方式决定生活方式，第三次产业技术革命是生产方式反向决定生产方式，第四次产业技术革命是将生产生活方式贯通，也就是形成"数据驱动 + 平台赋能 + 智能终端 + 场景服务 + 社交生活 + 敏捷供应"生产生活方式的贯通，关键是布局建设一批产业互联网平台。二是内循环和外循环的有机结合。也就是在数智科技带动下，如何以数字经济带动数字贸易、以数字贸易带动服务贸易、以服务贸易带动货物贸易，从外向型工业经济走向开放型创新经济，核心是将跨境电商走向数字贸易——打通数字化条件下内外双循环最后一公里。三是数字产业化与产业数字化的有机结合。如何将人流、物流、商流、知识流、信息流、资金流等等转化为数据流、再转化为价值流，最终线上与线下、软件与硬件、制造与服务、产品与服务、流量与数据、场景与内容相结合的经济模式与经济形态。核心是将由软入硬的平台文化，与由硬入软的工程师文化相结合，进而带动批量生产车间文化、逐一打磨的工匠精神与社交生活、场景体验。

3.2 疫后数字化变革何以愈演愈烈

3.2.1 充分认识信息技术属性及迭代

在所有技术中新一代信息技术最能贴近人的生活方式、最能改变人的生产方式、最能反映人的需求诉求、最能实现人的功能诉求、最能替代人的劳动操作、最能拓展人的生存疆域、最能释放人的价值潜能。计算机技术与通信技术使得生产生活方式进入到信息时代，让距离越来越短、世界越来越小；互联网技术的崛起将人类活动空间从物理空间延伸到虚拟空间，彻底地打破时空局限；以云计算、大数据、移动互联网、物联网为代表的新一代信息技术，更是体现了人人互联、随时随地、数据为王、体验为王特点的社交化属性；人工智能技术、新一代通信技术加速了智能科技的崛起、智能时代的来临，体现为万物互联、数据驱动、智能使然的三维世界或高维世界。在各大主流机构技术预测中，以人工/机器智能、量子通信、5G/6G新一代通信、信息感知与网络、物联网、区块链为代表的新一代信息技术，以及自动驾驶、3D打印、机器人等深度应用信息技术领域成为新宠。未来迫切需要以数智科技带动数字经济、以数字经济带动数字贸易、以数字贸易带动服务贸易、以服务贸易带动货物贸易，加快发展创新驱动、内生增长、内涵发展的开放型创新经济。

3.2.2 互联网下半场是数字化的主场

整体而言，"互联网下半场"更多的是借助大数据、云计算、物联网、移动互联网、5G、尤其是人工智能等新一代信息技术，从虚拟空间向智能终端中嵌、从智慧感知到智能运用，最终用供需两边贯通、跨界融合的产业

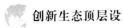

思维打通生产方式与生活方式，形成一种新的经济形态、产业结构、组织方式与增长方式。如果说"互联网上半场"是通过 2B、2F 最终 2C，从信息经济到平台经济；那么"互联网下半场"既可以通过 2F、2B 搞工业物联网、产业互联网来改变生产方式，也可以通过 2C 从改变消费方式到改变生活方式，最终实现生产方式与生活方式的贯通，智能科技、生态经济成为平台型企业的重要发展能力。在这个过程中，只有底盘强大的"行业 + 互联网"，以及借助"互联网 ×[1]"，才能成为新一轮业态创新与产业变革的引领者。更进一步而言，互联网上半场就是借助 C 端流量、市场需求反向配置生产资源，从人们的消费方式、生活方式到生产方式；而在互联网下半场，不是单纯地搞改变生产方式的局域网、封闭的工业 4.0，也不是单纯地进行生产方式的智能化升级改造，而是在消费反向决定生产的基础上，再造"需求反导 + 数据驱动 + 平台运营 + 智能终端 + 服务场景 + 生态赋能 + 敏捷供应"的生产生活方式。从这个意义上，互联网上半场与下半场在消费反向决定生产的新经济逻辑上一脉相承，但在互联网下半场，用产业思维将生产生活方式全部打通则是对上半场的进一步超越。

3.2.3 从半工业半信息走向数智社会

伴随半工业半信息社会走向智能社会，数字化新经济发展从二维世界走向三维世界、高维世界，以智能社会为代表的新一轮建设与发展，最大的现代意义是对人文传统的回归，最大的价值是实现社会建设、经济建设与城市建设有机统一和协同发展。某种意义上，"智能社会 = 场景消费 + 社交生活 + 智能生产 + 数字治理"。一是消费模式场景化。核心是围绕新的场景变化，将产品服务、数字内容、数据算法、敏捷供应有机结合在一起你，创造新的消费体验、消费景图与市场空间。二是生活方式社交化。最好的商业模式与工作方式都是嵌入到人们的生活方式之中，这种生活方式是体现人人互联、万物互联、随时随地而不是高接触（非物理接触）、高情感的社交化生活方式。三是生产方式智能化。生产性部门将打破企业的边界与形态，逐步形成

---

[1]　以人工智能为核心。

"数据驱动＋云平台赋能＋智能制造＋智能终端＋敏捷生产"的生产方式，并与敏捷供应、社交生活有机结合在一起。四是治理方式数字化。伴随治理数字化带动治理现代化，平台企业、社会企业将参与社会治理，政府唯有加大数字设施、数字平台、数字大脑等架构，才能更好地适应未来、迎接未来、引领未来。在智能社会条件下，经济发展与社会发展将打破以经济物质基础支撑社会发展的初级发展阶段，进入经济建设与社会建设协同一体发展的新阶段，进一步呈现出产业发展的经济功能与社会功能并重、科技创新的经济功能与社会功能并重等态势，对近中期、长远期发展将产生深远影响。

3.2.4 打好上云用数赋智三大组合拳

在智能社会条件下，需要将代表"物"的数据、代表"事"的信息、代表"人"的需求有机整合、泛在连接，构建万物互联、数据驱动、智能使然的三维世界或高维世界，核心是打好上云用数赋智三大组合拳。"上云"就是借助虚拟空间打破企业经营发展的时空局限；"用数"就是通过从死的信息到活的数据让企业打通经络更加富有灵感和动能；"赋智"不仅让企业拥有大脑储能孕能，还能借助很多行业级的"四肢"与产品级的"手脚"使能释能。"上云"是出发点，"用数"是立足点，"赋能"是落脚点，只有形成"上云用数赋智"环环相扣，尤其是注重智能的储能、孕能、使能、释能，才能用数字化新经济把企业重新做一遍。如今，纯做云的都是大企业且还在烧钱，单纯做数据的商业模式大都未成型，纯做人工智能的场景应用不足，最终需要的是"组合拳"。

3.3 如今究竟应如何理解数字经济

3.3.1 数字经济引领新经济时代来袭

在不同的历史时期新经济有不同的内涵，新一轮科技革命和产业变革影响下，如今以数字经济为引领的新经济时代已然来袭。不论如何界定数字经济，数字经济是最能将线上与线下、软件与硬件、制造与服务、产品与服务、流量与数据、场景与内容相结合的经济模式与经济形态。伴随云计算、大数据、移动互联网、物联网、人工智能技术与先进制造等新场景

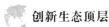

的结合，出现了大量数字化产品、数字化技术、数字化业态、数字化设施，加速实现经济社会发展以及生产方式、生活方式的数字化。更进一步而言，数字经济最大的价值与意义，是将各类信息、流量上升到数据资产的高度，进而借助线上与线下、软件与硬件、制造与服务、产品与服务、流量与数据、场景与内容相结合，充分把条块分割的、泾渭分明的技术张力、企业边界、商业疆域、产业界限予以贯通，形成产业跨界融合、企业互联融通、商业结构再造、技术集成应用的发展态势。只有跨界融合、互联融通、结构再造、集成应用才能衍生出全新的产业、业态、商业模式、产品技术，才能实现产业结构升级优化与业态创新。

3.3.2 数字经济是数据驱动的新经济

从知识经济、网络经济、信息经济、社交经济、体验经济到平台经济、数字经济、智能经济、分享经济、生态经济，往往是某一个生产要素、生产能力、生产方式、生活方式在一定技术构成与应用模式下与生产生活、产业市场相结合，产生了新的经济形态、经济模式与经济形态。在新经济主要经济形态与经济模式演进中，数字经济以数字化的知识和信息为关键生产要素，以数字技术创新为核心驱动力，以现代信息网络为重要载体，通过数字技术与实体经济深度融合，不断提高传统产业数字化、智能化水平，加速重构经济发展与政府治理模式的新型经济形态。这其中，数字经济最底层的是以数据设施搭建为代表的数字设施业态，信息基础设施和物理设施数字化成为必要的新基础设施；中间层的是以硬科技创业为代表的数字技术产业化业态，数字技术自身创新以及与传统技术融合，不断拓展人类认知和增长空间；顶层是以新场景应用为代表的数据驱动业态，数据成为驱动经济增长的核心生产要素，数据成为重要的战略资产。如果"互联网+"是流量驱动，那么"数字+"则强调数据驱动，从强调信息经济上的虚拟空间到强调数字经济中的数据资产。这其中，数据的采集、处理、应用能力成为核心竞争力的基础，软硬结合、数控兼备成为重要的体现。

3.3.3 数字经济从二维走向三维世界

当前，一维传统产业正在推倒重建，二维信息产业格局生成，以数智科技为代表的三维产业加速生成；数智技术的出现及推广应用不仅提升了新一代信息技术的发展段位，还促进了新科技革命与产业变革，最终将一般信息技术带动的二维世界带向了万物互联、数据驱动、智能使然的三维世界或高维世界。如今数据技术、人工智能技术、新一代通信技术的出现及推广应用，不仅与云计算、大数据、移动互联网、物联网、脑科学等深度融合，加速了智能科技的崛起、智能时代的来临，将半工业社会半信息社会推向了智能社会，体现为万物互联、数据驱动、智能使然的三维世界或高维世界；还与先进制造技术等其他前沿技术相结合，进一步重新定义了消费模式、生产方式、生活方式、治理方式，成为倒逼传统业态转型升级的变革力量，以及孕育原创新兴业态的革命性因素。数智技术也成为实现智能社会的核心，越来越多的企业、单位、机构，在智能科技、数字科技以及平台运营条件下，借助云计算把撷取、处理、整理好的大数据，通过移动设备传输到能创造价值的智能终端，在社交商务、企业商务等情景中把这些数据的价值发挥出来，并实现智能化使能运用，形成全新的生活生产方式。

3.3.4 数字经济如何衍生新经济业态

如前所述，数字经济最大的价值与意义，是将各类信息、流量上升到数据资产的高度，进而借助线上与线下、软件与硬件、制造与服务、产品与服务、流量与数据、场景与内容相结合，充分把条块分割的、泾渭分明的技术张力、企业边界、商业疆域、产业界限予以贯通。伴随新科技革命与产业变革，产业发展从模块化下的分解融合到生态化下的跨界融合，从产业价值链到产业价值网，不仅仅是制造业服务化、服务业制造化、产品即服务、制造即服务、软件即服务，还出现了互联网＋、物联网＋、智能＋、区块链＋、生物＋等新业态。数字经济衍生型经济业态主要体现在如下几个方面：一是在数据驱动条件下，加快产业跨界融合，将数据、内容、服务、场景的结合，最终把智能终端作为数据采集、移动传输、使能应用的入口，加上后台的数据分析、网络存储、平台运营以及云制造等，充分与若干场景应用相结合，实现服务化、嵌入更多的产品。二是利用数据驱动进一步改造提升传统产业。重点围绕人流、物流、信息流、资金流、数据流等行业，如教育、医疗、交通、银行等行业，强化数据驱动管理与技术改造，从产品技术、经营形态、产权纽带的融合再造等方面打破产业界限、促进各类产业的跨界融合。三是大力发展改变生活方式的新场景新业态。用新一代信息技术与智能生活、智慧城市、城市管理等相结合，在"互联网×"的模式下，将大数据、云计算、人工智能与场景应用、服务体验等相结合，在移动出行、智能服务、智能物流、智能安防、智能医疗、无人零售等领域孕育若干基于新场景的全新商业模式。

3.4 当前数字化发展有何共同指向

3.4.1 从各项技术趋势到数字化趋势

如前所述，如果说产业技术革命是生产方式决定生活方式，第三次产业技术革命是生活方式决定生产方式，那么如今的第四次产业技术革命最终实现生产方式与生活方式的贯通。这种生产生活方式便是"数据驱动＋平台赋能＋智能终端＋场景服务＋敏捷供应＋社交生活"。整体而言，信息化是一个本源不变，但内涵与外延不断深化的革命性力量。这个"本源"，就是知识、信息、数据等在提升生产力与创造财富面前发挥的作用比物质、能源、资源更重要，甚至起到了决定性作用。其内涵外延取决于信息技术的迭代。1.0的传统信息技术更多地是软硬结合、数控兼备、器网结合；2.0的新一代信息技术强调线上线下、随时随地、智慧感知；3.0的数智科技强调云端云台、数智兼备、智能感应、智联生态。从云计算、大数据、移动互联网、新一代通信、物联网与人工智能结合在一起，从技术趋势走向数字化趋势。伴随信息技术的迭代创新与深度应用，重点从六个方面的关系，对经济社会发展产生了深远影响：一是处理好技术创新与产业发展的关系，对产业创新形成重要影响。也就是我们目前所说的数字产业化、产业数字化，以及数字中国等，最终形成线上线下、云端云台、数智兼备、器网结合、智联生态、智能感应的经济形态与生产方式。二是处理好生产供应与消费需求的关系，对民生福祉产生重要影响。以前是生产决定消费、生产方式决定生活方式，如今在信息化带动下，消费反向决定生产、生活方式逐步决定生产方式。三是处理好经济建设与社会建设的关系，对公共治理产生重要影响。新基建不再是单纯的基础设施建设，而是支撑社会建设与经济建设协同发展的基石，越来越多的社会建设将为经济建设开辟新空间、赋予新功能。四是处理好内循环与外循环的关系，对开放门户产生重要影响。以数智科技带动数字经济、数字经济带动数字贸易、数字贸易带动服务贸易、服务贸易带动货物贸易，将内外循环贯通在一起，加速将外向型工业经济向开放型创新经济转变。五是处理好安全稳定与加快发展的关系，对安全管控产生重要影响。尤其是对于网监工作，不仅是一种事业，也可以有产业属性；不仅是风险风控，而是发展拓展；不仅仅监管维度，而是疏导建设。六是处理好深化改革与服务创新的关系，对改革创新有重要的影响。尤其是在数字政府、智能治理的带动下，进一步提高公共服务效能，加快建设创新型服务政府。

3.4.2 从技术形态到数字化产业形态

从技术形态到产业形态，新技术引领数字经济发展。当前，网络信息技术是全球研发投入最集中、创新最活跃、应用最广泛、辐射带动作用最大的技术创新领域，以新技术为核心的信息产业是数字经济发展的基础部分，为国民经济提供丰富的信息技术、信息产品和信息服务，成为数字经济发展的先决条件。在此过程中，一是数智新研发。聚焦数智科技，从创新端出发集中力量践行新型举国体制，从产业端出发面向产业需求导向进行逆向创新，形成新型科技攻关体制和创业创新机制的双轮驱动新研发模式。二是经济新形态。围绕数字产业化、产业数字化，形成线上线下、云端云台、数智兼备、器网结合、智联生态、智能感应的经济新形态，培育有硬科技属性、平台属性、跨界属性及幂成长特征的新物种企业。三是数字新基建。着力构建全面互联互通的智能化数字基础设施，打造物联感知、高速泛在、融合智能的算力基础设施、新技术基础设施和通信网络基础设施，立足新基建打造超级智联生态。四是消费新场景。以新场景为牵引，从市场需求、消费升级出发，通过消费反向决定生产，将数据、内容、算法、体验、服务、硬件等有机结合，让数字消费成为一种重要的产业形态。五是要素新供给。建立要素的全新组织供给方式，将数据要素和智能技术、场景需求、

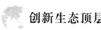

平台组织、生态赋能紧密结合，促进要素自主有序流动，提高要素配置效率，进一步激发全社会创造力和市场活力。六是开放新格局。形成以数智科技带动数字经济、以数字经济带动数字贸易、以数字贸易带动服务贸易、以服务贸易带动货物贸易，最终走向开放型创新经济的发展格局。

3.4.3 从商业模式创新到硬科技创新

围绕产业数字化、数字产业化以及数字化治理等，呈现技术驱动、应用驱动两种不同路径；中国数字经济产业呈现从应用驱动型创新逐步迈向技术驱动型创新的趋势。以美国和中国数字经济创新路径比较为例，互联网起源于美国，美国凭借信息技术优势，通过商业模式创新，走在全球数字经济前列，形成技术驱动型创新——拥有原创技术、企业创造价值的主要来源是技术。与此同时，中国主要依靠市场优势，聚焦产品的适应性创新，以产品优化倒逼非颠覆性技术革新，形成应用驱动型创新——提供内容、应用以及商业模式的创新，应用或优化成熟技术。目前，中国与美日等技术创新强国在人工智能、大数据等前沿技术领域几乎站在同一起跑线，但中国庞大的用户基数和丰富的应用场景为新兴技术的创新发展带来了独特优势，未来数字经济产业将从应用驱动型创新逐步迈向技术驱动型创新转变。

3.4.4 从智慧城市走向数字孪生城市

后疫情时代，经济社会发展从半工业半信息社会走向智能社会，呈现出消费模式场景化、生活方式社交化、生产方式智能化、治理方式数字化等发展趋势；基于数智科技的新经济，核心就是把这些人流、商贸流、货物流、信息流、资金流、思想流转换为数据流，再转化为价值流。近些年，很多旅游型城市都在率先加快走向新经济，如杭州、成都、青岛、西安、厦门等；旅游型城市都是人流、商贸流、货物流、信息流、资金流等典型代表；其基本假设在于，人多了消费就多、场景就多、各种流就多，就可以更容易地通过消费反向决定生产、配置资源，打破以土地、供给、制造为主的生产结构。

3.4.5 从数字化基建到场景业态创新

数字经济在经济社会融合应用场景，如共享出行，通过共享交通资源，实现绿色出行及短距离出行到长途旅行的无缝衔接；智能教育，通过人工智能、VR 等新技术新模式与教育深度融合，实现针对性的个性化教学；无人零售，以移动支付、物联网、人工智能为技术基石，将消费场景全面数据化；无人支付，刷脸、刷脚、刷车牌等无现金支付已经成为新的生活理念；无人物流，借助机器人、无人驾驶等技术，实现自动化搬运存储和货物的远距离无人运输；智能工业，物理设备、电脑网络、人脑智慧相互融合、三位一体的新型工业体系；VR 娱乐，将 VR 技术应用在影视、游戏、直播等娱乐领域，带来沉浸式体验；智能家居，家居产品智能化、互联互通为家庭提供全天候管家服务和虚拟助手；智能安防，借助计算机视觉、人工智能等技术，提高安防监控的效率、准确度和联动性；智能医疗，将人体信息数字化，实现基于数据的科学诊断和治疗，提高医疗的精确度和效率。

3.5 杭州如何逐步走向数字化引领

3.5.1 文创旅游流量城市的数据开发

作为省会城市及文旅城市，以城市品牌互联网免费思维、平台企业的地推行动，促进人流、物流、信息流、资金流聚合，并与创意内容有机结合，实现从信息、数据到数字迭代创新，从信息经济走向数字经济。最典型的两个案例，一个是西湖取消门票，体现了充分的互联网思维——"免费+增值"；一个是阿里通过地推管理模式加速平台构建。前者打破公园门票收费模式，以主要旅游场景引流，将附加值递延到住宿、餐饮、购房、消费等方面。后者就是在互联网流量成本越来越高的情况下，通过地推方式，将把全国300 余个城市和地区的线下流量引导到线上来，带动线上产品的推广与销售，同时也减少企业的网络推广成本。也就是专门帮助电商企业、互联网企业、游戏企业、传统企业做营销推广、引流的平台，再进一步降低企业的推广成本。

3.5.2 电子科技创新源头的市场试错

整体而言，电子科技大学、软件园、源头企业以及头部企业是电子科技创新高地的标配。譬如，杭州电子科技大学是我国信息科技领域的名校，虽然不是 211 大学，却培养出了很多互联网精英人才，很多互联网公司的

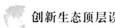

CEO 都毕业于这所大学。如今前沿数字领域的"技术驱动"型企业正在加速发展，以人工智能为代表的新一代信息技术领域，以及数智科技与传统产业融合领域分别出现了独角兽企业，据不完全统计杭州出现的独角兽、潜在独角兽大量出现在数字经济、人工智能等领域。正是以市场需求、产业导向的大面积技术试错、企业试错、产品试错、产业试错带动了科技、经济、产业的融合。

3.5.3 超级航母平台企业的产业组织

平台企业链接上下游、供需端或买卖方的第三方或第四方服务，也是从撮合交易、资源配置、开源创新等过程的交易费用降低、价值增值中分享收益的经营实体，并作为一个行业或地区创新网络的"中枢"，通过独特商业模式改变行业景框、设定新的游戏规则、合并细分市场、整合顾客需求进行价值创新，带动企业、客户的跨界融合、协同创新或者共生共荣，成为新经济发展及传统产业升级过程中的产业组织者。阿里成为杭州率先走向信息经济、平台经济、数字经济的引领者与组织者：一是作为虚拟空间的搭建，以信息技术创新为基础，强调技术集成、技术门槛与技术实现；二是作为游戏规则的制定者，让大家按照新的游戏规则共生共荣；三是作为产业生态的枢纽，以组织创新为支撑，遵循去中介（心）化、再中心（介）化、再去中心化（平坦的生态）路径。

3.5.4 软硬结合技术迭代的抢占风口

整体而言，杭州走向数字经济最早是以商业模式创新带动技术创新，后来是技术创新带动商业模式创新，如今则是以产业组织创新为引领、以金融资本创新为杠杆，将"硬科技"与"软创新"有机结合，从薄创新到厚创新。以深圳与杭州比较为例，深圳与杭州最原始的不一样，一个是一个港口城市引发的创新，核心是围绕国际产业价值链从低端向高端不断攀升，也就是通过外循环的"两头在外"带动内循环的"中间在内"产生的创新。一个是旅游城市引发的创新，核心是如何将不同的流如何转为数据流、价值流，以内循环的"原创"带动外循环的"全球化"。更进一步而言，深圳的创新从硬入软，器网融合；而杭州的从软入硬，用软的控硬的，数智兼备。

3.5.5 民营工商发展活力的产业根植

只有民营经济、市场经济、实体经济发达以及工商活力突出的地方才有更充分的产业组织创新与产业试错；杭州从互联网上半场到互联网下半场，从消费互联网到产业互联网，制造业传统价值链链条将被打破，在各环节出现新的产业平台，与此同时服务业资源分散、规模小的产业格局将改变，将在各个领域出现大量集聚海量碎片化服务资源的服务平台。

3.5.6 世界一流科技园区的生态赋能

浙江数字化领先地位得益于杭州，杭州的领先地位得益于杭州（滨江）高新区。杭州（滨江）高新区是首批国家级高新技术产业开发区，经过16年发展，培育了以阿里巴巴、浙大网新等为龙头的7800余家互联网企业，占全市互联网企业近三分之一。杭州（滨江）高新区作为新兴的世界一流科技园区，长期坚持以信息经济为主导的高技术产业发展模式与以平台经济为引领的新经济发展道路，培育出电子商务、数字安防等世界级产业集群，成为中国数字经济发展的策源地。

3.5.7 城市大脑算力算法的场景应用

杭州深入实施"宽带浙江""云上浙江""泛在浙江"行动，推动5G率先部署和IPv6规模部署，建成全国最大的5G应用示范网，5G基站超1000个，建成杭州国家级互联网骨干直联点和国际出口通道；杭州城市大脑以交通治理为起点，实现数据为社会服务，解决仅靠人脑无法解决的城市发展问题；如今城市大脑场景带来的大数据产业链形成与发展。

3.5.8 良性循环科技金融的杠杆加持

杭州依托充裕的民间资本和财政资本、金融资本等，建立覆盖技术链条与关键节点、财政科技与社会资本相结合、金融资本与产业资本相结合、直接融资与间接融资相结合的科技金融政策体系与科技金融服务体系，重点是优先发展股权投资、积极发展债务融资、借力资本市场发展。尤其是伴随相关平台企业上市，产生了大量的平台创业、数字创业投资资金，为进一步促进数字经济发展提供了良好的保障。

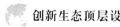

3.5.9 创新式服务型政府的数字治理

如果浙江"最多跑一次改革"是一维世界和二维世界之交的，那么数字化改革则是三维世界的。单纯从权力清单、体制机制、组织编制、财权事权改革很容易陷入改而不革的局面，数字化改革则是建设创新型服务政府与智能社会的重要前提、突破口与保障。浙江数字化改革带动"数字中国"的探索和建设推向新的高度和段位，为数字化条件下系统优化政府与市场、政府与社会、政府与企业的关系开辟了新的空间和前景。"数字化改革"本质上是以数字技术、数字治理、数字平台自己改自己的重要探索，将从第一方党委党建、第二方数字政府及其公共服务走向第三方数字城市及创新生态建设、第四方数字经济及其产业组织、第五方数字社会及其法治治理系统优化顶层设计。

3.5.10 平民色彩地域文化的思想引领

在经济地理与地理经济中，一个国家、地域的此起彼伏与结构变迁，很大程度上取决于特定的人文地理与地理人文。思想文化并非经济社会发展的外生变量，而是长效、稳定的内在基因。思想贫困、人文缺失、商业缺乏是制约很多地方发展的顽疾，解放思想依然比解放和发展生产力更重要。浙江独特的地域文化与"工行皆本、经世致用、民富先于国富"的商业伦理，为浙江从民营创业、市场试错、产业试错提供了条件，将商业文明、工业文明和创新文明有机结合。

3.6 新一轮数字化发展范式是什么

3.6.1 新场景业态创新再造市场需求

新场景业态创新就是将市场扩容、消费升级、服务再造与智能终端有机结合，促进数据算法、服务内容、消费体验、智能硬件等有机结合，从正向配置资源的链式创新到反向配置资源的逆向创新，从支持行业供给到支持市场需求，带动新技术新产品新服务新业态推广应用，重点是开放业态创新场景、开展场景业态创新、打破传统产业规制。在推进过程中，不仅需要开放业态创新场景：在消费娱乐、时尚创意、文化旅游、城市管理、民生保障等领域发布城市场景创新清单，在城市交通、医疗、教育、商业等重点领域开展场景创新规划布局，建设具有科技感、适宜场景落地应用的新载体，推广应用一批具有带动消费、提高体验、服务升级、市场扩容的新场景；还需要开展场景业态创新，融合产品、服务、体验、空间的综合创新生态，重点支持高端创业、前沿科技创业、新物种企业，加强对高端创业创新企业在技术研究试验和场景示范应用的支持，支持中小企业创业创新和业务转型；更需要打破传统产业规制，营造场景创新及推广应用的良好环境，制定兼顾监管与促进发展的政策，为处于产业变革与产业规制领域的重点企业开辟政策创新、管理创新"绿色通道"，通过政府采购、试点示范、牌照优先发放等多种形式，创造对原始创新相对包容的环境，推动开放包容的制度创新。

3.6.2 新赛道跨界融合开辟原创产业

整体而言，创业成功与企业成长最终都是在把握产业趋势与社会需求前提下实现价值再造，核心是把握生产与消费的新趋势及其相互的关系。这其中，大量介于生产与消费、工业与商业、行业与行业之间的平台企业涌现，超越时空的局限、锁定技术的门槛、重塑产品的形态、穿透商业的疆域、走出企业的边界、跨越产业的界限，打破了以往的供应联关系，成为新型产业组织者、商业生态建设者、开放创新生态建设者等，并涌现出十大赛道。包括消费互联网下的流量商务、工业互联网下的智能制造、社群互联网下的社群服务、产业互联网下的新型连锁、产业互联网下的企业商务、工业物联网下的智能终端、工业物联网下的物联生态、人工智能驱动的垂直应用、数字内容融合的场景体验、平台运营驱动的腾云驾雾等。

3.6.3 新研发逆向创新提高技术构成

打破以往基础设施、基础研究、应用研究、商业研究、转移转化、产业化的正向的链式创新，到反向资源配置的逆向创新，以及政产学研金介用的垂直创新。从强调技术应用转向重视制度适用、从打造条块工具转向构建生态协作、从单纯政务系统转向复杂居民生产生活、从依靠行政命令转向依托市场运营；亦优化技术路线，创新区域治理体系和治理机构、构筑泛在互联的城市感知网络、组装通（共）用基础信息平台、强化智能社会各项场景应用。

3.6.4 新物种一企一业重塑行业格局

伴随数据驱动的创业，一批非线性增长企业梯队的涌现，以哪吒企业、瞪羚企业、独角兽企业、龙企业等以动物与神话传说为命名的企业越来越多，在科学、技术、商业、产业之间夹杂着浓厚的浪漫主义与现实主义。所谓"一企一业"，就是一个企业的出现与成长不仅开辟了一个全新的模式、全新的业态乃至原创的产业，还引领了新模式、新业态、新产业的生成发育。以数字平台、数字创业、数字企业为代表的新物种，其使命不单纯是从盯着瞬息万变的市场而去熟化商业模式，而是上升到产业变革的高度，在产业大破大立中找到跨界融合的机会。

3.6.5 新基建数智嵌入构筑发展基底

打破以往"铁公机"为代表的传统基础设施建设模式，转而以技术创新为驱动、以信息网络为基础、面向高质量发展需要，重点借助5G、大数据中心、人工智能、工业互联网、特高压、新能源汽车充电桩、城市轨道交通等领域突破，加快形成软硬结合、数智兼备、线上线下、低开高走的发展形态，为数字转型、智能升级、融合创新等提供数字基础设施。在以数智技术嵌入新基建带动下，探索"1（智能科技）+3（数字服务、数字终端、数字设施）+X发展机制"，加快建设以场景创新为引领的智能社会，实现"物"的链接、"事"的联通与"人"的社交。

3.6.6 新治理协同推进打破产业规制

一般而言，行政手段往往是第二方的，经济手段往往是第三方的，法律手段似乎是第四方的，未来越来越多的是用第四方的思维整合第三方力量加强公共服务，"有所为有所不为"地提供第二方服务。而创新型服务政府是指立足服务型政府的基础打造创新生态设计者、建设者、维护者，其基本内涵是"第四方新型产业组织者＋第三方创新服务集成者＋第二方精益服务提供者"。"第二方精益服务提供者"是原来公共服务的范畴；"第三方创新服务集成者"，是指政府不是所有的事情都由自己来承担，而是通过引入高水平专业服务机构，集成社会创新服务资源来提供相应高质量服务；"第四方新型产业组织者"，强调的是政府在经济建设与发展中发挥"主导"而不是"主体"的作用，更多的是突出新兴产业组织者的角色，强化产业引导、搭建创新平台、构筑服务体系、营造良好环境、传承良好氛围；从第二方到第三方、第四方，不仅在于治理结构上的开放包容，还在于治理机制上的协同创新，其背后的逻辑是强调以法的精神与制度的力量来提升治理能力。

以往人类的生产生活基于土地的一、二、三级开发建设运营，拘泥在物理空间上；如今伴随数智科技的出现，使得人们能够基于数据的一、二、三级开发建设运营，进入创新赋能的发展结构与爆发成长之中。在以数据生态为基地的创新生态建设之中，我们需要促进科教智力资源、创新资源要素、产业资源要素、自然资源能源、行政财政资源以及数据资源适配，促进产业链、创新链、价值链、区块链、资本链、供应链协同提升，加快涌现源头经济、平台经济、头部经济、针尖经济，全面涌现新技术、新模式、新业态、新产业。

04 研发生态优化技术源头供给

伴随企业创新能力从技术生命周期的中后端向中前端前置，以及高校院所加快从研发创新后台走向产业发展前台，以及中央政府、地方政府、大企业（产业资本）、创业企业、投资机构成为重要的投资、投入主体，过去局促的研发体系逐步走向以新研发以及研发生态化。研发生态是围绕研究开发在"政产学研金介用"之间相互作用关系的总和，核心是高校院所研发主体与企业创新主体之间的关系，承担着科技资源的投入产出与科技成果的输入输出。在"政产学研金介用"多类创新主体开放式创新过程中，需要进一步研究新研发组织模式与运行机制，建立完善适宜新研发以及研发生态建设发展的体制机制、制度安排、政策体系与发展环境。

4.1 新研发已成为重要的发展趋势

在新经济条件下，研发创新范式加速从专业走向跨界、从链式走向生态、从孤岛走向开源，出现了生态化的"新研发"。这其中，企业、科研机构作为研发主体的同时，又兼具了商业属性、投资属性、孵化属性等，而新场景、新物种企业、社会资本等成为研发生态中不可或缺的新元素。与此同时，不同主体对研发活动的参与行为则从历时走向共时、从接力走向协作，而研发的不同阶段、不同主体之间的边界更加模糊，研发投入的各类要素及其配置方式更加强调市场化。具体而言，新型研发的生态化特征主要体现在六个方面：

4.1.1 以垂直领域创新打破专业研发边界

进入消费决定生产的新经济时代，传统"基础研究—应用研究—产品开发"的线性科研流程被打破，众多前沿技术在创业过程中直接实现科研与产业化同步前进。当前"硬科技"创业不断涌现并成为全球重要的创新前沿，便是新研发范式下研发与转化一体化的典型表现。目前，全球在"硬科技"领域已经产生了 Space X、大疆、柔宇科技、商汤科技等许多前沿科技企业，这些著名企业的创业带动创新成为打破传统研发环节的有力实践。如商汤科技从创业初始至今，始终保持对学术性原创技术的积累，同时积极推动各项"全球第一"的自主研发技术在智能安防、金融等领域的产业化落地，并通过共时化的研发模式实现创新效率的指数级提升。

4.1.2 以市场应用导向众包研发资源配置

随着全球产业竞争全面前移到创新能力竞争，市场在科技创新中的作用比以往更为凸显，以新型研发机构、科研众包平台等为代表，研发的组织形式和机制也在不断创新，市场导向的资源配置方式成为提升研发效率的内在动力、重中之重。近年来我国新型研发机构呈现出"遍地开花"的局面，面向地方产业需求组建创新平台，积极探索"拨投结合""科研团队控股"等与市场接轨的成果转化新机制，让源头科技创新在组织技术研究过程中，始终面向最终需求与价值。同时，一批互联网研发众包平台通过任务挑战、资源共享、协同研发等平台化组织模式，发挥市场在技术研发方向、路线选择、要素价格等各类创新要素配置中的导向作用，实现科技资源的高效整合。

4.1.3 以开放协同合作带动产业技术跨界

随着科学与技术、科研与产业化的边界淡化，技术创新体量扩大、边界外延，过去由科研机构主导的研发已很难满足技术创新需求，需要科学家、企业家、投资人等多元主体联合参与的新研发，从而实现与市场需求同步的产业技术跨界。科学家提供知识要素源泉，企业家识别技术的市场化前景，资本为前沿技术创新提供连续支持，政府、消费者等也构成了创新的外部主体，多元主体相互促进、相互成就，通过高效协同更好地实现科研成果的价值。如科大讯飞等创新型企业与大院大所成立联合实验室，便是多元创新主体相互嵌合、扩大创新能力的体现。

4.1.4 以商业实践检验带动原始创新集成

企业作为前沿科技探索的主体，新经济下重大创新不再是大企业专有，

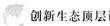

具有高成长、高价值、高科技属性的新物种企业已成为颠覆性技术创新的引领者。如今越来越多的独角兽企业、潜在独角兽企业等新物种呈现出明显的前沿科技属性。除人工智能、新能源、生物医药等热门领域外,在量子信息、商业航天、VR/AR 等新兴领域涌现的新物种企业层出不穷。这些新物种企业的创新创业领域与未来产业领域不谋而合,成为新研发方向的"晴雨表",成为我国未来产业实现"弯道超车"的重要创新载体。

4.1.5 以场景数据驱动带动逆向创新应用

与链式创新模式从供给端出发拓展市场思维不同,在新经济条件下,科技研发与产业需求更多地趋于同步,以应用场景为起点、从后端反向配置资源成为创新发生的新逻辑。以新创意为核心的创新性应用场景催生对新技术、新产品的需求,成为引领研发方向的向导。尤其在智慧交通、智能家居、疫情防控等场景,衍生出弹性高性能云计算、自然语音交互等多项新技术的突破,带动产业生态圈的多主体进行集成式、系统性创新,为一批新赛道新企业提供了创新驱动力。场景在催生新业态的同时,随之产生的真实应用数据也成为催熟前沿技术、加速科技创新的重要要素。

4.1.6 以金融资本前置带动深度科技创新

随着新经济的快速发展,政府专项支持或大企业自有资金已很难满足科研活动的资金需求,围绕新产业、新赛道的创业资本和产业基金联手聚焦投早期、投长期、投硬科技,除了为研发活动提供资金支撑外,投资人凭借对市场的敏锐眼光和产业生态圈资源优势,进一步提供方向引领、产业资源链接等投后服务,资本深度参与研发活动促进技术创新与市场结合,降低创新试错成本。如 IDG 聚焦半导体产业链广泛布局,对中微半导体等技术创新企业进行早期投资、多次增资和项目合作、资源导入,有效助力企业完成刻蚀技术、芯片设计等高端技术的国产化。

4.2 研发生态优化技术源头的供给

整体而言,研发生态的核心是技术源头供给,不仅要着眼未来产业提升颠覆性创新能力,还要着眼卡脖子技术高效配置创新资源,亦要着眼开放式创新加快企业互联融通。在科技自立自强的条件下，需要建立完善市场运作、企业主导、政府引导的新研发枢纽平台、伙伴计划、组织方式，积极探索高能级开放研发创新生态。

4.2.1 从技术生命周期看研发生态的界定

研发生态并非拘泥于技术生命周期[1]的前端，主要是前中端，并于后端产业化紧密相连。整体而言，研发生态是围绕研究开发在"政产学研金介用"之间相互作用关系的总和，核心是高校院所研发主体与企业创新主体之间的关系。一个质优研发生态，核心是在技术生命周期的前端回答"有没有成""结没结果"，在中端回答"好不好转""能不能移"，在后端回答"难不难转""好不好化"。目前对于很多地方的科技成果，更多的是发了论文、拿了专利、评了奖，但并没有"成"，也注定难有"果"；而一旦有一定的"成"和"果"，便存在"好不好转""能不能移"的问题，这个时候往往是体制机制障碍；最后就是"化"的问题，本质上是组织方式与试错的问题，优化的组织方式才能转化成功，但有的需要试错才能转化成功。

4.2.2 着眼未来产业提升颠覆性创新能力

如今，颠覆性创新在全球领域广受关注，为我国实现"换道超车"发展带来重要机遇。颠覆性创新是催生未来产业、重构未来格局的根本性力量，从数码相机对胶片相机的强烈冲击，到 Space X 开创商业航天新纪元，颠覆性技术的突破往往能够重构现有产业规则，导入新的技术路径，开辟新的产业方向，为科技创新的跨越式发展提供新的物质基础。目前，在技术与产业跨界发展、颠覆性创新策略普及、市场竞争日趋激烈的时代语境下，全球主要发达国家纷纷围绕颠覆性创新进行顶层布局。对我国而言，把握颠覆性技术特征、构建与之适应的科技管理新体系，既是避免技术突袭的防御要求，亦是从跟跑并跑到领跑未来的源头动力。这其中，新研发重视涌现和实践，是催生技术突袭、制胜未来产业的重要利器。未来产业提倡交叉融合、颠覆

---

[1] 技术生命周期包括前端的基础研究、应用基础研究（共性技术研究），与中端的商业应用研究、商品开发，以及后端产业化和规模生产。

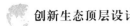

引领的无边界创新,具有自涌现、多样化、基因突变等特点,需要有开放合作、自由探索、容忍风险的新研发环境。与传统研发强调"计划"或"权威"不同,新研发所重视的是在交叉领域涌现的非共识创新、倡导以场景实践驱动探索性创新的快速着陆,契合颠覆性创新的不确定性和技术突袭性等特点,是领跑未来产业的核心动力。

4.2.3 着眼卡脖子技术高效配置创新资源

当前,我国整体科技发展水平与发达国家仍有较大差距,基础研究薄弱、关键核心技术受制于人的局面仍未得到彻底解决。我国被"卡脖子"的领域和项目包括高端芯片、高端医疗设备、航空动力装置、特种材料等战略性必争领域。如今关键领域的技术攻克始终面向新一代信息技术、高端装备、生物科技等产业领域的重大战略需求,相关核心技术通常具有高度复杂性,需要簇群式的技术突破。以光刻机系统的研发为例,需要融合光学、物理学、微电子学、精密机械及控制、材料学等多个学科,在结构、器件、工艺及检测等领域攻克一系列核心科技难题。新型研发注重多学科交叉创新,强调以市场化的资源配置方式高效组织企业、高校院所、投资机构等多元主体,在技术突破不同阶段协同合作,推动源头创新和产业应用紧密衔接,是推动关键核心技术变痛为通的必要选择。

4.2.4 着眼开放式创新加开企业互联融通

在新经济条件下,中小企业正成为新经济中最富有活力的组成部分。新经济时代技术呈现出显著的不对称性,由于知识分散度的提高,少数人可以颠覆一个大机构,大企业的内部研发不再是诞生重大创新的单一方式,初创企业尤其是高成长企业在科技创新中的作用不断凸显,我国科技成果70%是来自于中小企业是这一趋势的有力佐证。这其中,研发生态倡导"系统优于个体",强调创新平台的生态化组织,促进大中小企业在研发创新中通力合作,是新经济的活力策源。在此背景下,需要进一步强调企业的创新主体地位,龙头企业组织重大创新、新物种企业引领创新方向、硬科技创业带动产业化创新,三者共同构成激发新经济创新活力的主体力量;依托生态化平台构建富有活力的融通创新格局,猪八戒、易科学等互联网研发众包平台为中小企业提供协同创新机会，小米、腾讯、海尔等平台型大企业构建生态圈，为中小企业的研发深度赋能，推动各类企业形成开放、融合、共生的活跃创新系统。

4.3 研发生态的本质是开放式创新

对于"研发"，传统认知往往包括前沿技术诞生于高校院所，科研止于论文、专利的产生，科学家、企业家各司其职，学科领域高度细分等。而在新技术、新产品爆发的时代背景之下，一批打破旧规则、颠覆旧范式的新研发活动不断涌现，表现出组织形式灵活多变、研发各环节边界难以界定、企业登上"主舞台"、科学与技术边界淡化、学科领域交叉融合等特征，成为新经济时期新研发的典型实践。

4.3.1 西湖大学：打造高水平研究型大学

西湖大学是中国第一所民办研究型大学，正是因为社会力量共建背景为西湖大学的学科设置及科研体制机制注入了灵活探索的基因。西湖大学秉承"高起点、小而精、研究型"的办学定位，学科设置聚焦于工学、理学、生命与健康等领域的前沿技术方向，将学科交叉植入到学校的创新文化之中，成立西湖大学交叉学科初创中心（MRIC），在每年固定时间向西湖大学全体老师征集项目，为西湖大学提供了与众不同的创新原动力。西湖大学根植浙商文化与技术前沿，设立成果转化办并进军 VC/PE 领域[1]，全方位打造创新"辅助赛道"，助力其走在了高校科研成果转化落地的前沿。西湖大学在建校初期便设立成果转化办公室，与当前众多大学的由行政管理人员负责的学校成果转化办公室不同，西湖大学聘请了博士、投资人等各方专业人士加盟办公室，为科研项目提供从公司注册、专利布局、法律咨询到投资人谈判的全链条转化服务，形成了项目接触早、孵化技术精、支撑服务全、转化模式新的科研成果转化辅助服务机制。目前，多个西湖大学自主研发的科研成果已实现顺利转化。

---

[1] 西湖大学（杭州）股权投资有限公司于 2020 年 12 月登记成立，意味着其今后可直接对外募资，设立创投基金，进行直接投资，也成为当下科学家创业的新缩影。

4.3.2 达摩院：平台型企业进军基础研究

达摩院是阿里巴巴于 2017 年 10 月宣布成立的全球研究院，以解决社会问题为导向，面向市场需求开展前沿研究，在机器智能、数据计算、机器人、金融科技和 X 领域设有 14 个实验室，采取前沿技术有布局（如量子）、核心技术能突破（如 AI、芯片）、关键技术可应用（如数据库）的长—中—短期结合的技术布局方式，分层推进前沿领域技术研究。这其中，阿里为达摩院提供高额资金投入，使其成为企业再上新台阶的源头动力。达摩院成立三年资金投入已超千亿，2020 年阿里再次宣布未来三年将继续投入 2000 亿元发展云操作系统、服务器、芯片、网络等重大核心技术研发攻坚和面向未来的数据中心建设，达摩院的"成本中心"地位被进一步加强。在高额投入下，达摩院也助力阿里巴巴在 AI、芯片、自动驾驶、量子计算等多个领域里实现核心基础技术突破，侧面反映了商业技术不断逼近技术研究前沿的时代语境。

4.3.3 华为：以巨额投入进入创新无人区

早在 1996 年，华为预研部就明确要求预研费用必须占研发费用的 10% 以上。近十年华为研发投入累计达 6000 亿人民币，2019 年则高达 1317 亿元，占全年销售收入 15.3%，相当于整个中国研发投入的 4.5%—5%，获得了全国 10% 的专利数。同时华为在全球现有超过 8 万研发人员，占员工总数 45% 左右，充分体现了研发主体的科研属性与产业属性之统一。目前，华为在全球有 16 个研究所，60 多个基础技术实验室，主要分布在欧洲、日本、美国、加拿大、俄罗斯、印度等地，涵盖了材料、散热、数学、芯片、光技术等各个领域，为全面提升研发创新水平提供支撑和服务。在过去 20 年中，华为与全球 200 多所大学、研究所、实验室开展了合作研发，促使华为在数个领域踏入技术"无人区"。如开发业界第一款分布式基站，率先推出了单一无线接入网基站，研发出最先进的 5G 手机芯片"麒麟990"等。

4.3.4 小米：以开放创新生态圈异军突起

小米突破企业的边界，将论坛、微博等互联网社交工具作为创新交流平台，建立"小米社区"，打造与客户互动的开放式产品开发模式，充分收集并快速反馈"米粉"们为产品的创新和改进提供的意见,以"用户创造内容"实现研发众包。稳定的客户信息流动使小米更有效地把握创新方向,推动产品创新与市场需求紧密融合并相互促进,进而实现产品的"快速迭代,随做随发"。通过"参股＋孵化"的模式,构建小米创新生态圈,将产品研发下放到生态链层面,打造共赢局面。小米以智能手机为基石构建产品生态圈,采用"参股＋孵化"的模式挖掘目标企业,从品牌、供应链、投融资、产品设计等多维度支撑其发展,并利用生态链企业的核心能力,将产品研发不断下放,有效弥补自身研发创新短板,提高小米产品丰富性,快速进入不同业务领域。目前,小米已陆续拓展出手机配件、智能硬件、生活用品三大业务圈层,围绕生态圈投资孵化出多家估值过亿企业,包括紫米(移动电源)、华米(手环)、智米(空气净化器)、Ninebot(平衡车)四大独角兽企业等。

4.3.5 江苏产研院:以产业协同群体突破

江苏省产研院牵头与地方园区、人才团队共同组建研究所,并将团队绝对控股作为构建专业研究所的门槛,突破了传统科研体制的束缚。地方政府出"大钱"持中股,产研院出"小钱"持小股,研发团队出"零钱＋技术"绝对控股,各方共同出资组建研发团队控股的运营公司,研发收益归运营公司所有,增值收益按股权分配,将研发人员创新劳动同其利益收入紧密对接,充分调动了研发团队积极性。自 2016 年以来,产研院已先后与人才团队、地方园区等组建 33 家研究所,研发转化成效显著。"团队控股"运行模式让科研团队成为成果转化主人翁,充分释放研发团队创新活力。与此同时,产研院与龙头企业联合成立创新中心,实现"企业命题"与"拨投结合"联动,产研院通过链接全球创新资源组建研发团队,实现科、产双方精准对接,撬动财政资金效用,促进技术与市场融合、创新与产业对接。此外,实行合同科研管理机制,对于初创期重大原创性技术创新项目,财政资金以"拨投结合"方式匹配,先期给予支持,当研发成果获得市场化融资时,财政资金按市场价格转变为股权投资,既充分发挥财政资金的产业扶持、政策引导作用,又有效利用市场机制获得研发成果收益。

4.3.6 大疆创新：开源创新提升研发段位

自 2017 年起大疆 RoboMaster 组委会与全球机器人和自动化大会联合主办机甲大师高校人工智能挑战赛，吸引了全球大量顶尖学府、科研机构参与竞赛和学术研讨，用来探索深度强化学习应用方向，同时大疆也利用比赛数据进行全自动机器人的设计开发，通过赛事助力企业找到未来可行方向。与此同时，打造面向全球的 SDK（软件开发工具包）开源平台，通过与外部创新者联合研发实现生态共赢。大疆作为全球市占率最高的无人机品牌，从 2014 年起逐步开放其生态系统，推出 SDK 开源平台，使开发者能够自行开发配件安装在大疆无人机之上，大疆经评审后为合作伙伴基于 SDK 平台开发的负载产品嫁接销售渠道。截至目前，大疆 PSDK 已支持 50 余种不同类别硬件负载产品的研发，全球接入 PSDK 的开发商已超 200 家，以此形成的开放研发的融合生态，不仅帮助外部开发者快速打开产品市场，大疆也能依托这些产品和大疆飞行平台的无缝兼容，将甲烷检测器、云台探照灯等更多优秀的无人机负载产品提供给消费者，提升企业在无人机主营业务领域的市场竞争力。

4.4 新研发组织模式及其运行机制

建设发育质优研发生态，重在建立完善新型研发机构的组织模式与运行机制。在此过程中，不仅要优化研发生态主要创新主体的关系，还要针对不同技术及行业优化组织方式，遵循新型研发机构运行机制。

4.4.1 优化研发生态主要创新主体的关系

如前所述，研发生态是围绕研究开发在"政产学研金介用"之间相互作用关系的总和。这其中，政府主要承担引导扶持、协调各主体、评估评价等；科研院所主要提供技术支撑，提供机器设备、实验室等硬件，以及科研人员、财政资源等软件支持；企业主要提出各种需求，提供资金支持，也是技术研发、成果转让、产品孵化等的直接参与者和承受者；大学主要发挥自身学科结构全、科研基地多、高层次人才会聚等优势，促进知识溢出、技术扩散、成果辐射和人才共享；金融机构主要提供资金支持，解决资金短缺问题；

中介机构主要发挥沟通连接、咨询服务、协调重组等功能。在此组织分工下，研发生态通过紧密联合政府、企业、高校及科研院所，着力于促进科技成果转化、促进产学研紧密结合、促进人才培养。作为科教资源的"池子"，是创新要素的集聚地。密切联合政府、企业、高校和科研院所，有效整合和合理配置官产学研各方资源，促进官产学研合作，实现科技创新人才、技术和信息的有效组合。作为科技创新的"台子"，是开放式创新的平台。弥补科技市场对商业应用性较差、经济收益较少的基础性、共性、关键性、前瞻性等技术研发的缺乏，弥补科技市场的失灵。作为科技成果的源头，是科技成果转化的胎体。科研项目研发、科技成果转让、科技服务等活动要围绕区域产业发展和行业的技术进步而展开。作为人才培育的"篮子"，是创新型人才培养的摇篮。成为科技人才长短期培养、人才引进、人才转移、人才交换等的基地，为区域和行业发展提供人才支持。

4.4.2 针对不同技术及行业优化组织方式

从目前国内外研发组织模式来看，有多种类型：一如项目组织，有关各方为完成某一具有特定时限和特定目标的科研项目而临时组织起来；二如技术联盟，由不同的企业、大学或科研机构联合建立的以契约关系为基础的合作组织，各主体之间通过形成利益共同体从事共性技术研发，如美国半导体制造技术研究联合体；三如科研基地：由政府出资，依托企业、大学或科研机构建立的以科技创新为主要任务的研发组织；四如国家及地方共性技术研发机构，由政府承担大部分甚至全部经费，主要从事共性技术和关键技术研究的机构，如德国弗朗霍夫学会。以共性技术研发机构为例，从技术上来看，由于共性技术具有很强的外部性和风险性，政产学研合作模式成为重要选择，但由于共性技术的动态性，要求对共性技术的研发应具有一定的持久性，因而共性技术研发组织应具有一定的稳定性；从行业上来看，垄断性较强的行业，科研力量也相对集中，其研发力量完全可以承担现有的行业共性技术开展；而对于行业集中度不高，科研力量集中度也不高的行业，需要整合现有科研资源，甚至重组一个科研实体。

4.4.3 积极探索高能级开放研发创新生态

在积极探索高能级开放研发创新生态过程中,需要建立完善市场运作、企业主导、政府引导的新研发枢纽平台、伙伴计划、组织方式,打破线性研发模式,开展系统性的创新。

一是市场运作新研发枢纽平台。大力支持高校、科研院所、大企业等联合多方主体成立产业技术研究院、工业技术研究院等新型研发机构,集成科研、孵化、资本等功能,集聚科学家、企业家和投资人参与技术商业化,打造从创新源头到产业化发展的闭环发展模式,促成各创新环节和主体共同参与,提升成果转化效率和成功率。支持产业技术联盟、行业协会等组织开展技术标准创制、共性技术攻关、专利池共建、市场开拓、国际合作,鼓励其承担国家重大科技专项,在技术研发、应用示范等方面协同创新和抱团发展。

二是企业主导新研发伙伴计划。推广以企业为主体、市场为导向的新型研发伙伴关系,重点组织由高校院所或企业牵头、参与的科技项目计划,提升企业家、产业专家在重大科技项目立项中的参与度与决策话语权,力求从科技项目立项环节提高产学研合作水平,从源头上提升科技成果转化效能。支持企业牵头实施重大科技项目,形成企业主导、高校院所支撑、投资机构加持的立项筛选方式,对于获得风险投资的企业研发项目优先纳入立项支持,引导科学家、企业家与风险投资家在技术研发早期相互协作。

三是政府引导新研发组织方式。创新科技资源配置方式,强化产业企业技术需求调研,委托专业机构加强技术预测与新业态预测,搭建众包式公共研发平台,围绕关键技术领域与业态领域在全球范围内组织开放式研发,采用科技项目"揭榜挂帅"、科技悬赏、研发众包、创新挑战赛等开放式研发组织与资助模式,发挥市场对技术研发方向、路线选择、要素价格、各类创新要素配置的导向作用,构建面向社会开放的科技型基础服务体系,汇聚国内外智力资源,众智解决科技难题、拓展创新空间。

4.4.4 加快新型研发机构运行机制的创新

整体而言,新型研发机构的运行机制涵盖发展层面的动力机制,管理运营层面的决策机制、激励机制、考评机制；以及投入产出层面的投入机制、资源配置机制、成果转化机制、盈利机制等。

动力机制强调开放合作，就是将政府引导或主导、高校院所支撑、市场牵引等方面作用有机结合，展开市场化运作及开放式合作。政府给予必要的政策支持、项目支持及资金支持；高校院所在技术、人才、管理等方面对产业技术研究院起到支撑作用；市场需求及产业需求决定着经营机制、研发方向、资源配置及发展水平。

决策机制强调现代治理，就是需要遵循理事会（董事会）领导、各类专家委员会决策支持的方式，院长（总经理）对外代表研发机构行使法人权利，在项目层面上遵循项目经理制（职业经理制）的决策方式。

投入机制强调多元化，主要包括投资主体多元化及资金来源多元化，在机构层面投资主体可能包括政府、高校院所、企业、金融机构、社会组织等，在项目层面上综合采取争取纵横向经费、技术入股、吸引风险资本等多种方式获取项目资金。资源配置机制强调灵活高效，就是协调好政府、企业、高校、科研院所等投资主体间的责权利关系，并在统一配置和调度人员、资金、设备、仪器等，避免各研究所、职能部门或业务部门之间的条块分割，建立以项目管理为主的资源配置机制是良好的组织实施方式。

激励机制强调价值驱动，需要按照分类指导、物质激励与精神激励并重的原则制定人员的激励措施，按照绩效考核的办法制定有差别的薪酬标准。

转化机制强调丰富多样，需要通过搭建技术服务平台、技术转移机构、专门的服务部门、孵化器以及投资平台，加速技术与企业界、产业界以及金融资本的结合，并在项目层面上综合专利授权、技术合作与技术服务、前瞻技术研发、衍生企业等加速成果转化。盈利机制强调可持续发展，主要是通过承接企业和政府的研发任务、开展各类知识产权的转让与交易、开发新兴技术衍生公司、吸引社会资本设立产业技术创新基金等多种途径获取相应收益、充实研究及运行经费，实现良性循环、滚动发展。考评机制符合创新规律，以目标任务考核为主，过程考核为辅，并引入外部考评。

4.5 以新研发加快研发生态的发育

在以新研发加快研发生态建设过程中，不仅要创新科技计划项目立项及组织实施机制，还要优化财政科技投入结构及支持方式，亦要布局建设研发创新及产业育成平台，更要培育高质量高科技高成长创新主体。

4.5.1 创新科技计划项目立项及组织实施

重视新研发中创新的自涌现特征，变革传统科技计划中自上而下的项目形成路径，充分发挥市场在科技计划组织实施的导向作用。一是从科技项目立项的源头，推出多元主体合作的创新伙伴专项科技计划。设立专项计划，分行业面向社会征集产业技术创新需求，由行业领军企业及科研机构组成伙伴网，联合申报此类计划，开展跨领域、跨环节的技术创新。二是鼓励原始创新，探索设立颠覆性技术创新计划。在现有科技计划框架基础上，增设颠覆性创新专项计划，通过专门机构和专职人员开展全球技术发展跟踪，在合成生物学、未来能源及仿生、隐身技术等前沿交叉领域采取定向委托等方式进行项目试点。三是优化资源配置方式，推行"揭榜挂帅"制，推动科研项目变"相马"为"赛马"。围绕战略性新兴产业领域内目标清晰的重大行业关键共性技术，采用揭榜制面向全球"发榜"，征集最优研发团队、最佳解决方案，提升创新资源配置效率。

4.5.2 优化财政科技投入结构及支持方式

充分关注社会资本在创新投入中的作用，形成多元化的科技投入支持体系，破除制约科技创新的思想障碍和制度藩篱。一是与社会力量共建多元化的科技投入模式。以税收优惠、加计扣除等方式，加大非政府资金对基础研发和试验发展研发的投入力度，同时促进风险投资、科创板、科技信贷等金融模式的完善和发展。二是聚焦"卡脖子"领域设立长周期支持的战略级项目。围绕高端芯片、特种材料等战略性领域，加强基础研究和应用研究部署，设立公私联合资助、重金支持的系统性大型研究项目，提升关键产业领域的技术创新能力。三是推广"拨投结合"的支持方式，强化财政资金市场导向。对于重大原创性技术创新项目以"拨投结合"的方式匹配财政资金，引导创新主体开展前沿研究，发挥政府在颠覆性创新中的风险承担作用。

4.5.3 布局建设研发创新及产业育成平台

创新研发平台组织形式，以主体融通、面向产业和市场为重点，探索优化新型研发机构运行方式，鼓励平台型大企业组织创新。一是打造一批世界级的新型研发机构。围绕5G、生命健康、超材料、未来能源等领域，建设或认定若干以"政产学研"协同创新机制探索为主要目的新型研发机构，积极探索合同聘任制、科研团队控股的研究所组建机制等市场导向的科研管理机制改革。二是实施高科技大企业开放创新战略。支持大企业以开展研发众包、打造"互联网+"平台、进行双创战略投资、构建企业生态圈等模式，从封闭的系统转化为开放的平台与产业生态，以融通创新提升企业及行业竞争力。三是以场景创新带动技术创新。聚焦前沿产业，跟踪人工智能、无人驾驶、无人仓储物流、5G网络等领域的技术动态，建设前沿领域试验区、未来场景实验室等，支持一批未来研究机构发展，推动更伟大的技术创新和产业爆发。

4.5.4 培育高质量高科技高成长创新主体

围绕大企业、硬科技创业、新物种企业的创新能力培育，全方位提升企业技术创新能力，构建高活跃度的市场主体创新格局。一是支持行业领军企业设立尖端技术研究院及未来实验室。支持行业全球排名前列的龙头企业建设布局前沿技术、聚焦基础研究和应用开发融合的战略研究院、未来实验室等研发机构，强化从0到1的创新。二是鼓励"硬科技"和前沿科技创业。引导科研院所、高校师生围绕"硬科技"开展自主创新创业，加大对初创期、"硬科技"企业的培育扶持力度，鼓励"硬科技"企业研究成果产业化。三是注重新物种企业培育。鼓励地方政府制订新物种企业培育行动计划，建立新物种企业挖掘、培养机制，在科研项目、资金扶持、制度政策等方面给予重点支持，以新物种引领新研发迸发活力。

伴随新一轮科技革命与产业变革，前沿领域颠覆性技术引起的传统产

业快速重构愈演愈烈，科技创新范式变革逐渐成为全球关注的焦点。国内外一批新型研发机构、新型研发机制、新型研发模式、新型研发业态等均表现出多元主体合作、研发各环节边界模糊、市场需求导向、新场景新物种引领等生态化特征。这些新研发具备"涌现"和"实践"等契合颠覆性创新的特点，既是切实解决"卡脖子技术"，掌握"国之重器"的破题之道，也是激发全社会创新活力的源头所在。在科技自立自强与打造战略科技力量的新时代条件下，研发生态建设成为提升原始创新能力的源头和决胜未来产业的利器，需以完善科研管理体制机制全面激发全社会创新活力。

05 创业生态海量试错衍生动能

当前，伴随科技革命日新月异与产业变革大破大立，使得技术生命周期、产业生命周期、企业生命周期变得越来越短，变革式创业、颠覆式创新不断打碎传统产业价值链、重建游戏规则、重塑市场格局、重构产业版图，只有不断地创新创新再创新、创业创业再创业才能适应新发展环境。在此过程中，传统经济断崖式塌陷与新经济爆发式成长现象并存，一拨过时的企业要没有眼泪地死去，而一拨新兴企业要雨后春笋地起来，创业创新成为时代发展的主旋律。只有真正源自社会、民间、市场生生不息的寻利行为、生产性行为，才能回归"大众创业、万众创新"的原本，才能无穷尽地释放一个国家、时代与社会的活力。

5.1 拥抱大众创业万众创新新时代

时值今日大家对"大众创业、万众创新"仍然有着不同的理解、心态和行动。如何看待"大众创业、万众创新"，进而将"虚火过旺"转变为"星火燎原"、"焰焰火炬"已成为重要的话题。

5.1.1 创业市场上三个不成熟由来已久

在"大众创业、万众创新"面前，任何人改变不了创业在中国经济发展中的重要地位和使命，改变不了"创业是最大的创新"的灵魂，改变不一帮"弄潮儿"的时代脉搏与精神。当然，仰望星空的浪漫必须与脚踏实地的骨感相结合，任何尝试或实践必须经得起时间的考验、市场的检验、社会的体验，否则只能在"大众创业、万众创新"浪潮中做昙花一现的流星及过客，甚至跌入被抛弃或遭唾弃的深渊。在创业面前，中国的三个市场都不是很成熟。在创业市场上，不知道为何创业的、缺历练就想创业的、没想明白创什

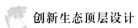

么的、超越打工当老板的、为了创业而创业的、做生意而非创业的比比皆是；在创业服务市场上，说的胜于唱的、抓眼球经济的、急于求成的很多很多；而在创业政策上，不但在全国范围内尚未建立起针对纯公共产品、公共产品、准公共产品、市场化产品的分类引导扶持体系，还存在到底如何组织扶持更加合适，是人社部门的以创业带动就业、组织部门的党管人才、金融部门的金融政策、产业部门的源头培育、科教部门的创业孵化，还是跨行政系统配置资源等等。

5.1.2 系统性优化创业生态建设及发育

自从"大众创业、万众创新"以后，我们既看到了很多正面的现象，也看到了不少负面的问题。当前及未来，只有解决了这三个市场不成熟，才能回归真正的创业环境、生态、氛围。无论是创业行为、创业服务还是创业政策，都要符合创业发展的内在规律，进而实现三个市场的有机调理：对于创业行为，创业的本质是一种试错，是一条为了梦想孤注一掷的不归路而不是浪漫的娱乐，比拼的不是热闹、眼球与哗众取宠，而是冷静审慎的思考、认准了就干的气质、用尽心力的过程、无所不在的灵感以及永不言败的精神。并不是所有的人都适合创业，但创业的机会有的是，关键在于创业者是否做好了充分的准备。所谓"谋事在人，成事在天"，这个"天"就是产业从分解、融合、跨界运动过程中释放的、迸发的创业机会，而这个"人"就是创业者的梦想、决心、魄力、心境、视野、见识、能力、韧性。对于创业服务，核心是坚持创业服务业应有的商业伦理与道德情操，任何一个服务机构必须认真回答和扪心自问，到底是否真正解时代、了解创业、了解创新、了解企业、了解产业，累积了多少专业服务沉淀、专业服务能力、专业服务队伍、专业服务模式、专业服务资源，到底哪些钱该赚、哪些钱不该赚，如何达到经济效益、社会效益、环境效益与政策效应的统一，如何更加开放创新，以培育良好的创业净土和生态。对于创业政策，营造良好创业创新生态的根本是如何让真正创造财富的人以更低的交易成本、更集中的精力获得优先超额回报，最本质的就是税率、利率、租金降低，让利润率、报酬率提高；核心是区分哪些是纯公共产品、准公共产品、市场化服务，进而针对不同的产品属性提供不同强度、力度、方式、机制的支持；关键是打破以往人社部门的以创业带动就业、组织部门的党管人才、金融部门的金融政策、产业部门的源头培育、科教部门的创业孵化的分割，实现跨行政系统配置资源，形成开放创新的合力。

5.1.3 创业生态发育亟待进入新的阶段

中国创业孵化已迈入第三十五年，已然成为国家与地方创新体系建设、新兴产业策源的重要力量。但整体而言，中国创业孵化行业发展还不够成熟，迫切需要把握未来发展趋势、创业创新规律以及产业发展需求等，探索新道路新模式新机制新形式。当前，我国各类创业孵化载体或平台形态各异、参差不齐，但不论如何，尤其是大型创业孵化集聚区基本可以归结为三个阶段：一是 1.0 的形态开发，主要以物理载体建设以及城市功能配套提供为主，更多的是让各类创业创新活动有所依托，总体上处于物业服务层面；二是 2.0 的功能开发，主要以强化各类科技服务功能引培供给为主，更多的是让各类创业创新活动寻求更便利化、集成化、高水平的服务，往往具有一定专业服务能力及综合服务能力；三是 3.0 的生态开发，更多的是通过"科产城融合"促进城市功能、产业功能、创新功能的有机结合，让创新资源要素落地生根、开花结果，让创业创新成为一种无所不在的空气，最终形成一种共生共荣、互联互通、共同成长的创新生态。与此同时，伴随中国创新创业升级发展，在创业孵化领域出现了如下新趋势：一是创业高端化，高水平创业人群不断壮大，"有创新的创业、有创业的创新"式的融通发展成为双创升级的重要体现；二是孵化批量化，通过商业模式概念验证、创业加速器、独角兽培育工场等载体提供高质高效服务新模式，推动创业批量化产生；三是服务平台化，创业孵化从单边孵化走向多边孵化、从闭环发展走向互联融通，"第二方＋第三方＋第四方"的立体服务网络助力孵化机构提升服务质量和孵化成功率；四是空间社交化，发展创业、社交、展示、娱乐、生活等复合功能的社交化创业空间成为构建优质创新创业生态、集聚国际化高端创业者的重要路径；五是创新全球化，创新资源在全球范围内加速流动与配置，科技创新高发、科技创业密集、创新创业生态良好的创业聚集区成为承接全球高端创新要素落地、与本地产业结合的重要节点和平台；六是环境生态化，有源头（人才、资本、技术、信息）、有平台（创新服务业）、有流量（创业—企业—产业）、有能量（新思想、新模式、新制度）的创新创业生态是孕育高端创业、诞生新兴产业的重要土壤。

5.2 把握创业生态建设发育的关键

借助"大众创业"带动"万众创新"的发展机制，形成以创业创新为根本驱动力的活力经济，就要把握好创业的本质、逻辑、故事、状态、潮流、契约、机制、机制、误区、环境、文化等。

5.2.1 创业的本质：价值再造存在方式

创业原是一个永无止境的过程，却往往被理解为一个存在生命周期的阶段；创业本是一种承载梦想的事业，却往往被视为一种迫不得已的生存手段。创业最本质的，是一种为了梦想而迸发出的不可磨灭精神、不断超越的信仰和什么都不是浮云的激情。

5.2.2 创业的逻辑：视野越宽入口越窄

创业死亡谷的跨越，不仅取决于创业企业能否把握、顺应产业价值链分解、融合、重构的规律及趋势，还在于创业者能否基于对自身、对行业、对市场、对企业、对管理的深刻理解认识，用企业家精神驾驭职业经理人才能、商人特质，链接业界关系、穿透价值链、势利结合，成为既定结构和游戏规则的颠覆者搅局者。战略之核心在于借势、把向、踩点、卡位、做局、顺道，在于洞察力、判断力、想象力；商业模式之精要在于眼睛朝外、围绕长板、挖掘卖点而轻盈赚钱，在于灵活性、创造性、实操性。

5.2.3 创业的故事：想法决定做法价值

人因梦想而伟大，因故事而精彩。创业故事是对本我、自我、超我的质朴理解及深度思考，这个故事的基本逻辑是：我（团队）是谁？为什么创业？面对何种机会，从何切入？为何种改变，究竟想做什么？到底以何种方式，提供什么价值？目前做到什么样，最终做成什么样？以多少价值分享，需要何种支持？凭什么就我能成，只能把钱给我？怎么花？

5.2.4 创业的状态：举轻若重举重若轻

创业者状态就是积极乐观却不失危机感紧迫感；放弃一切浪漫想法却不放弃梦想；不怨天尤人而相信天道酬勤；对创业、市场、投资人保持敬畏；不觉得自己无比聪明而不失偏执；不寻求轻易营收而脚踏实地稳扎稳打；被信任信赖是巨大的压力动力，心存感激合伙人及伙伴；不把未来收益当作现金流，开源节流并重。

5.2.5 创业的潮流：时代脉搏不可辜负

在创业潮流中，最狂热、最具感染力的元素：与生俱来的偏执特质，改变世界的伟大梦想，自由自主的原创思想，生生不息的创业精神，试错验金的创新文化，传帮接代的人脉网络，不拘一格的天使投资，赢家通吃的商业模式。"无中生有"是创意之源；"从无到有"是创业之旅；"有无相生"是创新之要。

5.2.6 创业的契约：和而不同事业组合

以往企业被视为在一定交易费用区间内替代市场价格机制的价值组织，如今企业更需要被视为和而不同的人在事业上结合的契约机制。具有狼性和激情的大老粗＋事无巨细的管家婆＋想象力创造力的专家＋灵敏灵活的行销人才＋有资源的或能捣乱的，往往是最完美的团队。创业团队最本质的，是非常一样而又非常不一样的人事业上组合的契约，非常一样的是价值观、梦想、观念、愿景、斗志和激情，非常不一样的是个性、经历、能力、专长和资源。

5.2.7 创业的机制：谁创业谁拥有掌有

当前合伙制逐步替代雇佣制反映了新经济的企业契约关系及发展逻辑。中国新经济成熟的标志绝非多大的经济体量、多多的一流商业模式，而在于企业有什么样的治理结构及微观经营机制。产权结构的动态调整及长期变动，是创业企业高成长发展的根本制度保障，但如何调、调多少以及如何变、变多大，往往成为一种心结、死结，以及企业长不大的症结。新经济时代的新经济准则，便是逐步打破谁投资谁拥有的机制，让实际创业者有其股、掌其股。

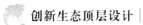

5.2.8 创业的误导：创业教育有边无界

做小生意叫谋生，求发展求变革叫创业。创业的机会有的是，关键是那时那地是否做好了充分的准备。创业者往往是天生的，创业学院最好是无形的。创业教育不是布道宗教般的狂热，也不是叶公好龙式的附庸风雅，更不是海选超女式的浮躁，应该崇尚理性、砥砺、商业感觉及链接。中国创业教育的第一堂课，应该讲的是不要急于创业。

5.2.9 创业的环境：谁拿青春去赌明天

有资源的不创业，创业的没有资源，往往是一个地区创业创新的重要弊病。如果拥有较高的行业利润率、较低的准入门槛、面对刚性的需求、可预见的发展前景及政府前瞻良性的市场培育等，将大力吸引大量人力、物力、财力等注入任何一个行业，即使在高技术领域也可以在短期内重塑一个行业发展的格局。而当社会将一些最优秀的人引导为创新创业人才时，创业自然成为社会发展的常态。

5.2.10 创业的文化：拥抱创业带动创新

秉承激发个性、以人为本的现代价值，志存高远、独立人格、知行合一的创业品格，无中生有、有破有立、心动即行动的创新精神，形成"用科技创造财富"的发展理念，孕育了"容忍失败、宽容异端、鼓励原创"的创新精神和"生生不息、传帮接带"的创业文化，以及"创意挖掘、创业育孵、创新循环"的服务网络。

5.3 加快营造地区创业生态栖息地

5.3.1 加快建设国际化移民型创业之城

在新经济地理上，如果说当前美国与中国在引领新一轮创新全球化，那么硅谷和深圳则是这两个国家最具有代表性的、创造力的两个城市（区域）。硅谷代表了全球引领的想象力、创造力和影响力，是全球高端创业创新的源头以及全球的产业高地；深圳则是在一定的特区体制、区位优势下，勇于改革开放、创业创新，在经济转轨的发展中国家探索出高质量的自主创新发展之路，从一个科教智力资源薄弱的小渔村发展成为中国乃至全球的创业之城、创新之都。这两个城市都拥有着一个共同的特征：从表面上来看，形成了一个共生共荣、活力涌动、自组织自成长的开放创新生态；但背后常常为大家所忽略的，则是这两个城市（地区）都先后发展为国际化移民型创业之城。这个国际化，就是在全球范围配置资源、创造财富、分配财富，需要历经从外向型工业经济到开放型创新经济的孕育与发育；这个移民型，就是能够吸引很多的人才淘金、落地、生根、发芽、开花、结果，不是土著的地盘而是全国、全球的圣地，进而产生能兼容并包、开放融合、博采众长、开拓创新的文化，以移民人才优化人口结构；这个创业之城，就是通过创业带动创新，围绕产业发展制高点、主导权、主动权抢位、卡位、站位，从产业链、价值网的低端到高端持续迭代与不断攀升，将科教智力资源与产业要素转化为生产力和财富，推进技术构成、产业结构、城市形态协同演进。任何质优创业生态之城，不光是成为高净值人群前来购房的目的地，而是让更多青年才俊能够落地、生根、发芽、开花、结果的首选之地。只有涌入大量来自不同区域、不同文化、不同肤色的人，才能产生更加开放、包容、融合的文化，才能出现多元、活力、共赢的态势，才能成为新时代高质量发展的国际化大都市。

5.3.2 着力构筑质优创业服务生态环境

伴随着创业服务从政策驱动走向创业者需求驱动，科技创业社区需要围绕企业全生命周期，从提高孵化服务质量和孵化绩效出发，集成政府政务服务、专业机构服务、大企业产业资源等构筑全球孵化服务体系，面向行业提供创新创业服务整体解决方案。这个整体解决方案需要响应种子期、初创期与成长期企业成长共性和差异化的服务需求，涵盖惠普性基础服务与阶段性增值服务。一方面，完善普惠性基础服务。为了满足创业企业办公、商务、社交等基础共性服务需求，提供物业管理、商务服务、创业活动等普惠性基础服务产品，为所有入驻企业和项目提供成长的"肥沃土壤"。

一是物业管理，为企业提供办公空间和办公软硬件设施，包括办公空间、办公设施、智能办公软硬件等。

二是商务服务，协助企业完成公司注册和企业基础运行管理，包含为企业提供政策推送及解读、协助企业进行政策需求反馈及项目申报等服务，以及协助企业对接财务、法务、税务等专业服务机构。

三是创业活动，通过定期组织开展模拟路演会、创业同学会、创业大讲堂等活动，营造浓厚创新创业氛围。

另一方面，提升阶段性增值服务。为满足企业不同成长阶段的个性需求，提供包括种子期的育苗服务包、初创期的助跑服务包以及成长期的展翼服务包三个模块差异化服务产品组合，为所有入驻企业保驾护航。

一是种子期育苗服务。协助种子期创业项目将创意构想变为可实施的技术路径、产品雏形，完成创业筹备工作。重点解决这一阶段企业"做什么怎么做"（方向）、"谁来做靠谁做"（团队）、"需要什么资源做"（资源）三个问题，包含商业模式打磨、技术路径打磨、启动资金筹备、团队人力设计四项服务内容，协助企业为后续的创业工作打下坚实的基础。

二是初创期助跑服务。协助初创期企业将技术路径和产品雏形转变为成熟的产品并小规模面向市场推广，筹措外部资金、开展企业运营管理等，解决这一阶段企业"卖什么"（产品）、"卖给谁"（客户）、"怎么卖"（市场）三个问题，包含产品研发、市场开发、资金融措、企业管理等服务内容，帮助企业在创业初期便获得先行优势。

三是成长期展翼服务。协助成长期企业提升产品规模化生产及创新迭代能力、拓展企业快速发展所需市场、扩融资金、完善企业组织管理结构等。围绕这一阶段企业需要解决的"有创新"（创新迭代）、"有杠杆"（融资）、"有结构"（组织管理）三个问题，提供技术支持、市场拓展、资金扩融、管理提升等服务内容，帮助企业跨越"死亡谷"、实现腾飞发展。

5.3.3 加快提升创业服务机构服务能力

与高能级的孵化模式相比、与创业企业日益多元的服务需求相比，我国的创业服务机构发展仍处于初级阶段，在五个方面仍需着力加强：专业化水平不够，专业服务能力薄弱；市场化水平不足，市场自生能力薄弱；平台化发展不足，产业组织能力薄弱；生态化发育不足，开放创新能力薄弱；国际化发展不足，全强链接能力薄弱。未来，政策制定者需要从"专业化、市场化、平台化、生态化、全球化"的"五个化"入手，助力创新服务机构提升发育与服务水平。

一是进一步加强专业服务能力建设，提升服务专业化。引导创业服务机构聚焦细分产业方向，整合行业资源，为创业者提供科研条件平台、检验检测平台、产业资源链接等专业化服务，实施精准孵化。支持高校、科研院所、新型研发机构、龙头企业等围绕优势专业领域建立专业孵化平台，开展产业孵化。着重加强创业辅导及创业投资服务能力建设，促进创业者认知升维，提升创业者的资源整合能力。

二是建立完善政府引导企业化运作，提升运营市场化。支持创业服务机构建立市场化运作机制，坚持与创业者共成长，探索增值服务收费或将服务作价入股、与大企业开展联合孵化、与投资机构构建利益共同体、毕业企业反哺等方式，建立可持续发展的商业模式。优化组织管理结构，组建具有创业孵化、投融资和企业管理等从业经验的复合型运营团队，开展创业孵化服务人才培训，实现高效运营。

三是着力提升机构的产业组织能力，加速组织平台化。坚持"第四方的科技服务集成商+第三方的资源链接组织者+第二方的精准孵化运营商"的产业组织思维，从创业者服务需求出发与各类专业服务机构的合作，强化资源整合能力。探索实施研发众包、资金众筹、同步路演等基于互联网的平台型创业服务模式，通过自建或依托云服务平台，形成线上线下融合的集成服务能力。

四是作为创新枢纽组织建设主力军，加快环境生态化。发挥创业服务机构直接面向创业者的优势，以创业服务机构为枢纽，打造涵盖产业技术研究院、高校、投资机构、行业协会等的生态伙伴关系网络，提供全要素、全链条的生态创业孵化服务体系。支持开展多样化创业教育，积极开展项目路演、创投对接、资源链接等系列活动，搭建分享创客技术、交流极客思想的公共服务平台，为投资机构与创新创业者提供优质对接平台。

五是赋予更多的国际合作交流职能，提升创新全球化。支持创业服务机构积极融入全球创新创业网络，通过全球布局和资源链接，引进海外优

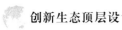

质初创项目、技术成果、创业投资等，并帮助创业者对接海外市场。与国外创新创业机构联合开展跨国技术转移、跨国天使投资、跨境孵化加速等合作，联合孵化创业项目。

近年来中国的"大众创业、万众创新"不仅确立了创业作为中国经济内生增长的根本动力及源头地位，还吹响了中国经济从工业经济逐步向创新经济、后工业化过渡的号角。如今我们对于"大众创业、万众创新"，更需要"冷"思考与"热"拥抱，最终让创业成为最大的创新、让创业成为实现个人价值的最大通途。任何与"大众创业、万众创新"相关的尝试或实践必须经得起时间的考验、市场的检验，否则只能是昙花一现的流星及过客，甚至跌入被抛弃或遭唾弃的深渊。

06 金融生态撬动价值财富分配

产业技术革命是由技术创新和金融创新相互作用的结果，每次大的产业革命都发源于技术创新、成就于金融创新。围绕产业链布局创新链，围绕创新链布局资本链，建立覆盖技术创新及产业发展全链条及关键节点的科技金融生态，成为一个国家和地区培育新兴产业、加快创新发展的战略手段。整体而言，科技金融不仅是政府借助财政手段等引导金融资本与产业资本融合的政策工具，还是经济社会更高效、更经济地创造更大财富的衍生工具；其事权是科技创新工作，财权是政府投入对金融资本的引导，本质上是科技创新工作；针对技术生命周期不同链条及关键节点金融需求，建立覆盖技术创新及产业发展全过程、多功能、多层次及普惠型的政策体系、服务体系及工作体系，是科技金融创新与科技金融生态建设的目标模式、主轴主线及根本任务；而着眼技术与资本对接效率不高等问题，从不同环节及层面设计科技金融工具及金融服务产品，创新有关政策、手段及渠道，使得创业型企业、新兴产业的有效融资需求得到充分满足、创新资源优势得以充分发挥，是科技金融政策的核心价值及切入点。

6.1 产业技术革命成就于金融创新

整体而言，金融创新是产业革命的重要推手，每次产业革命的成功财富化必然有金融创新的伴生；科技金融是金融创新的重要业态，是金融资本与产业资本、金融产业与科技创新、实体经济与虚拟经济的重要结合部；科技金融是公共政策的重要方面，市政府解决市场失灵的培育市场的重要方向。

6.1.1 金融创新是产业革命的重要推手

科技创新和金融创新相互作用是产业技术革命发端的重要因素，加快建立完善科技金融创新体系、促进科技与金融结合，成为抢占新一轮产业技术革命的战略手段。一般而言，市场经济中重大技术变化以革命形式出现，资本主义世界约每几十年经历一次钟摆运动。在导入期金融资本在自由市场下推动革命性新技术，两极分化加剧；后进入生产性投资主导的展开期，潜力充分释放，社会福利得到扩散；中间是凯恩斯化的转折期；再就是钟摆转折。新技术早期的崛起是一个爆炸性增长时期，会导致经济出现极大的动荡和不确定性。从国际创新型国家成功经验看，激活要素革命与金融创新的关系可以称之为社会财富创造的两翼，每次产业革命的成功财富化必然有金融创新的伴生。风险资本家为获取高额利润，迅速投资于新技术领域，继而产生金融资本与技术创新的高度耦合，从而出现技术创新的繁荣和金融资产的几何级数增长。

表：历次产业革命中的金融创新

产业革命波及行业	代表国家	金融创新
纺织工业等	英国	现代银行制度和股份制度产生
蒸汽和铁路时代	英国、欧洲大陆及美国	信托和保险产生
钢铁、电力、重工业	美国、德国	股票市场产生
石油、汽车和大规模生产	美国及欧洲	保险、信托以及衍生工具产生
信息和远程通信	美国，扩散到欧亚	3F、VC、PE 等
新能源或生物等	……	……

6.1.2 科技金融是金融创新的重要业态

简而言之，科技金融就是让金融资本参与创新活动、分散科技创新的风险，分享科技创新收益；让科技创新更快、更大的财富化，为金融资本带来更为丰厚的回报。自 1993 年《中华人民共和国科学技术进步法》通过后，我国成立了中国科技金融促进会，拉开了科技金融发展的序幕；1994 年中国科技金融促进会首届理事会上，提出"我国科技金融事业是根据科技进步与经济建设结合的需要，适应社会经济的发展，在科技和金融体制改革的形势推动下成长发展起来的"；2009年国内学者将科技金融界定为是促进科技开发、成果转化和高新技术产业发展的一系列金融工具、金融制度、金融政策与金融服务的系统性、创新型安排，是由科学和技术创新活动提供金融资源的政府、企业、市场、社会中介机构等各种主体及其在科技创新融资过程中的行为活动共同组成的一个体系，是国家科技创新体系和金融体系的重要组成部分。再后来，"科技金融"被界定为科学知识和技术发明被企业家转化为商业活动的融资行为总和。这种创新行为，是一种技术—经济范式，即技术革命是新经济模式的引擎，金融是新经济模式的燃料，二者合起来就是新经济模式的动力所在；也是一种科学技术资本化过程，即科学技术被金融资本孵化为一种财富创造工具的过程；也是一种金融资本有机构成提高的过程，即同质化的金融资本通过科学技术异质化的配置，获取高附加回报的过程。伴随科技金融的探索、创新与实践，在技术和金融是经济的两大内生变量内，一方面凭借科技资源借助金融实现风险分散和价值发现，金融对科技资源进行开发，最终让金融资本参与创新活动、分散科技创新的风险，分享科技创新收益；另一方面凭借科技进步产生的生产效率的提高，为金融资本提供了高额回报，最终让科技创新更快、更大的财富化，为金融资本带来更为丰厚的回报。

6.1.3 科技金融是公共政策的重要方面

就政策价值而言，科技金融从不同环节及层面设计科技金融工具，创新有关政策、手段及渠道，引导调动金融资本与产业资本融合，是科技金融的政策价值和政策点。伴随科技金融的发育，我国先是科技贷款、科技担保、科技银行、科技保险、科技债券等科技金融工具；尤其是《2006—2020年中长期科技发展规划纲要》及创业风险投资、科技担保、科技贷款、知识产权质押、科技保险、多层次资本市场等配套政策的出台，科技金融作为一个与财政政策几乎并列的手段纳入了公共政策体系，并附有一定的政府公共财政支持条件。从科技金融实践来看，中央层面和地方层面也做出来相当多的探索，如从中央到各省市设立的创业风险投资引导奖金、政策性科技担保、

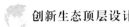

政策性科技保险、科技支行、科技企业 IPO 抚育基金等。这其中，科技资产是金融资本获取高回报的引擎，资产越多给金融资本带来的空间就越大，就会使得同样的企业、行业有更好的发展空间；而建立金融资本与科技资产相符合的融资机制，成为一个地区创新发展的重要工具。在以往的条件下，政府管制的金融体制使得大量的金融资源不能有效配置到需要的领域：一方面金融资本泡沫泛滥，另一方面资金需要者隐而不见。实体经济和金融资本基本脱节，金融资本没有成为技术商业化的助推器，也没有识别机制、投资渠道等。科技金融政策价值，从政策设计角度来看，就是要明确如何设计不同环节、不同层面的科技金融工具，一个重要点就是围绕着创业和产业培育的两个工具来设计。一方面，选择好战略性新兴产业，以成长性吸收风险因素，避免发生产业发育断裂，打造全产业链价值体系；另一方面，杠杆化要适度，避免虚拟经济过度脱离实体经济回报率，避免依赖政府资助，关注权益性资助设计，力求达到多赢。

6.2 金融生态是创新生态的突破口

科技金融本质上是科技创新工作，科技金融的事权是科技创新工作，科技金融的财权是政府投入对金融资本的引导；金融生态关键需要把握企业成长，需要针对技术生命周期不同链条及关键节点的金融需求建立覆盖技术创新及产业发展全过程、多功能、多层次及普惠型的金融生态，优化顶层设计、完善工作体系、优化制度安排。

6.2.1 科技金融本质上是科技创新工作

一般而言，科技创新过程的风险是服从降幂，而金融资本参与科技创新活动的风险也是服从降幂；但科技创新的收益服从升幂，而金融资本参与科技创新活动的收益则服从降幂，即越靠创新活动后端，金融资本的回报率越低。譬如对已经形成的可以财富化的科技资产进行孵化，使之具有财富化载体。如孵化器、天使投资、创业投资等；对初具形态的科技财富载体提供规模化融资安排，使财富创造过程获得加速度。如创业投资、担保融资、科技保险、知识产权质押等；对处在高成长期的科技财富载体提供放大化融资安排，使财富创造获得规模化效应。如科技信贷、企业IPO、并购。更进一步而言，科技金融是为金融资本释放风险，创造与之期望匹配的收益回报服务模式的过程——政府科技投入的早期介入可释放科技创新过程风险；可借助科技金融平台，可与金融资本混合成同质化资产，提高政府资金利用效率；通过金融工具创新，可以为金融资本创造新的财富回报模式。从这个意义上，科技金融不仅是政府借助财政手段等引导金融资本与产业资本融合的抓手，还是经济社会更高效、更经济地创造更大财富的衍生工具。

6.2.2 金融生态关键需要把握企业成长

长期以来，融资难成为创新创业企业发展以及新兴产业培育的瓶颈。这其中，制度缺陷和市场失灵导致技术与资本对接效率不高，使得创业型企业有效融资需求不能得到充分满足、创新资源优势未能充分发挥，成为攻坚破难的主攻方向。这种制度缺陷，往往体现在创业投资机制不健全、创业银行缺失、多层次资本市场有待完善、企业信用制度建设尚不完善；而这种市场失灵往往体现在科技创业企业存在较大技术、市场、收益和经营风险，以及商业银行、投资机构望而却步，出现市场空白。只有针对技术生命周期不同链条及关键节点的金融需求，建立覆盖技术创新及产业发展全过程、多功能、多层次及普惠型的政策体系、服务体系及工作体系，才能优化金融生态，服务于创新生态。

6.2.3 体制机制制约金融生态建设发育

整体而言，顶层设计缺失、工作体系残缺、法律法规局促，成为制约科技金融发展的主要障碍。在顶层设计上，不光是法律的地位、政府当中的地位尚不明晰，在地方实践中往往成为财政工作、金融工作等。在工作体系上，需要自上而下建立一整套政策体系、服务体系、工作体系以及科技金融工具、服务模式，充分运用各种金融载体形成互动、互利、互补的共赢战略合作关系，建立完善科技金融政策体系与工作协调机制，建立覆盖技术生命周期全链条的政策工具与多层次资本市场。在法律法规上，此外，以往的法律法规都是针对传统经济，而没有针对创新性经济体。与科技金融相应的法律、法规和政策措施在一定程度都有局限性和片段性，譬如关于商业银行的界定与科技银行的难产，银行单一主体"投贷联动"难产，IPO的标准与科技型企业成长规律相悖，注册制局限性较大，国有投资与创业投资矛盾性等等。

6.3 中关村是国内科技金融开拓者

中关村作为我国新经济发展策源地，是中国科技金融产业的重要开拓者。在长期创新实践过程中，形成了国内最发达的科技金融生态，发展成为国家科技金融创新中心。

6.3.1 国家科技金融创新中心建设成效

在国家及北京有关部门支持下，中关村以建设国家科技金融创新中心为发展愿景，重点围绕发展战略性新兴产业、促进重大科技成果转化和产业化、支持企业做强做大的战略目标，优化投融资环境，加大资源整合力度，聚集金融服务资源，开展先行先试的科技金融创新试点，开展了一系列投融资及信用制度创新试点工作，不断拓宽企业融资渠道，建立技术和资本高效对接的机制。在长期实践过程中，形成"一个基础、六项机制、十条渠道"的科技金融创新生态，并不断开展迭代创新，呈现出金融机构和科技中介机构聚集效应显现、创业投资处于全国领先、科技信贷创新不断深化、上市公司群体加速壮大等发展态势。譬如，中关村率先探索有限合伙制、率先设立了创业投资引导资金、率先实施创业投资企业风险补贴政策率先培育天使投资者队伍；积极开展政策先行先试，出台支持示范区科技信贷发展政策、聚集银行信贷专营机构、深化担保融资，率先开展科技型企业信用贷款试点、信用保险、贸易融资、小额贷款试点，启动知识产权投融资试点；建立了"培育一批、改制一批、辅导一批、送审一批、上市一批" 工作体系；最终形成中资金融机构在金融街、外资金融机构在CBD、科技金融机构在中关村聚集发展态势。

6.3.2 一个基础：中关村信用首善之区

核心是以信用促融资、以融资促发展，打造"中关村信用首善之区"，成为全国中小企业信用服务体系建设典范。在信用体系建设上，创建了一个信用工作组织体系、制定了一套信用制度、开发了一系列信用服务产品、培育了一批信用服务机构、建立了一套信用信息系统、形成了一套信用激励机制。基本上建立以企业信用自律为基础、市场需求为导向、缓解企业融资难为突破口，加强政策引导和信用监督，建立信用激励机制，按照政府推动、市场运作、信息共享、多方参与的运行模式，实现"以信用促融资、以融资促发展"，支撑科技金融创新与科技金融生态建设发育。

6.3.3 六项机制：技术与资本高效对接

建立完善技术与资本高效对接的六项机制：一是信用激励机制，突出信用产品在银行信贷决策和风险管理中的作用，对于信用良好企业，积累的信用等级越高，对企业贷款利息补贴比例越大；二是风险补偿机制，在有关担保融资、信用贷款、创业投资等方面的公共政策中，一方面给予企业一定的贷款贴息支持，另一方面给予银行、担保机构和创业投资机构一定的风险补贴；三是以股权投资为核心的投保贷联动的机制，以认股权的方式，推动贷款业务与创业投资业务紧密结合，使银行、担保、小额贷款机构等信贷资金提供者在承担风险的同时可以分享高科技企业未来高成长带来的高收益；四是银、政、企多方合作机制，"政府引导、市场运作、财政扶持、风险自担，持续经营，多方共赢"；五是分阶段连续支持机制，针对处于不同阶段企业的条件、特点和融资需求，采取不同的政策措施以促进企业发展壮大；六是市场选择聚焦重点机制，建立了"瞪羚计划""留学人员创业企业""软件外包企业""集成电路设计企业"等四条各具特色的贷款担保绿色通道。

6.3.4 十条渠道：拓展企业投融资渠道

企业产业生命周期涉及了创业投资、天使投资、境内外上市、代办股份转让、并购重组、企业债券和信托计划、担保融资、信用贷款、信用保险和贸易融资、小额贷款十条融资渠道。

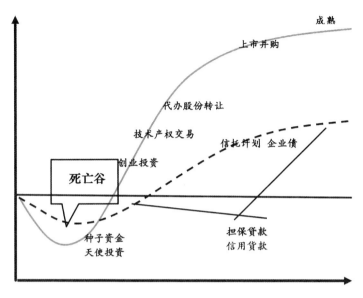

图：中关村科技企业投融资十条渠道

6.3.5 组织方式：政府培育市场的典范

中关村依托国有独资的中科金集团，搭建综合性科技金融平台，并推动子公司业务市场化发展。这其中，中关村科技创业金融服务集团有限公司是中关村发展集团的全资子公司；中科金采取集团发展模式，将专业化业务经营下放至各个子公司，各子公司以市场化方式运营；中科金旗下部分子公司承担管委会科技金融工作的落实任务。如北京中关村科技融资担保有限公司北京市最主要的政策性担保机构之一，负责中关村政策性担保等优惠政策的执行工作。此外，还有北京中关村创业投资发展有限公司、中关村兴业（北京）投资管理有限公司、中关村科技租赁（北京）有限公司、北京市中关村小额贷款股份有限公司、北京市中金小额贷款股份有限公司等。

6.4 以科技金融为核心的金融生态

在整个科技金融生态以及科技金融创新的顶层设计上，需要站在科技金融生态四象限的视角和高度上，创新发展思路、坚持原则要求，不仅建立起覆盖技术创新全过程的多功能、多层次、普惠型科技金融服务体系，还需建立起促进科技金融创新与服务的配套机制，最终建设发育成为地区创新生态的核心组件。

6.4.1 解构视角：科技金融生态四象限

对于金融生态的理解，可以按照金融、科技、政府、市场四个维度，用"四象限"予以分析、构建和设计。第一象限由科技金融政策、金融创新机制所决定，主要是在财政科技的支持下，成立产业投资引导基金、创业投资引导基金、天使投资引导基金以及其他政策性基金等，发挥财政资金的杠杆作用、放大作用，引导金融资本、产业资本、社会资本等加大投资投入力度。第二象限由科技金融服务、金融创新机制决定，主要围绕技术生命周期、企业生命周期、产业生命周期在不同环节、发展阶段以及关键节点上所需要的投融资支持，如针对早期的天使投资、科技担保、科技保险等，针对成长阶段的股权投资、科技信贷等，针对后期的债务租赁、融资租赁等，以及新三板、主板、创业板、科创板、国际板，等等。第三象限主要由科技金融服务、科技创新机制决定，如在科技企业信用服务、知识产权服务基础上，借助科技园区、科技地产、科技企业孵化器、企业加速器等培育具有高成长、高价值、高估值的新兴企业。第四象限主要由科技金融政策、科技创新机制决定，包括依托政策先行先试的制度安排以体制机制创新、以地方财力为依托的各类支持方式和手段，以及相关配套等。

6.4.2 设计原则：坚持有所为有所不为

坚持"有所为、有所不为"的原则，是确保科技金融政策性和市场性统一的重要保证。从技术生命周期上来看，在基础研究、共性技术研究、公共适用技术研究和基础研究及应用过程中，部分科技创新问题的融资通常由政府全部或主要提供，对于科技金融而言是难以解决的。在应用研究、开发研究及其成果运用过程中，研究与成果形成及商业化之间还存在着很大的不确定性，金融资本在没有特别安排情况下很难也很少介入，科技金融科技在承担一定风险的条件下积极参与。但对于科技成果产业化、战略性新兴产业培育阶段，政府投入通常从主导转为引导，手段也从无偿资助为主转变为权益性资助为主，是科技金融重要的着力点。主体包括创业投资、

科技担保公司、科技保险公司、科技银行、知识产权质押等。政府通过这些平台载体，为科技创新载体提供权益性资金引导这些科技金融主体共同释放融资规模。从公共政策角度而言，需要坚持如下发展原则：坚持政府引导，服务国家级区域战略，强化联动发展工作机制；坚持市场导向，创新体制机制，强化市场配置基础作用；坚持需求带动，加强资源整合，强化金融服务系统创新；坚持先行先试，深化改革开放，加快创新政策试点步伐；坚持产融结合，促进良性互动，强化技术资本高效对接。

6.4.3 思路定位：科技金融生态为主线

围绕科技金融生态建设发展主线，坚持"政府引导、需求拉动、产融结合、先行先试"发展原则以及"行业化、市场化、专业化、社会化、网络化、服务化"发展方向，按照"全面布局、点上突破、点面结合"发展路径，加强科技金融的机制创新、政策创新、组织创新、产品创新、服务创新，建立覆盖科技创新与高技术产业发展全过程的科技金融体系，形成政府资金与社会资金、直接融资与间接融资、产业资本与金融资本有机结合的科技金融创新体系，促进重大科技成果转化和产业化、支持科技企业成长壮大、培育发展战略性新兴产业。以地方金融生态建设发育为例，一是成为科技与金融结合试验田，围绕产业链完善创新链，围绕创新链布局资本链，围绕资本链布局服务链，加强科技创新与金融创新的协同创新的能力，提高科技服务与金融服务协同发展的水平，建立科技业态与金融业态的互动衍生机制，在科技与金融结合中促进自主能力提升与新兴产业发展；二是成为地区科技金融创新中心，以体制创新为先导，以机制创新为活力，以政策创新为保障，以组织创新为主线，以产品创新为根本，以服务创新为内涵，加快建立完善覆盖科技创新与高技术产业发展全链条及关键节点的科技金融体系；三是成为科技金融服务主窗口，集聚科技金融机构，壮大科技金融资本，示范企业信用体系建设，创新科技金融服务机制，开辟科技金融服务渠道，打通多层次资本市场通道，面向处于不同生命周期科技企业提供多层次、多元化的科技服务；四是成为科技金融服务新地标，以行业化带动科技金融向科技金融服务业转变，以市场化加速科技创新与金融创新结合，以专业化促进间接融资与直接融资结合，以社会化促进政府资金与社会资金结合，以网络化加速传统业态与新兴全新业态相结合，以服务化推进金融资本与产业资本融合。

6.4.4 生态构建：科技型金融创新生态

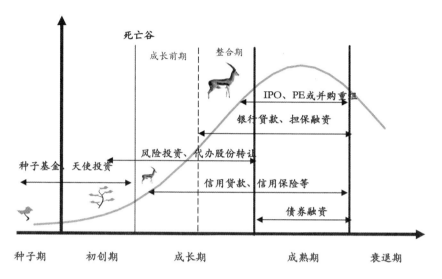

图：覆盖企业生命周期的科技金融生态脉络

　　着眼融资渠道不完整、运行不畅、惠及面窄等问题，充分把握科技型创新创业企业具有高投入高风险等特征，创新科技金融政策工具及金融产品，建立完善科技金融服务体系，以满足企业不同阶段融资需求，避免各类服务机构或组织对所服务企业提出较高的标准与条件。此外，科技金融（服务）体系涉及方方面面，是政策性、市场性、平台性资源与机构及其相互关系的总和。譬如由于信用评级、资产评估、科技担保、投资咨询等专业机构发展不成熟，企业信用体系建设滞后，使得金融机构独立开展创新服务存在较高的成本和风险；对于创投机构投资、银行机构贷款于科技型企业的风险补偿的机制有待建立，等等。财政投入体系、企业信用体系、知识产权投融资体系、创业投资体系、中介服务体系、科技信贷服务、科技保险服务、多层次资本市场、配套服务体系是金融生态建设发育的重要建设内容。

6.4.5 目标愿景：科技金融创新新高地

着眼实现科技创新和金融创新紧密结合，加快建设具有一批地域特色的科技金融创新中心，并实现如下发展目标：一是科技金融服务效能显著提升，建立适应科技创新的多元化、多层次、多功能的科技金融市场体系，行业化、市场化、专业化、社会化、网络化、服务化水平不断提升，技术资本对接机制显著优化，政府资金和社会资金、直接融资与间接融资、金融资本和产业资本有机结合；二是资源聚集规模效应显著增强，搭建若干科技金融服务平台，累计掌管一定规模的天使投资、创业投资、产业基金等资本，集聚一批科技金融服务机构及科技金融中介组织；三是科技金融创新层级不断提升，建立健全信用激励、风险补偿、投保贷联动、政银企多方合作、市场选择聚焦重点和分阶段连续支持的创新服务机制，形成科技信贷、创业投资、多层次资本市场与科技保险等相结合的高效融资服务体系，基本确立适应科技创新的多元化、多层次、多功能的科技金融市场体系；四是科技金融发展环境显著改善，建设完善的社会信用体系，实现一批重大政策创新，培育支持创新创业的科技金融文化，形成符合创新发展需要的科技金融发展环境。

6.5 金融创新生态的建设发育路径

科技金融创新包括金融制度、业务、组织、市场创新，是国家技术创新体系和金融创新系统的重要组成部分，进而加快建立完善覆盖科技创新与高技术产业发展全过程的科技金融体系，形成政府资金与社会资金、直接融资与间接融资、产业资本与金融资本有机结合的科技金融创新生态。

6.5.1 突出科技金融信用体系基础作用

借助科技企业信用促进机构，加强对地区科技企业信用需求企业深度考察，形成真实可靠的企业信用信息。对地方科技企业信用促进会等为科技企业出具的第三方信用评价报告；建立地区科技企业信用信息库，建立和完善科技企业信用信息归集和共享机制，进一步促进科技企业信用信息的集成、使用和共享，推动统一、完备、全覆盖和一体化的征信平台建设；集聚并鼓励信用评价机构发展，积极吸引信用评级机构、征信机构、认证机构、知识产权代理机构、资产评估机构等中介机构的入驻及发展，发挥信用担保、信用评级、信用增进在企业投融资过程中的功能。对入驻的信用评级机构、征信机构、认证机构等中介机构；建立并完善科技企业信用制度，以科技企业信用评级制度为核心，建立健全科技企业信用制度体系，包括企业信用评级的考核标准、组织管理、扶持资金、激励措施等方面内容；加强政策引导和信用监督，综合运用法律、经济、舆论监督等手段，完善信用激励机制。

6.5.2 放大科技创业投资体系核心作用

针对技术生命周期不同环节，重点引进培育天使投资、风险投资、战略投资、私募基金等行业及新业态发展。积极培育天使投资，建立完善天使投资引导机制，加大地区创新基金支持力度，改革调整支持方式，加快引进培育一批创业型天使投资机构；建立完善强化天使投资者的认定、备案、服务及支持，引导鼓励境内外个人开展天使投资业务；探索建立天使投资众筹平台，促进投资人与投资人、投资人与创业者（团队）对接。大力发展风险投资，积极采取阶段参股、跟进投资、风险补偿等多种方式，建立和完善以政府资金为引导、社会资金为主体的创业资本筹集机制和市场化的创业资本运作机制；集成税收返还、风险补助、运营补贴等政策资源，吸引知名创业投资机构落户并投资本地高成长企业；鼓励民间资本采取公司制、合伙制、契约制和信托制等方式，设立创业投资基金、产业投资基金等各种股权投资基金；集合各类金融机构，开展产业链集群投资；鼓励和引导创业投资机构与科技孵化器、大学科技园等创业孵化平台开展深入合作，强化创业孵化平台对在孵项目的金融服务与创业指导功能。积极培育战略投资，定向鼓励支持具有一定的资金、技术、管理、市场、人才优势的企业集团（投资平台）、投资机构、产业组织者等来开展战略投资；加大对战略投资机构在帮助公司融资、提供营销与销售支持、促进产业结构升级、增强企业核心竞争力和创新能力、拓展企业产品市场占有率等方面的支持。壮大发展私募基金，鼓励支持民间资本以公司制、合伙制、契约制和信托制等方式，设立各类产业基金，建立支持私募基金从注册登记、办公场所、人才服务到项目对接的全过程服务体系。

6.5.3 强化知识产权债权融资支撑作用

结合高新技术企业不同发展阶段的特点及需求，大力发展信用贷款、担保融资、小额贷款、信用保险、融资租赁、债券融资等业态。重点鼓励信用贷款，支持各类科技银行（支行）设立创办，并为科技企业提供信用贷款服务；鼓励科技银行（支行）对有信用企业提供的无抵押、无担保的信用贷款；支持企业通过信用保证和知识产权质押组合获取的贷款；探索并支持企业通过将合法拥有的专利权、商标权、著作权等知识产权作为主要质押物，从科技银行（支行）获取知识产权质押贷款。加快发展担保融资，引进培育国内外知名专业科技担保机构设立担保融资机构，发展借贷担保、贸易融资担保等间接融资担保业态；支持专业科技金融机构发展债券担保、股权担保等直接融资担保业态；加强对融资企业提供贷款贴息和贴保费，并为担保机构提供年度补贴。优先支持小额贷款，拓展科技企业短期借贷的渠道方式，加大风险补偿支持力度；支持科技小额贷发展供应链金融业务，探索投贷结合新业务模式。壮大发展信用保险，联合保险公司及银行机构，支持企业盘活应收账款，利用保险公司在提供资信评审、风险管理、损失赔付等信用管理服务方面优势，向保险公司进行应收账款投保，银行给予企业发放贷款；加大对保险机构、银行机构以及企业提供相应资信调查费补贴、保费补贴、贷款利息补贴、保险费补贴等。培育发展融资租赁，鼓励有条件的科技企业设立融资租赁公司直接开展融资租赁业务；引导科技企业通过融资租赁的方式取得为科技研发和创新创业服务的设备、器材、研发场所等。

6.5.4 借助多层次资本市场加快高成长

支持企业在境内外上市，引导企业实施并购重组，支持企业债券及信托计划发展，加快形成多层次资本市场服务体系。鼓励发展债务融资"科信通"，推进科技型中小企业发行集合融资工具、企业债券、公司债、短期融资券、中期票据及其他新型债务融资工具，对科技型中小企业发行债务融资工具开辟绿色通道，加快探索股权投资与债务融资相结合的服务模式。

大力发展直接融资"上市通",支持券商、创投机构、财会机构、咨询机构、律所等成立服务联盟,针对高成长企业实施集成性咨询——上市"上市通"服务;建立由多边联合参与的科技企业上市联动机制,形成"培育一批、改制一批、辅导一批、送审一批、上市一批"的科技企业上市促进工作体系;支持符合条件的企业在境内外资本市场上市,加大对在新三板、创业板、中小板、主板、科创板以及海外资本市场上市企业的财政奖励及相应补贴。积极发展兼并重组"并购通"。完善企业并购重组公共服务体系,提供信息、政策协调、中介服务、人才支持等公共服务。支持科技企业借助并购贷款、并购基金等多种并购融资工具开展兼并收购。依托科技地产发展"科地通"。搭建专业机构管理的金融平台,募集社会资金,投资发展长期持有型的科技物业;引入科技物业专业运营商,发展产业孵化等服务业务,实现科技物业建设模式创新与金融创新的有效结合。

6.5.5 突出科技金融业态创新发展动力

有序发展金融科技、网络存贷、众筹融资、移动支付等业态,鼓励其他新业态金融发展,促进新业态科技金融做强做大。规范发展网络存贷,引导支持传统商业银行网络化、保险及资产管理等业务的信息化升级;鼓励银行、专业网站等通过 B2C 业务模式,依托网络贷款平台完成贷前工作,实现线上线下业务的闭环;审慎发展以信用借款为主、借贷主体为个人的 P2P 业态,促进资金供需双方在互联网上完成资金融通。探索发展众筹融资,通过支持本地企业自建众筹平台、引进外埠专业众筹平台以及参与国内外众筹平台建设运营,鼓励发展众筹业态,集中平台上众多参与者的资金为小企业或个人提供资金支持;支持众筹平台采用团购、预购等形式,通过互联网方式发布筹款项目并募集资金,为早期创业或创作的人提供支撑。积极发展移动支付,引进培育移动支付平台企业,通过将终端设备、互联网、应用提供商以及金融机构相融合;积极培育和发展近场支付和远程支付等业态,加快培育具有定价、结算等功能的科技金融服务机构。

6.5.6 加大金融产品金融服务创新力度

加快金融产品金融服务创新力度,促进新型服务业态发展。建立完善

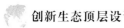

科技信贷产品服务，鼓励银行进一步加大对科技企业的金融服务，设立科技金融事业部、特色支行等机构，增强对科技企业的服务功能；建立完善科技信贷服务机制，引导支持以企业信用为基础的金融产品和服务方式创新，深化开展信用贷款、知识产权质押贷款、信用保险和贸易融资、股权质押贷款、产业链融资等各类科技信贷创新试点，完善投保贷一体化机制；完善信用担保支持，鼓励企业和其他市场主体依法设立信用担保机构、再担保机构，为科技企业提供以融资担保为主的信用担保；加快开展科技保险工作，建立和完善地方支持的科技保险保费补贴机制，支持企业购买科技企业产品研发责任保险、关键研发设备保险、出口信用保险等保险产品和服务；完善创新信用保险服务，鼓励保险公司、商业银行与高新区企业联合开展信用保险及贸易融资等系列金融创新。

6.5.7 突出金融中介服务体系支撑作用

着眼建立完善科技金融服务配套体系，加快引进培育一批高水平的信用评价、技术转移、知识产权、资产评估以及科技咨询、法律财会等机构。引进培育信用评价机构，引导并支持信用评级机构、征信机构、认证机构等中介机构入驻发展，为科技企业在投融资过程中提供信用担保、信用评级等专业服务；集聚专利技术交易机构，集聚知识产权交易所、高校院所技术转移中心、科技信息等机构，强化对科技企业、科技项目技术价值、产业化前景的判断及评估，促进科技金融机构加大投融资支持，推动知识产权机构发展，引进知识产权投资和经营公司、知识产权融资服务专营机构、专业知识产权评估机构，开展知识产权代理、信息服务、价值评估、融资保证、技术评价等专业服务；完善信用担保服务体系，引导鼓励企业和其他市场主体依法设立信用担保机构、再担保机构，为科技企业提供以融资担保为主的信用担保，建立健全信用担保机构风险准备金制度和财政有限补偿担保代偿损失制度；集成咨询、法律财计等专业服务，支持一批在专业领域具有较高专业水准的咨询机构、资产评估、律所、会计师事务所等入驻发展，提供相应专业服务。

6.6 促进金融生态发育的政策建议

6.6.1 突出科技金融在创新生态中位势

科技金融工作应定位于地方政府总体工作的关键组成，从专项工作上升为战略层面工作，为其他各项工作提供有力支撑。将科技金融工作提升到关乎国家、地区、区域创新发展的战略高度上，进一步加强科技金融工作统筹，以更广泛的视野和更大的动力发展科技金融，充分发挥科技金融对地区发展各项工作的支撑作用。在具体推进过程中，理顺政府与市场的关系，合理划定科技金融工作的核心内容，将科技金融打造成为现代服务业的重要新兴领域。科技创新是经济发展的原动力，但由于高风险、投资周期长，以及科技型中小企业的轻资产特征等因素，科技创新的相关主体普遍难以获得市场化金融机构的青睐，导致市场对科技创新领域的金融服务资源配置缺位。应发挥好市场在科技金融资源配置中的决定性作用，同时更好地发挥政府的引导作用。如政府重点加强规划引导、政策扶持、服务体系、环境建设、先行先试等；市场重点以行业化、商业化、产业化探索服务创业创新及产业化的服务方式与服务机制。

6.6.2 优化科技金融发展政府引导机制

搭建科技金融平台，优化科技金融发展政府引导机制。一方面搭建科技金融服务平台，优化引导机制。搭建不同功能定位、专业化、全方位、一站式服务的科技金融服务平台，引导金融资源向高新技术企业聚集；强化支撑科技金融创新的政策设计，有效改善科技金融发展环境；实施拨改投、拨改贷，强化杠杆作用，政府引导天使投资，创投引导基金，产业基金等。另一方面，培育科技金融平台企业，培育发展战略型新兴产业，形成具有示范效应的科技金融服务创新机制，开拓以企业为主体、信用为基础、市场为导向、企业信用与金融资源有效结合的科技型中小企业融资发展之路；打破城市物理空间制约，引入更多的互联网科技企业、技术人才、专家，打造虚拟空间，创造出新优势。

6.6.3 建立完善科技金融创新政策体系

以机制创新、政策创新、组织创新等带动产品创新、服务创新，将现有点上的突破进行串联，形成点面结合的科技金融创新体系。如提高科技信贷风险金，扩大科技小贷风险准备金覆盖面，允许科技小贷公司适度提高税前风险准备金；减免科技信贷税费，科技小贷的营业税可适当减免，对科技支行按所得税地方留成部予以补贴；建立科技信贷专项补偿资金，相应扩大风险补偿资金，把科技小贷、银行科技贷款专营机构纳入政策覆盖范围，有效降低风险，促使银行专营机构、科技支行、科技小贷更大力度支持初创期中小科技企业发展；推进科技信贷专、优、大，着力在创新企业产品上求"专"——大力创新信贷产品，着力在高成长企业产品上求"优"——优化服务流程，着力在领军型企业产品上求"大"——优先足额满足领军型企业的信贷需求。

科技金融是促进科技创新和高技术产业发展的金融资源综合配置与创新服务，是实现科技与金融更加紧密结合的一系列体制机制安排。在创新生态语境下，科技金融创新生态迫切需要成为促进科技开发、成果转化和高新技术产业发展的一系列金融工具、金融制度、金融政策与金融服务的系统性、创新型安排，发展成为由科学和技术创新活动提供金融资源的政府、企业、市场、社会中介机构等各种主体及其在科技创新融资过程中的行为活动共同组成的一个共同体。

07 服务生态优化创新资源配置

进入创新全球化新阶段，高端创新创业人才、专利技术、风险资本、信息知识创意等创新资源，加速在全球范围内自由流动和优化配置。通过建立完善覆盖技术创新全链条、产业生命全周期的科技服务生态，不仅成为一个国家或地区率先加速各类创新资源要素吸引、集聚、流动、融合的核心载体，还成为区域创新中心城市提升高端创新资源及产业要素承载能力、链接能力的战略举措。从建设创新型国家，到加快自主创新，再到科技自立自强，科技服务生态充分发挥资源属性、产业属性、平台属性、生态属性，发展成为创新资源聚合器、战略发展增长点、高端创新辐射源、政产学研黏合剂，成为打造国家战略科技力量的重要依托。

7.1 科技服务是创新生态建设基底

7.1.1 科技服务的内涵及属性

尽管国际上各方学者和机构关于科技服务体系的内涵均提出了不同的解释，但国外尚未对技术创新服务体系或科技服务体系提出明确定义。但在国内诸多学者和机构也纷纷结合各自的研究成果，提出科技服务体系的定义，而国家科技促进部门也一度将"科技服务体系"界定为运用技术和知识向社会提供研发设计、科研条件、创业孵化、技术交易、知识产权、投融资等专业化服务的各类科技服务机构和平台及其人员构成的新型服务体系。科技服务就是服务科学技术从前端研究开发（T）、中端工程化应用移转（E）与后端产业化（I）过程中，形成全过程、全链条、全要素、全方位、多层次等服务体系建设、行业化发展与创新应用的总和。从科技服务体系的角度而言，其服务宗旨是弥合从应用到中试环节断线，推动科技成果转移转化，

为创新创业提供服务，从而促进新企业、新产业形成；从科技服务业的角度而言，科技服务业主要包括研究开发、技术转移、检验检测认证、创业孵化、知识产权、科技咨询、科技金融、综合科技服务等；服务对象为科学技术的产生、传播和应用部门；服务手段为利用现代科学知识、现代技术手段和分析方法，因而对服务主体科技水平提出了相应的要求。

整体而言，科技服务生态充分发挥资源属性、产业属性、平台属性、生态属性，发展成为创新资源聚合器、战略发展增长点、高端创新辐射源、政产学研黏合剂。

一是具有资源属性，作为一种资源聚合器，搭建创新驱动的载体。无论是科技服务业，还是就科技服务生态而言，相关平台机构的创办主体为高校院所、企业集团、服务中介、投资机构、联盟组织、公共服务平台等，促进科教资源（如研发设计）、技术资源（如技术转移）、智力资源（如高校院所）、场地资源（如创业孵化）、资金资本（如科技金融）、产业资源、行业资源（如检验检测、知识产权等）等方面高效循环及优化配置，提升创新驱动的资源配置能力。

二是具有产业属性，作为一种战略增长点，促进产业体系生成。很多地方的科技服务业，往往形成以"研究开发—知识产权—检验检测认证"为代表的创新服务，以"创业孵化—技术转移—科技金融"为代表的创业服务，以科技咨询、综合科技服务为代表的产业支撑服务，在此基础上形成一定的科技服务产业体系。如研发服务进一步细分为研发总部、研发外包、众包研发、实验室经济等；创业孵化进一步细分为预孵化、孵化、加速服务等；检验检测认证服务进一步细分为第三方检测认证、公共检测等。

三是具有平台属性，作为一种高端辐射源，培育一批型平台企业。很多地方的科技服务业不仅集聚了一批成建制的国家队、地方队的平台型研发企业，以及总部型、源头型的企业研发平台；还促进了天使引导基金、创投引导基金、产业母基金等链式布局；亦是促进了地区技术转移服务机构、公共检测机构、知识产权服务机构、中小企业培育等公共技术服务平台建设发展；尤其在技术转移、知识产权、科技咨询等领域加快平台化发展与集成服务，使得更多的科技服务机构具有一定的平台赋能能力与组织能力。

四是具有生态属性，作为一种重要黏合剂，是创新生态核心组件。很多地方的科技服务业突出"开放、创新、生态、圈"，以促进创业源头培养、创新能力提升、创新资源配置、创业主体提升，构成了区域创业创新生态的核心组件。在"开放"上突出共建共享，多元化、社会化、开放式搭建经营实体、公共平台或枢纽组织等；在"创新"上突出协同创新，政、产、学、研、金、介、用多位一体、共同成长，创新网络已经生成；在"生态"上突出共生共荣，打造创新综合体、命运共同体，如涌现出各类联盟组织；在"圈子"上突出互联互通，从思想市场验证、技术市场验证、资本市场验证再到消费市场验证的互联互通。

7.1.2 科技服务的起点及方向

无论对于科教智力资源薄弱地区，还是对于科教智力资源密集地区，科技服务业往往能够"以科技服务带动科技创业，以科技创业带动自主创新，以自主创新壮大新兴产业，以科技合作实现全球配置"，使得诸多地区初步走出了一条"创新驱动、内生增长、开放合作"的开放创新发展之路。一是以科技服务带动科技创业。就是通过集成研究开发、科技金融、科技孵化、技术转移、知识产权、检验检测、科技咨询等科技服务提高对高水平科技创业、新业态创业的支撑服务能力，增强内生增长动力。也就是如何用科技孵化业培育创业源头，用研究开发业提升创业企业自主创新能力，用技术转移业、科技金融业促进创新创业资源的优化配置，用知识产权、科技咨询、检验检测提供企业专业技术服务支撑。二是以科技创业带动自主创新。就是着眼增量培育发展及抢占产业制高点，立足创业活跃优势，抓住新一轮产业技术革命带来的创业机遇，大力提高创业层级，进而提高自主创新能力。也就是通过科技创业提高创业层级，培育质优创新主体；通过科技创业聚合科技资源，促进创新资源配置；通过科技创业转化科技成果，带动自主创新能力。三是以自主创新壮大新兴产业。就是通过微观的产品技术创新、商业模式创新，中观的产业业态创新、产业组织创新，以及宏观为体制机制创新、思想文化创新等集成，提高新兴产业发展的组织动员能力、产业生成能力以及产业竞

争力、产业影响力。也就是将产业技术创新作为重要动力，突出科技成果创造力；将商业模式创新作为微观机制，突出重大品牌影响力；将产业业态创新作为重要结果，突出新兴产业带动力；将产业组织创新作为发展主线，突出高端资源聚合力；以营造创新生态环境为保障，突出创新环境吸引力；以培育自主创新文化为灵魂，突出自主创新想象力。四是以科技合作强化全球配置。就是着眼扩大对外开发及资源要素的集聚，立足全球链接能力突出优势，抓住创新全球化机遇，实现"两种资源、两个市场"的充分利用。也就是借助"中国的企业家＋国外的科学家"、"中国的新兴市场＋国外的先进技术"、"中国的创业＋国外的创新"、"中国的金融创新＋国外的技术创新"等模式，在全球范围配置资源和创造财富，为中国的新一轮改革开放、"一带一路"倡议探索新路径新模式新机制新形式。

7.1.3 科技服务的作用及价值

在发展科技服务业的过程中，不仅作为一种产业来发展，还作为一种服务体系来发展，尤其是探索促进创业创新的新机制新模式，为我国科技自立自强、打造战略科技力量开辟了新的视野。一是探索科技服务业促进创业创新的新机制新模式，从微观层面、企业层面提升市场化资源配置能力。核心是通过科技服务的新业态（如概念验证）、新模式（如开放式研发）、新机制（如"技术跟着人走"）服务创业创新，形成创新挖掘、创业育孵、创新循环的发展机制，把新创业人才、原创思想、先进技术、成熟经验知识等创新资源流向创业领域、企业界、产业界，并转化为生产力和财富。二是将科技服务业作为一种产业来发展，从中观层面、产业层面提升创新资源的资源配置能力。主要是通过各类专业服务业的支撑，提升涉外企业、跨国公司、平台企业、国际产业园区等创新主体在跨区域创业、跨国经营、跨国技术并购、跨国技术转移、跨境经济等方面的发展水平，促进企业在全球范围配置资源和创造财富。三是将科技服务业作为一种服务体系来建设，从体制机制层面、区域层面提升跨行政系统配置资源的能力。核心是聚焦政府培育科技中小企业公共服务功能，通过科技服务体系建设解决科技服务业的市场失灵问题，打破条块分割、多头管理、授之以鱼的治理结构与治理机制，立足产业基础发育创新生态并通过创新生态优化提升产业生态，吸引更多的创业者、企业家来创新发展。

7.2 科技服务需求与科技服务供给

按照技术生命周期、产品生命周期、企业生命周期、产业生命周期，各环节所需要的科技服务需求及科技服务内容不同。就科技服务支撑产业创新发展而言，主要包括创新服务体系、创业服务体系、企业成长服务体系、产业集群服务体系等四个体系。其中，创新服务体系的服务主体包括国家实验室、企业技术中心、技术创新服务机构、中试基地、检验检测中心等；创业服务体系的服务主体包括创业苗圃、技术转移中心、专业服务机构、技术市场等；企业成长服务体系的服务主体包括孵化器、加速器、大学技术许可办公室、专利服务机构、天使投资人、政策咨询机构等；产业集群服务体系的服务主体包括产业联盟、技术交易中心、科技银行、社会化投资机构、科技集成服务信息平台、行业协会等。

7.2.1 从技术创新看科技服务

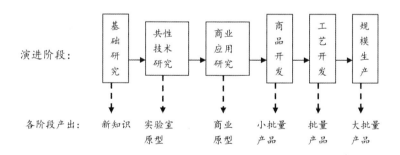

图：技术生命周期演进阶段及每阶段产出

技术生命周期包括基础研究、技术开发、工程化和产业化四个环节。基础研究环节主要对新知识、新方法、新原理进行研究，没有特定的应用和使用目的，具有公益性特征，需要国家及地方科研项目资金支持、基础技术研发外包、实验室共享服务、检验检测等服务。在技术开发环节中，基础研究成果经过应用研究和试验发展，形成发明或专利，这一过程需要共性技术研发外包、实验室共享、大型仪器共享、发明和专利运营、科研项目支持、技术评估、交易等服务。工程化环节主要是对技术开发形成的商品原型进行工艺、流程验证，为规模化生产做准备，需要小试服务、中试服务、技术交易、风险投资、科技担保、检验检测等服务。产业化环节中创新产品完成大规模生产，这一过程需要孵化服务、加速服务、场地服务、天使投资、风险投资、技术并购、市场推广、管理咨询、法律服务等服务。

7.2.2 从产品创新看科技服务

产品生命周期包括导入期、成长期、成熟期、衰退期等四个环节。导入期应明确产品预期，需要产品设计开发、技术路径选择、天使投资、市场调研与产品前景分析、专利查新、知识产权运营服务、专业孵化等服务。成长期竞争者不断涌入市场，为保持优势，需要生产标准制定、流程优化、风险投资、抵押担保、检验检测、技术评估、技术交易、品牌运营等服务。成熟期商品品牌效应明显，需要专业技术服务、抵押担保、风险投资、股改上市服务、运营管理咨询、技术评估、技术交易、知识产权运营等服务；同时，成熟期企业需要关注新产品研发。衰退期新旧产品竞争，旧产品需要市场、技术与财务分析、生产流程再造咨询、企业并购重组咨询、信贷服务，新产品开发需要新产品研发服务、技术并购、技术交易、知识产权等服务。

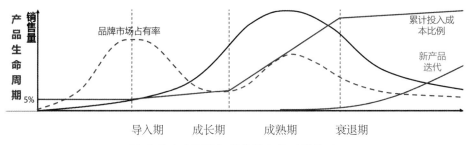

图 产品生命周期与科技服务体系的关系

7.2.3 从企业发展看科技服务

企业生命周期包括想法、初创企业、高成长企业、高技术大公司等四个环节。创意或想法需要概念验证、天使投资、股权众筹、创业辅导、集中办公、试验仪器设备共享、专利查新、政策咨询、团队构建咨询、展示交流等服务。处于初创期的企业需要天使投资、科技担保等服务支持跨过"死亡谷"，以及专业的创业孵化服务、技术评估、管理咨询、技术外包服务、工商税务服务、科技信息咨询等服务。高成长企业需要专业服务帮助其成长为小巨人，需要风险投资、股权众筹、加速服务、市场分析、上市辅导、人力资源服务、知识产权运营、检验检测等服务。高技术大公司在专业化技术服务、技术交易、猎头服务、股改上市、人才招聘培训、跨国技术并购和企业经营管理、政策咨询等方面具有科技服务需求。

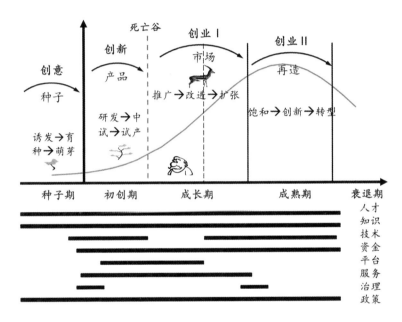

图：企业生命周期及关键成长因素

7.2.4 从产业发展看科技服务

产业生命周期包括产业原生、产业集聚、产业集群、产业生态等四个环节。产业原创是指经历企业试错、产业试错，形成原创性新兴产业的时期，需要技术研发服务、技术可行性验证服务、天使投资、知识产权运营、政策咨询等服务。产业集聚阶段需要共性技术研发、专业孵化、风险投资、科技担保、技术评估、科技咨询、会计审计等专业化服务。在产业集群阶段，某一特定领域内，位置邻近、有关联的企业和机构呈链式联接，需要

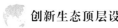

产业链管理咨询、风险投资、技术交易、专业管理咨询、科技信息服务、人力资源等服务。产业生态以平台型企业、产业链网络为特征，需要信息、技术及服务整合平台、科技银行、国际化咨询、上市并购等服务。

7.3 从科技服务体系到科技服务业

7.3.1 科技服务产业业态细分

研究开发服务是指各类研究开发服务企业围绕科研活动和技术创新，为企业或其他研究开发机构提供研发外包、设计以及科研支撑等第三方服务的活动。目前，研发服务业呈现明显的细分化、专业化和外包化的发展趋势，主要包括研发总部、研发外包、研发众包、工业设计、实验室经济以及创客极客等细分业态。譬如自身研究开发形成的知识产权的授权服务，典型企业如高通、ARM；提供专业的研究开发外包服务，典型企业如华大基因、药明康德等。

技术转移服务是指各类技术转移中介机构围绕成果转化、技术扩散，为科技型企业提供各类服务的活动。技术转移由零散的、线下的技术转移服务向集成化、平台化、市场化、互联网化的技术转移服务发展，主要包括技术评估、技术交易、技术转让、技术代理、技术拍卖以及技术集成等内容。国外代表性技术转移服务机构有德国史太白技术转移中心、英国国际技术转移集团、欧盟创新驿站网络计划、以色列工业研究开发中心等，国内代表性的有中国技术交易所、清华科威等。

创业孵化服务是指围绕企业成长生命周期，在想法、创业等环节为项目或初创企业提供包括创业投资、创业辅导、专业技术服务、物理空间等一系列预孵化、孵化、加速等服务活动。目前由早期的提供简单的物业租赁服务向提供高质量创业增值服务转变，服务专业化、社会化和网络化程度不断加深，建立在天使投资网络下的"第三代"孵化服务业态逐渐涌现。典型的孵化器有国外的 Y Combinator、橡子园创投、即插即用技术中心、Keiretsu Forum 等以及国内的汇龙森、创新工场等。

知识产权服务是指提供专利、商标等各类知识产权"获权—用权—维

- 120 -

权"相关服务及衍生服务的业态。知识产权服务逐渐由低级的知识产权代理等服务向较高端的知识产权布局、知识产权运营发展，呈现出内容专业化、服务集成化、运营商业化等新的趋势。包括知识产权代理服务、知识产权法律服务、知识产权信息服务、知识产权商用化服务、知识产权咨询服务和知识产权培训服务。

科技咨询服务是指专门为政府部门、企事业单位和各类社会组织的决策、运作提供一系列专业智力服务的活动。新的经济条件下，科技咨询服务由单个、松散的项目咨询向长期稳定的战略咨询合作转变，专业化、外包化成为科技咨询发展的主要方向。主要包括科技战略、科技评估、科技招投标、工程技术、知识管理、科技信息等内容。代表性机构如美国的兰德公司、埃森哲，国内的如台湾中国生产力中心、拓墣产业研究所等。

科技金融服务是指各类社会组织、个人、金融机构、政府围绕科研活动、成果转化和产业化等科技创新全链条，为科技型企业提供金融服务的活动。科技金融服务一方面不断深入科技创新链条的前端为科研活动提供金融支持；另一方面融合互联网，通过网络众筹的形式建立资本筹集新机制。主要包括天使投资、创业投资、科技银行、政府科研投入等服务业态。

检验检测服务是指相关具备检验检测认证资质或能力的企业、机构，按照相关标准、方法对技术和产品进行检验和测试的活动，检测的结果要有较高的可信度与公信力。从总体上看，检验检测服务呈现明显的专业化、外包化（第三方）以及"　站式整合服务"的趋势，公共检验检测、第三方检验检测、虚拟实验室等新的服务业态开始出现。主要包括质量检验、性能测试、成果鉴定和资质认定等服务。代表企业有瑞士 SGS 集团、法国的必维国际检验集团以及国内的谱尼测试、华测检测、汉斯曼质量技术服务公司等。

综合科技服务是指通过整合技术创新链上各个环节的科技服务要素，形成科技服务机构之间的协作网络，为产业集群提供研究开发、技术转移、科技咨询、知识产权和科技金融等全方位的科技服务。业务集成化、服务专业化是综合科技服务发展的主要方向，也是科技服务业发展的必然趋势，

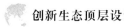

代表性机构主要有西安科技大市场等。

7.3.2 科技服务机构运行模式

依据服务主体的性质和提供服务内容的不同，科技服务机构呈现出不同的运行模式，逐渐形成了高校、科研院所溢出模式、大企业开放资源模式、服务机构专业化发展模式、新兴服务业态模式、行业联盟服务模式及服务地方特色的新型研发机构模式等六类科技服务体系运行模式。一是高校科研院所溢出模式。特点是高校、科研院所依靠国家资助建设的重点实验室、科技条件平台等科研基础设施，以及技术人才优势，对外提供先进技术研发、技术转移、中试、检验检测服务等科技服务，该模式具有一定的公共属性。研究开发、检验检测、创业孵化、技术转移、科技咨询、科技金融领域的典型代表包括中国科学院深圳先进技术研究院、清华大学环境质量检测中心、中科院北京国家技术转移中心等机构。二是大企业开放资源模式。特点是企业利用内部和外部的研发资源，探索开放共享的新型组织模式，通过企业内部孵化、共建实验室、产学研合作、搭建平台等，整合内外部知识与资源，降低研发成本并减少创新风险。该模式具有很强的平台性、战略性和辐射作用。内部创业孵化、协同创新、产学研合作、新业务孵化领域的典型代表包括海尔 HOPE 开放创新平台、华为联合创新网络、大唐电信、联想乐创汇等机构及平台。三是服务机构专业化发展模式。特点是专业化科技服务机构专注于一个或若干相关领域，提供专业化服务，探索专业领域的盈利模式和服务机制，突出专精优势，开展错位竞争。该模式具有行业带动性和需求导向性特征。生物 CRO、在线检测、创业孵化、专业知识产权律所、技术转移、创投基金领域的典型代表包括康龙化成新药技术公司、凡特网、创新工场、集佳知识产权代理有限公司、科易网、深圳市创新投资集团等机构。四是新型服务业态模式。特点是根据新兴产业发展需求，促进原创性产业组织创新发展方式，衍生出科技服务组织新业态，诸如众包、众筹等全新服务模式，开展原创性科技服务，如众创空间等。该模式具有较强的灵活性和需求导向性。创客空间、众包模式、众筹模式、科技创新媒体、创业导师辅导等新业态领域的典型代表包括 3W 咖啡、猪八戒网、大伙投、

36氪、亚杰商会等机构。五是行业联盟服务模式。特点是以优化产业资源配置为出发点，整合科研资源、产业链上下游各方力量，形成利益共同体，促进企业间、企业与政府间的协作、创新与联动，能够提供研究开发、科技金融、综合科技服务等服务。该模式具有机制灵活、行动高效等特点。公共服务平台、行业标准联盟、产业链联盟、天使投资联盟等联盟的典型代表包括首都科技条件平台、闪联产业技术创新战略联盟、中关村物联网产业联盟、中国技术创业协会天使投资联盟等行业联盟。

7.4 国内外科技服务发展经验借鉴

7.4.1 美国科技服务生态概况

整体而言，美国科技服务生态具有如下特点：

一是将政府作用与市场经济紧密结合。美国一方面建立了针对从科学基础、共性技术、基础技术、专有技术、生产转化到新市场和组织战略、战略规划、市场开拓、生产环节、产品测试等全流程的科技服务机构，各环节衔接高效，形成连续创新机制。如在科学基础上，提供资金资助研发、促进成果共享；在共性技术上，提供资金资助企业和联盟；在基础技术上，指导实验室、联合体；在专有技术上，促进知识产权管理；在由技术向生产转化环节上，引导支持技术交易、技术转让；在新市场和组织战略上，提供商业模式策划等；在战略规划上，支持研发战略制定、准入标准制定；在市场开拓上，提供风险投资、天使投资；在生产环节上，提供产品质量检测，促进产品在开发过程中减少市场风险等。另一方面，由市场机制通过自动调节对资源实现的配置，由价值规律来自动调节供给和需求双方的资源分布，从而自动地实现对全社会资源的优化配置。

二是政府引导产业企业与高校院所发挥各自优势。美国从基础研究到产业化创新链条较为完整，大学、企业分工明确。大学主要承担基础研究、应用研究，部分延伸到商业化应用阶段；企业主要参与应用研究（产生实验室原型后）、试验发展、小试、中试、规模化生产等环节，部分延伸至基础研究，如贝尔实验室、IBM大型电子材料研究。美国政府部门高度重视并大

力支持基础研究，不参与应用性研究，努力建立发达的资本市场以支持技术产业化。这其中，企业与大学各司其职，使命相对清晰；企业有能力承担专有技术试验；在市场失灵出现时，政府引导技术创新，如支持大学基础和应用研究、支持企业技术联盟进行共性技术开发、出台小企业创新研究计划、制定从公共技术向专有技术转化的法律规范等。三是以多样化科技服务机构形成多元化科技服务业态。在科技服务机构方面，有的是官方组织，如美国小企业管理局（SBA），设有十大分局，100多个地方机构，4000多名员工；有的是联盟协会，目前约有1.8万个协会组织，如全美制造业协会拥有14000个企业会员；有的是孵化器，美国孵化器占全球总数的10%左右；有的是研究机构，美国有1000多所高校从事科学研究活动，其科研成果占美国的80%；有的是专业机构，有许多为特定领域提供中介服务的专业服务机构，如圣荷西市软件发展中心等。与此同时，也形成了多元化科技服务业态。譬如在研发创新领域，包含自身研究开发形成的知识产权授权服务、专业的研究开发外包服务、提供科研支撑服务等；在科技金融领域，先后最早诞生了众筹、天使投资、创业投资、科技银行、政府科研投入等；在知识产权领域，包含知识产权代理、知识产权法律服务、知识产权信息服务、知识产权商用化服务、知识产权咨询服务和知识产权培训服务等；在创业孵化领域，包含创业辅导、技术服务、建立在天使投资下的第三代孵化服务业。四是建立完善的制度安排与营商环境。美国政府致力于完善科技推动产业发展相关政策、法律体系，营造服务环境，成为世界上科技立法最发达的国家。在科技立法方面，《拜杜法案》《小企业技术转移法》《联邦技术转让法》《技术评估法》《知识产权保护法》等为相关科技服务环节提供保障，加强了技术转移，激发了创新活力。与此同时，美国重视创业（小企业）技术创新，鼓励小企业携技术创业，实施小企业投资公司计划（SBIC）、小企业创新研究计划（SBIR），建立以美国小企业局（SBA）为核心的、区域性和社区担保为补充的贷款担保体系；除主板市场外，NAS-DAQ、场外交易市场、第三市场为创业资本提供了多层次的退出渠道。此外，政府在产业创新方面采取了多种有效措施，如针对面向科学及工学领域的大学生提供奖学金的企业及个人，对其所筹款项实施减免税制度，将成年硕士教育及培训制度向所有州立大学扩展等。

7.4.2 西安科技大市场基本面

西安科技大市场于 2011 年启动运营，是由西安市科技局和西安高新区管委会共建的统筹科技资源的基础服务平台。围绕科技服务产业链，构建了基于"三网一厅"的平台及服务体系，包括信息化服务平台及服务体系、市场化服务平台及服务体系、移动互联平台及服务体系、科技服务大厅及科技服务体系四部分，提供技术交易、仪器共享、人才创业、知识产权等 11 大类 113 项服务。经过多年发展，西安科技大市场现已成为国家科技服务综合标准化试点单位、国家技术转移西北中心、国家知识产权运营军民融合特色试点平台建设运营单位。西安科技大市场在建设发展过程中具有以下特点：一是政府面向企业提供公共科技服务的统一平台。运用线上线下相结合模式，使区域内"分散、分割、分离"的科技资源实现高效集聚和优化配置。线下 31 家驻场服务机构，在西安科技大市场服务中心统一为社会提供科技服务；线上通过平台统一公开政府公共领域的大量科技资源信息，包括高校、军工院所、科研单位相关仪器、设备、信息、技术、人才等多种资源。二是第四方科技服务平台，为第三方平台提供服务，促进第三方科技服务多样化、生态化发展。西安科技大市场的平台价值不仅体现在为企业提供统一的公共服务，更体现在创造开放环境，将企业客户、政府政策、科技资源信息与相关专业领域第三方科技服务平台共享，为第三方科技服务平台的生态化发展创造了重要的土壤。三是基于云计算模式的科创云服务平台，发展互联网＋科技服务。西安科技大市场以推动科技资源、科技服务数据上线，实现在线交易为目标，探索建设了科创云服务平台，不仅探索建立第三方科技服务平台合作体系，链接第三方互联网科技服务平台，基于网络共享集成服务能力、客户资源、流量渠道，共同构建覆盖全链条、生态化的科技服务体系；还积极探索与百度、58 同城等互联网平台企业建立战略合作伙伴体系，并积极探索众包、众创等"互联网＋科技服务"新模式新业态等。并形成如下发展经验：一是采取"公益＋市场"机制，打

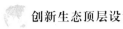
造成为覆盖科技服务全链条的一站式创新服务平台；二是开放公共科技服务资源，推动企业需求、政府政策、科技资源等信息共享，活跃科技服务市场；三是培育互联网＋科技服务新模式，利用互联网手段有效打通线上线下，形成开放、共生、合作的科技服务互联平台，建设新型科技服务体系。

7.5 从科技服务业到服务生态赋能

7.5.1 促进服务生态建设发育

一是转变理念为先，打破科技服务业附属配套地位。将科技服务业作为一种战略增长点、高端辐射源、资源聚合器、重要黏合剂，从构建现代产业体系、转变经济发展方式、优化资源配置、促进产业产城融合等战略高度重视科技服务业，赋予更高的产业地位，是促进服务业发展的先决条件。二是构建产业体系，培育区域特色的科技服务产业。通过区域特色先导型科技服务业的带动整个科技服务业产业体系构建，增强研发创新原动力、强化创业孵化衍生力、加快技术转移生成力、提高科技金融撬动力、巩固知识产权保障力、提升检验检测促进力、加大科技咨询支撑力、提升集成服务穿透力。三是加快集群发展，建设科技服务业专业集聚区。着眼打造具有产业高度集聚、价值链条完善、企业协同发展、服务平台完备等特点的服务集群，培育科技服务业专业集聚区，通过服务业项目布局带动服务业细分领域发展。四是营造创新生态，加快科教智力资源的聚合。借助开放式协同创新网络，加快科教智力资源的集聚流动及融合，营造服务业产业链发展生态，促进科技服务业与制造业等各次产业的结合、各类服务业的融合以及新一代信息技术与科技服务业的结合。五是完善政策保障，建立完善政策体系及工作机制。集专门领导、专业团队、专项资金、专门政策、专业机构于一体的科技服务业政策体系及工作机制。

7.5.2 完善服务生态赋能机制

整体而言，按照从事科技服务建设主体的所有制性质和运营主体的所有制性质将支撑产业发展的科技服务体系机构分为政府投资运营服务机构；政府投资，企业化运作的服务机构；市场化机构投资自主运营的服务机构；

市场化机构投资，委托第三方社会化机构运营的服务机构等四类。不同类型的服务运营机构，具有不同的运营机制及其赋能机制。一是促进政府投资运营服务机构优化赋能机制。这类科技服务机构 [1] 主要提供技术研发、成果转化、要素整合等服务 [2]。当前及未来，需要与企业形成四方面的互动机制：第一，促进高校、科研院所的技术成果通过生产力促进中心和技术交易市场转让、推广到企业；第二，以大学作为基地，联合企业建立研发中心，双方人员共享中心的实验设备，从事中间试验和产业化前期开发；第三，企业与服务机构在合作进行到比较稳定和高效的情况下，建立实体合作机构，共同进行技术开发和成果转化；第四，技术转移中心、技术市场等机构为企业提供技术成果转移交易、信息等服务，并向高校、科研院所等研发机构反馈企业需求，开展需求对接。二是促进政府投资企业化运作服务机构优化赋能机制。这类科技服务机构 [3] 主要提供基础研究、技术开发工程化、产业化阶段的技术创新服务，并提供科技金融、科技咨询、综合科技服务等服务，提供服务具有一定的公益性质。当前及未来，需要与企业存在两方面的互动机制。一方面，通过建立众创空间提供创新孵化、科技金融、企业咨询等服务，能够降低创业者的创业成本，培育小微企业，承担部分政府的公共服务职能；另一方面，通过建立创新资源服务平台，沿创新链的各个环节提供涵盖基础研究、技术开发到产业化的全程化服务，能够降低企业研发投入风险，

[1]　从主要特征来看，政府投资运营的科技服务机构主要包括高校、科研院所、生产力促进中心、技术市场、技术交易中心等主体，具有公益性质，能够防范市场失灵带来的风险，所提供服务几乎覆盖科技服务的全部领域，是我国科技服务生态的主导力量。

[2]　高校、科研院所等机构能够向企业提供研发成果，由企业来转化研发成果；生产力促进中心、国家技术转移中心等机构能够提供技术咨询、技术评估等服务，加速科技成果转化；技术市场、技术交易中心等服务机构通过提供场所和专业化服务，为技术转化为生产力提供所需的生产要素。

[3]　从主要特征来看，由政府出资建设，聘请专业的市场化服务机构来建设和运营，有利于推动科技创新资源向社会全面开放。政府投资，市场化运营的服务机构包括各类科技资源公共服务平台、科技基础条件平台、众创空间等服务载体，能够提供研发服务、科技金融、综合科技服务等服务，有利于盘活公共科技服务资源，提供成本更低、品质更优的科技服务，形成可持续发展的服务模式。

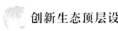

促进技术溢出。三是促进市场化服务机构优化赋能机制。这类的服务机构[1]主要提供研发、金融、创业孵化、技术转移、知识产权等领域的专业化服务，能够整合企业所需的资源要素，构建服务平台，促进产业集聚，提供众包、众筹、在线检验检测等服务模式并构建大企业创新平台，培育产业生态圈。当前及未来，需要与企业形成三方面的互动机制：第一，市场化科技服务机构在企业生命周期的各个阶段，提供多样化科技服务，能够降低科技成果转化成本，分散高技术企业发展的风险，促进企业形成；第二，市场化科技服务机构通过对创业者的支持，能够鼓励中小型科技企业勇于创新，提升科研成果转化效率，保障企业创新收益；第三，市场化科技服务机构能够整合企业成长所需的资金、场地、人力、技术及信息等服务，使创新要素形成具有协同作用的运行机制。基于市场化机构投资自主运营的服务机构具有专业化程度高，服务效率高，贴近市场需求等优势，应作为科技服务体系重点支持的类型，给予大力扶持。四是促进市场化机构投资委托第三方社会化机构运营服务机构优化赋能机制。这类科技服务机构[2]将运营组织交由第三方运营机构，能够更好地依托第三方运营机构的创新服务资源，提供更加标准化、流程化、专业化的服务，由市场力量配置服务资源，促进科技服务要素优化配置，提升服务能力和水平，目前在创业孵化和知识产权两个领域出现了这类服务机构。在创业孵化领域，由专业孵化服务机构等来为产业地产运营商办的产业园、孵化器、加速器等机构，提供流程化、标准化孵化服务。能够依托第三方运营机构积累的人脉积累、产业资源、创新资源，更好地促进产学研对接。在知识产权服务领域，由企业主导的产业联盟，可以将专利池、标准等知识产权委托给其他机构负责管理，从而促进联盟技术升级和知识产权保护。当前及未来，需要与企业存在两个

---

[1]　从主要特征来看，市场化机构投资自主运营的服务机构多为营利性质，具备清晰的盈利模式，提供涵盖技术交易、知识产权、创业孵化、科技金融、检验检测、科技咨询等专业服务，能够帮助企业提高创新效率和运营管理效率。

[2]　从主要特征来看，促进市场化服务机构将运营权交由第三方服务机构的因素是多方面的，主要包括市场需求、第三方科技服务运营机构出现、科技服务专业化程度提升等方面。

方面互动机制：一方面能够为企业提供标准和经验，促进服务流程的专业化，促进企业市场拓展，降低运营成本，防范商业风险；另一方面，服务机构能够为企业提供新的服务模式，提高要素配置效率。

7.5.3 提升科技服务发展能力

加快科技服务业行业化、市场化、专业化、社会化、网络化、国际化。按照行业化发展要求，赋予科技服务业行业地位，是创新创业服务体系跨越发展的前提；推广政府引导的企业化运作，探索完善新型盈利模式，是科技服务业跨越发展的生命力所在；引导创新创业服务机构的服务方向专业化、服务能力专业化，是科技服务业跨越发展的着力点；在加大公共服务投入的基础上，引导社会资本投资建设运营科技服务机构，是科技服务生态跨越发展的活力所在；将云计算、大数据、移动互联、人脉链接、社交商务等元素集成融入，是科技服务生态跨越发展的重要动力；以全球视野展开高端链接，布局国际化科技服务平台，实现在全球资源的配置，是科技服务生态跨越发展的重要条件。

我国科技服务生态建设，主要依托高校科研院所溢出、大企业开放资源、服务机构专业化、新兴服务业态、行业联盟服务等，其发展关键不仅作为一种产业来发展——具有市场自生能力，还作为一种服务体系来发展——解决市场失灵、承担政府培育市场公共服务智能，尤其是探索促进创业创新的新机制新模式，为我国科技自立自强、打造战略科技力量开辟了新的视野。在未来发育发展过程中，迫切需要通过对科技服务业与服务生态建设战略位势的提升、顶层设计的优化、组织方式的创新、开发建设的投入，将在资源承载聚合、创新能力提升、产业源头培育、企业做强做大、产业资本与金融资本融合等方面实现战略升级。

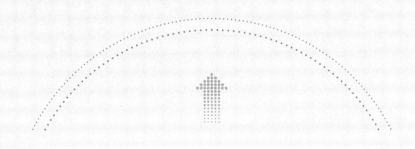

下篇

平台建设

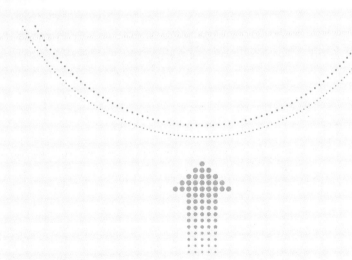

08 新型研发机构突出创新源头

近年来我国涌现出很多以河流、山川、湖泊以及人文地理标志命名的实验室/研究院/新型研发机构等，而伴随着国家提出科技自立自强，加快建设引领创新驱动及新兴产业发展的战略科技力量迫在眉睫。如今地方政府成为新一轮创新平台建设的主要推动力量。关于新型研发机构究竟是什么、需要什么怎样的新型研发机构、为什么很多新研机构会失败、台湾工研院真的过时了吗、美国的创新中心怎么做的、关键是处理哪些重要问题、究竟达成和践行哪些共识等，成为新一轮新型研发机构布局建设与创新发展所需追问的发展逻辑。

8.1 新型研发机构究竟应如何理解

整体而言，新型研发机构脱胎于以往的共性技术研发组织，在新的历史条件下具有新的内涵与外延。对于新型研发机构的理解，前提在于对共性技术研发创新的理解。所谓"共性技术"，美国的提法是"具有广泛的产品和生产过程潜力的技术"（美国国家标准与技术研究院 1988 ），或"是存在的潜在机会，可以在多个产业中广泛应用的竞争前产品或工艺的概念、构成、过程，或者有待进一步研究的科学现象的统称"（布什政府《美国联邦公报》1990)，国内认为"共性技术是对整个行业或产业技术水平、产业质量和生产效率都会发挥迅速的带动作用，具有巨大的经济和社会效益的一类技术"。根据外部性程度的大小和对产业发展重要性的不同，可以将

产业共性技术 [1] 分为基础共性技术、关键共性技术和一般共性技术。

近年来一种承担着基础研究、应用研发、技术转移、创业孵化、产业化、人才集聚和科技金融等综合性功能的新型研发机构大量涌现。据新型研发机构所承载主体功能不同，可将其分为以研发为主、以转化为主及全链条综合型三类。研发为主的新型研发机构，聚焦创新链上游的基础研究和应用研发等功能，着重原始创新，发挥以研发源头创新撬动产业发展的杠杆作用，解决特定关键领域和战略性新兴产业发展的技术瓶颈。转化为主的新型研发机构，聚焦创新链中下游的成果转化、创业孵化、资源对接等，其特点是创新成果转化机制，发挥平台渠道作用，吸引相关专业机构进入平台，推动关键原创技术在产业中应用，提供各类科学技术服务，促进科技型企业的孵化与育成。全链条综合型新型研发机构，则不局限于服务科技创新活动的某个环节，而是将科学研究、技术开发、科技成果转化与产业化融为一体，形成了从上游源头创新到下游产业化的全产业链技术创新体系。

追溯其发展，国内新型研发机构起步于上世纪末，其"新型"的内涵，源自清华大学深圳研究院"四不像"理论。但关于什么是新型研发机构，很长时间内都没有统一的界定。直到 2016 年《国家创新驱动发展战略纲要》《"十三五"国家科技创新规划》等均提出要发展新型研发机构，新型研发机构正式成为国家创新体系的一员。2019 年 9 月科技部发布的《关于促进新型研发机构发展的指导意见》，首次对新型研发机构进行了统一定义：新型研发机构是聚焦科技创新需求，主要从事科学研究、技术创新和研发服务，投资主体多元化、管理制度现代化、运行机制市场化、用人机制灵活的独立法人机构。

新型研发机构区别于传统政府创办研发机构，往往体现在四个方面的

---

[1] 整体而言，共性技术具有基础性、通用性、影响广泛性、可再研发性、处在竞争前阶段等特点，具有公共产品和私人产品的双重性质，一方面企业在共性技术基础上开发出专有技术可以形成自主知识产权，提升企业的核心竞争力；另一方面由于共性技术的共享性，往往具有广泛的效益。正是这种准公共产品的属性，使得作为创新主体的企业主动从事共性技术研发时存在风险和动力因素的制约，就需要政府发挥作用，推动共性技术的研发与扩散，以保证创新链的完整。这便是政府"有所为，有所不为"，甚至采用混合模式的依据。

"新"字。一是"建设模式新"，建设主体日趋多元，除政府、高校、大院大所外，越来越多的龙头企业、科研骨干等开始深入参与到新型研发机构的建设中，既能有效整合各类资源又能规避单一主体的制度障碍。二是"平台功能新"，平台功能更加多元化和集成化，新型研发机构兼具高端资源配置、新型研发及组织、技术转移及硬科技创业四大功能，以原始创新和关键共性技术研究、人才培养为核心，同时集成果转化、企业孵化和科技投资等功能于一体。三是"运行机制新"，采用市场化的运作机制，普遍实行理事会领导下的院长负责制，投管分离，独立运作，在科研立项、人事管理、绩效激励等方面更加灵活。四是"支持方式新"，政府财政资金不再以各种专项名义规定使用领域下达，而是可整体下拨，由新型研发机构自主使用并与其服务企业的绩效直接挂钩，既发挥了财政资金的产业扶持、政策引导作用，又有效利用了市场机制。

简而言之，新型研发机构就是具有新研发属性的技术源头与产业创新平台。一般具有如下特点：一是立足共性技术研发使前端与后端相贯通，不仅是前中后端的贯通，还是从后端往前延伸，做反向资源配置的逆向创新；二是立足研发跳出研发，将产业技术源头、创业企业源头、产业人才源头、科技服务源头等有机结合；三是既不是从科研到产业的中介，也不是单边的技术供给，而站在产业发展高度成为产业创新服务平台，成为重要的产业组织者；四是不仅仅是政府在解决市场失灵与培育市场，还是大企业或平台型企业将成为承担产业技术创新、产业组织创新的重要依托力量。

8.2 我们需要怎样的新型研发机构

在改革开放第一个四十年，我们的技术创新更多的是通过开放得来，也就是引进消化吸收再创新以及技术换市场；如今则需要在进一步开放的同时，更多的是靠"真刀真枪"的硬核。在改革开放初期，中国把以往自上而下尤其是国家级的行业性研发机构全面推向了市场，取得了重要探索，但很多机构难以面向整个行业，而是用来满足自身发展；如今则需要建立多层次、全链条的产业技术供给体系。当时我们新中国成立后没有足够的

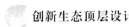

留学生在国外求学和工作，所以改革开放后很多产业技术研究机构更多的是依托高校院所，而在同期的台湾，大量留学人员产生了大量产业技术领军人物，所以台湾的工研院一起步就有天然的产业基因；如今我们搞产业技术创新平台，不能完全依赖带有浓厚科研属性和基因的高校院所，而是要靠产业技术领军人物或产业组织者。过去我们的这些投入以中央投入为主，如今在此基础上有更多的地方政府投入和大企业的投入；以往是正向的链式创新，如今则是反向资源配置的逆向创新；以往在技术创新链条上，是前端基础研究、中端共性技术研究与中试、后端产业应用及转化等相分离，但如今更强调前中后端的贯通。

以美国打压华为和抖音为例。对于华为的打压，不仅将华为及其在全球几十家附属公司（研究院）列入"实体清单"，还借助"长臂管辖"限制利用美国技术超过一定比例的供应商为华为供货，还迫使诸多国家或地区与华为不合作、或在一定时期内拆除华为的相应设备。而对于抖音海外版的打压，直接限期要求抖音要么关闭在美业务、要么转让，此后略有有限的善意表达。无论是对于华为的打压，还是对于抖音的打压，在企业、行业、国家等层面均会产生不同的短期、中期和长期的影响。以华为为例，短期内华为的高端手机难以可持续发展、海外市场受挫，使得华为业务发展受到重要挫折；将进一步倒逼华为走向全产业链模式，诸多行业的垂直分工模式将难以为继；也使得国内很多行业更加重视基础研究与科技创新，从"贸工技"走向"技工贸"。

如今应对美国的科技霸权，不仅需要有应有的反思，还需要有必要的战略考量。这种反思，一方面是我们对于基础研究、产业基础能力、产业组织能力的反思，不仅要更加重视基础教育与基础研究，还要通过硬核技术创新提升产业基础能力，更要通过上中下游的协同联动发展提高产业组织能力。另一方面，一个令人尊敬的、影响世界的伟大企业，一定是更具有适应性、友好性的公司，可以参与国家利益和国家意志。这种考量，就是在全球产业技术创新与经济发展领域，由中美主导的两个体系是难免的，但这不意味着两个体系的对抗或者脱钩，而是需要找到求同存异、和而不同的共处发展之路。尤其是在制造业领域，中国在接受由美国主导的技术标准和游戏规则的同时，逐步成为新游戏规则制定者；尤其可以在新经济领域抢占产业技术制高点、产业发展主导权，建立由中国主导的游戏规则和技术标准。并且当美国更加贸易保护主义时，中国越需要更加开放，学习和借鉴一切优秀成果为己所用。对于不同的挑衅，在国家层面并非是"一对一"的"硬碰硬"，更需要强调战略性、未来性，保持战略定力，以发展的方式来解决问题，不必过于在策略与战术上一一回应。

8.3 很多新型研发机构为何会失败

近年来很多地区、城市或园区在很多时候都会有这么一个疑问，为什么花费了很大的力气，引进了不少科研院所、创新平台，很多甚至是国家级、国家队的，但几年下来都没有真正地发挥出预期的或者约定的作用，而整个创新平台体系、创新环境也没有发酵。通体而言，主要有四个方面的原因：一是在源头上是否契合产业、根植产业、引领产业。一个地区所引进的机构、搭建的平台，是否是与地方的产业需求相契合，是否是围绕哪些主导产业、特色产业聚合哪些创新资源及产业要素、搭建哪些平台，尤其是能否引领哪些产业发展。而不是"眉毛胡子一把抓"，为了引进而引进，甚至"为了国家级而国家级"。只有立足本地产业基础，才能逐步形成更加垂直、更加鲜明的产业生态，才能够让平台载体扎根、进而"发酵"。只有站在产业技术发展前沿，才能引领产业发展，而不仅仅是支撑产业发展。二是在灵魂上是否具有企业家精神、战略科学家视野的领军型产业组织者。确定了引进什么样的机构、搭建什么样的平台之后，最重要的就是由一个怎样的人来组织。这种人一般不是"半路出家的""寻求当官的""书呆子类型"的，而是能够站在产业发展高度，能够准确把握产业发展方向及趋势，能够充分调动、配置各方面政策资源、创新资源、产业资源、服务资源的，用做产业的方式做事业、做事业的方式做产业的行业领袖。三是在制度上如何实现人的价值驱动。核心是与这个产业组织者及其团队的激励机制、保障机制、发展机制等方面相应的制度安排。没有好的制度，拥有再好的

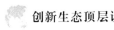

产业组织者及创新团队，也都不会长久。这其中，很多事业单位一般都搞不好这些平台载体，主要原因是不但难以出现产业组织者人才，还难以形成足够的、必要的制度安排。四是在政策上如何有所为有所不为。核心是哪些该支持，哪些不该支持；在不同发展阶段都该不该支持、该如何支持、支持多少等等。很多时候，陷入该支持的不支持，不该支持的支持。而应该是，纯公共产品属性的加大支持强度，准公共产品属性的优先支持，类公共产品属性的或市场化的引导足以。前期多支持，中期逐步减少，未来要形成自生的造血机制。

8.4 台湾工研院是否真的已过时了

整体而言，除却以往的国家重点实验室、国家工程实验室、国家工程技术中心、国家工程技术研究中心以及行业研究院等等，我国的新型共性技术研发组织兴起于 2000 年前后，最早是政府主导，后来是高校主导、再后来是院所主导，目前越来越呈现出"政、产、学、研、金、介、用"开放式创新发展态势。这其中，大量新型研发机构或者叫产业技术研究院都在学习台湾工研院，但很多都走了形。近几年新型研发机构的崛起，并不在于它多么新，而在于中国的产业发展阶段到了不得不依靠创新、不得不"真金白银"投入的阶段。从创新链角度来看，国际成功的共性技术研发组织的一个显著特点是在充分整合各方资源基础上，不仅关注共性技术研发，还把创新链的上游和下游紧密联系起来，形成了科技创新集群化的体系。从国内实践来看，真正做的比较成型、成器、成功、成熟的还不多。整体而言，我国台湾工研院具有如下特点及相关成功经验：

一是身份是法定机构而非临时机构。1973 年台湾颁布了《工业技术研究院设置条例》，成立了台湾"工业技术研究院"，定位于非盈利型、任务导向的产业技术应用研究机构，职能是研究开发产业技术、向企业进行技术转移。台湾地方当局提供充足而稳定的经费支持，而在专业方向制定、研究活动开展以及经营策略上，工研院则自主管理和运作；研究开发重点是实用技术，重点围绕科技成果商品化、产业化和市场化进行应用性研究开发，向企业提供技术转移和各项工业技术服务。新型研发机构的理想状态是社团法人，而非一般的民办非企业、企业或者事业单位。且伴随科技革命日新月异与产业大破大立，如今的新型研发机构越来越需要与基础研究相结合。

二是政府"输血"与产业"造血"相结合。工研院作为财团法人，工研院创办资金来自政府和社会的捐助，主要收入来源于合同研究开发和技术服务。开办初期政府提供充足而稳定的经费补贴，如1973—1983年政府补贴占其费用支出的60%；之后工研院的主要经费来源于研究开发项目经费和技术服务经费，实现没有政府补贴情况下的收支平衡。在产业技术创新、服务与供给过程中，工研院往往与企业建立联盟，研发项目大都与企业合作进行，政府资助一般不超过该项目预算支出的50%。

三是技术跟着人走而非跟着资本走。工研院实行技术与人员向企业整体转移和人才流动机制，基本形成研发、储备、流转相结合的发展结构。在向企业转让技术成果或将成熟技术推向社会兴办企业时，往往是技术和人员整体向企业转移，流动率在12%—30%，同时不断从大学和留学人员中吸纳新人，形成"一批人双向流转、一批人研发创新、一批人储备培养"的机制。

四是企业家市场驱动而非科学家兴趣驱动。最高决策机构是董事会，其董事长由行政院政务委员兼任，其余董事包括学术界名人尤其是重量级的产业界人士。在此结构下，根据产业需求的变化确定研发创新方向，转变策略和措施。

五是重视产业研究而非单纯的技术预测。工研院基于深入的产业研究，不仅把准和吸引了产业领军人物，还为后续的知识产权布局提供了基础，为后续的产业布局提供了前提。在项目选择机制上，将产业需求与前瞻性研究的结合，调查企业实际情况，邀请产业界及学界专家参与评审，或者以业界参与合作的方式确保符合产业需求。

六是强调技术整体扩散而非单一技术转移。工研院进行的大都是前瞻性和共性技术研究开发，开发成功以后再通过各种方式向企业转移，强调集中引进和研究开发技术，向产业界转移和扩散。如技术转移（包括针对个别企业的技术合作与技术服务、针对多家企业的共性技术研发以及前瞻

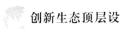

性技术研究)、成立衍生公司、孵化创新企业(成立了育成中心和投资公司,提供场地和部分初始投资,通常将一部分股权或捐赠作为对工研院的回报)。

七是开放式创新而非封闭式创新。工研院研发注重与学术界、产业界错位进行,技术研发机制主要包括自行研发、技术引进,以及与产业界、学界合作研究等多种形式。基础研究主要由学术界来承担,生产技术及配合销售则尽量由产业界完成,工研院则关注前瞻性和共性应用技术的研发,但是它与学术界、产业界又是紧密合作。

八是知识产权与激励机制明晰。工研院的知识产权管理制度以促进技术向企业转移和产业化为目标,在既尊重自身的知识产权,也不侵犯他人知识产权的基础上,确定知识产权的归属和转移办法。工研院员工的发明、创作、商业秘密等知识产权归工研院所有或可以优先实施及使用;工研院委托或接受委托,以及与他人合作研发技术项目时,其知识产权的归属依合同约定。每年都举办年度科技大奖,加强前瞻研究奖励、创新应用研究奖励、强化智权奖励、柳荫奖等;凡专利商业化且授权成功者,研发人员每一年都可分得高达25%的授权金。

8.5 美国的创新中心究竟怎么做的

2008年国际金融危机后,各国各地区更加重视创新工作,尤其是注重创新平台搭建。彼时最时髦的就是产业技术研究院,国内主要学习的是台湾工业技术研究院、德国弗朗霍夫应用研究促进学会、美国半导体制造技术研究联合体等。而这个过程中,美国奥巴马政府在"再工业化"和"重振美国制造业"战略实施过程中,着眼整合政府、学术界、产业界资源要素,提出构建全国先进制造业创新网络,以"确保新一轮产业革命发生在美国"。美国的"全国制造业创新研究网络"主要面向企业、大学、社会,提出由联邦政府出资10亿美元,在10年内创建15个(后增加预算增至45个)制造业创新研究所(IMI)。IMI是以德国弗劳恩霍夫研究所为蓝本,美国将建立15个独特的研究所作为区域制造业创新中心。每个创新制造研究所将由一个非盈利性组织独立运行,组成公私伙伴关系,旨在充分利用现有资源,促进产业界、大学和政府机构之间的合作投资。其活动包括应用研究和示范项目，以减少商业化新技术的成本和风险。其目标是开发、展示和商业化国内生产的新产品和新工艺，以及为提升国内制造能力培训各种技能水平的制造业工人。

IMI 的合作伙伴包括企业、大学、科技实验室、非营利组织、联邦政府、州及地方政府等。原则上，每个制造业创新研究所得到联邦政府资助 7000 万美元以上，非联邦政府及其他机构以大于 1：1 的比率提供配套资金。在初期，以联邦政府资金投入为主，两三年后逐渐减少，研究所的私人部门资金增多；5 至 7 年创新研究所通过会员费、收费服务、合同研究、产品试制等方式获得收入，逐步实现自负盈亏。每个制造业创新研究所成立一个独立的董事会，核心企业、高校等领导人担任董事会成员。董事长往往由关键企业领导人担任，负责研究所的运营，是一个区域制造业创新中心。其研发推广活动集中于某一种前沿性技术或流程，注重技术优势与产业优势的无缝对接，建立一个产业集群，共享关键设备和基础设施，并进行职业培训和提高员工技能。

从以上的案例中，IMI 成功的关键因素有这么四点：一是非盈利的机构性质，不仅有利于政府予以财政资助，还有利于确保机构在产业中的独立性及公信力；二是以应用研究、产业化示范为主间或人才培养、社会投资等的功能定位，不仅能够打破创新链上最薄弱的一环，还能向产业输送最关键的创新资源——人才；三是企业化的组织运行方式，更加符合现代市场经济体制，更有利于创新资源的高效循环及配置；四是前期政府为主以后逐步减少的投入机制，不但符合公共财政培育市场的宗旨和规律，也符合现代科研、创新机构的发展规律；五是自我造血的发展机制，一个一直需要政府输血的创新平台都是伪命题。

8.6 关键是处理好哪些重要的问题

纵观国内外运行较为成功成熟的新型研发机构，重点在发展机制、功能定位、运行机制、创新链条、主攻方向等方面处理好了若干关系，主要

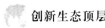

体现在如下六个方面：

一是在发展机制上，处理好政府、市场、产业、企业以及机构之间的关系，核心是从政府"输血"到产业"造血"。重点围绕哪些是政府解决市场失灵、哪些是政府培育市场、哪些由市场来配置资源、哪些由产业群体突围、哪些由龙头企业重点突破、哪些由院所主导，建立完善"产业导向、市场牵引、政府引导、企业主体、院所支撑、机构加持"的发展结构与发展机制。从技术生命周期上来看，政府重点加强对产业技术中前端（基础研究、共性技术、中试加速）的支持，中后端（商业应用、转移转化、产业化）更多地需要交由产业企业和市场，产业企业与高校院所需要有更多的股权纽带、商业关系与生态关系。前期政府加大投入支持，中期实现财政资本、产业资本与社会资本平衡，后期以自生发展为主。

二是在功能定位上，处理好智力资本开发、技术研发源头、科技创业原点、资本杠杆作用、科技服务集成、产业组织促进之间的关系，核心是从"单打一"到"组合拳"。一般而言，新型研发机构具有"有人才集聚、有技术源头、有创业流量、有产业组织、有科技金融、有科技服务"等特征。也就是以人才培养与流转为基石，将研发创新、科创孵化、成果转化、科技金融、服务集成、产业组织等功能有机结合。具体而言，强化技术研发与技术熟化、创业孵化与产业育成、成果转化与人才流转、科技金融与科技服务等功能，促进硬科技研发与高科技创业相结合、产业资本与财政资本相结合、企业家与科学家工程师相结合、新兴产业组织与科技服务集成相结合。

三是在运行机制上，处理好市场化运作、企业化运作、事业化运作的关系，核心是在纯公共产品、准公共产品以及市场化产品之间寻找平衡点。无论是以往自筹资金、自由组合、自主经营、自负盈亏的"四自"原则，还是近年来无级别、无经费、无编制的"三无"单位，抑或"不完全像大学、不完全像科研院所、不完全像企业，还不完全像事业单位"的"四不像"单位都是很好的尝试与实践，但并不意味着对于处于不同发展阶段的地区"一刀切"。某种意义上，新型研发机构需要时不同属性板块的综合体，不排除在整体上坚持市场化运作、企业化运作的同时，在局部坚持事业化运作。

尤其对于基础研究或者是人才吸引力薄弱地区，采用"一家多制"是需要的。一般而言，在纯公共产品供给方面，可在局部实施事业化运作；在准公共产品以及成熟产品供给方面，坚持企业化运作、市场化运作机制。

四是在管理界面上，重点处理好与外部监管、院所治理、项目管理间的关系，核心是从"管控"到"治理"。这三大界面，核心是主管部门与机构之间的外部监管关系、机构本身的院所治理以及项目管理的关系。从外部监管而言，往往是投入结构决定治理结构、产业导向决定资源配置、考核机制决定目标管理、机构属性决定监管模式。从院所治理层面来看，更多涉及决策机制、投入机制、管理机制、执行机制、组织结构等。一般而言，是坚持理事会领导下的院长负责制，赋之以专家委员会，以及行业院所条件平台（以研发创新及产业化为主的中台）+ 产业创新服务平台（以产业组织与科技服务集成为主的前台）+ 支援部门的结构（以产业研究与职能管理为主的后台）。从项目管理侧重于微观管理，包括选题机制、立项机制、研发机制、分配机制、激励机制、转化机制、盈利机制等。

五是在创新链条上，处理好产业化、转移转化、中试育孵、应用研究、基础研究之间的关系，核心是从中端向前端、后端延伸。不仅需要在基础研究、共性技术研究、商业应用研究、商品开发、工艺开发、产业化基本覆盖的基础上，需要结合自身情况突出重点和特色；还需要从正向的链式创新，到反向资源配置的逆向创新，再到垂直型的创业式创新。如以往的国家重点实验室主要从事基础性和应用基础性技术研发；国家工程实验室为整个产业发展提供关键、基础共性技术；国家工程研究中心将科研成果转化为适合规模生产需要的共性技术；而国家工程技术研究中心偏向促进产业共性技术的工程化、产业化。新型研发机构更多地在以往共性技术研发组织向前端和后端衍生，实现技术创新前端、终端、后端的贯通。对于很多地方而言，新型研发机构一定是立足制造根基、面向产业技术、抢占科技前沿，实现前中后端的贯通，尽管不同的阶段有不同的做法，最终用"四尖经济"（针尖产业、尖端科技、拔尖人才、顶尖平台）带动"四新经济"（新技术、新模式、新业态、新产业）的发展。

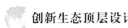

六是在主攻方向上，处理好"根技术、干技术、茎技术"之间的关系，对于不同技术提供不同的资源配置与服务供给。如果将根技术、干技术、茎技术基本等同于前端的基础研究与基础共性技术、中端的关键共性技术与瓶颈技术、后端的一般共性技术与工程技术，那么前端投入以政府为主，中端投入以政府和行业投入为主，后端投入以企业投入和买单为主。作为新型研发机构，在成果转移转化及产业化过程中，输出的方式方法亦不相同。

8.7 究竟需要达成和践行哪些共识

结合以上的分析与阐述，当前在建设发展新型研发机构过程中，需要在如下五个方面达成共识：

一是优化顶层设计。它的运作主体应该是一个具有独立法人地位、乃至法定权限的社会企业或社团法人，而非政府机构、事业单位或者完全的盈利性企业。坚持政府引导的企业化运作机制，当然在局部可以"一家三制"，用商业手段解决创新市场失灵的问题，做一个非盈利却能够盈利的社会企业，而不是"政府周边的企业"。需要在三个层面实现"一家多制"：在实验室层面，实现所有权与运营权分离、建管分离，主要是实验室资产经营公司与实验室管理运营公司分离。在下设研究所或实验室层面，偏基础研究、没人愿意做的可以国有公营；对于中间投入大的、但具有产业前景的国有民营，还有一种完全是民有民营。在项目层面，在立项环节就处理好所有权、使用权、处置权的分离。在这种结构下，在治理层面自认形成出相应的决策机制、监督机制、执行机制。此外，它应该是一个开放的生态，而不受哪个企业、哪个机构、哪个利益集团所左右，而是对整个行业发展负责，并且在空间上专业集聚、生态扎堆。

二是明确功能定位。作为产业创新服务平台，尽管功能是多方面的，但又不是手脚太长的。一般而言，研究开发、成果转化、创业孵化、技术服务、人才集聚、科技金融等是需要的，而后端的产业化一般较少。目前，很多地方往往是结合不同的行业特点、区域实际，具有不同的内涵、功能及其表现形式。但无一例外的是将产业链、创新链、资本链服务链有机结合、互联互通，从产业生态到创新生态中来，再从创新生态到产业生态中去。这要求，该组织的操盘手是一个具有战略科学家视野与企业家精神的产业组织者。进入大科学时代，具有超然洞见力、号召力、影响力的战略科学家是需要的，能够无中生有和有中生无的企业家精神是需要的，关键在于产业组织能力。

三是搭建新型平台。在以往开放实验室、行业技术创新平台、技术熟化中心、投融资平台、创业孵化平台、中试基地等基础上，加强概念验证实验室、场景模拟实验室、众包研发平台、跨国技术转移平台、离岸创业孵化平台等新平台搭建。

四是优化运行机制。这个运行机制，主要包括发展机制、决策机制、投入机制、激励机制、技术转移机制等方面。在发展机制上，一般是强调开放合作，主要是"政、产、学、研、金、介、用"多方共建，越开放越创新，越创新越开放。这其中，政府不要觉得予以财政支持，就有点不舍得、不放心的感觉，而用事业单位、国有企业的体制机制去做。在决策机制上，一般包括治理层面的和项目层面的，核心是董事会/理事会与管理层、不同部门、项目层纵向的领导、决策、管理、执行等方面的关系。一旦是政府机构、事业单位或者国有企业式的运作机制，这个创新平台的宿命往往是越往后搞得越庸俗化发展、没有生机和活力。在投入机制上，主要是各创新主体怎么投、投多少，尤其是政府机构在不同发展阶段发挥不同的作用、投入多少。无论是上述美国制造业创新中心的，以及大家所了解的台湾工研院所接受的外部环境都是典型借鉴。在激励机制上，主要包括对管理层、项目层在管理、科研经费、成果转化、产业化等方面的激励，有些是政策层面的问题，有些是体制机制的问题。美国在这方面，主要是针对科研、创新人员利用财政资金研发创新所产生的知识产权、技术成果的各类产权的相应制度安排已经非常成熟。在盈利机制上，核心问题到底是靠财政资助、横向课题收支、成果转化、社会资本等方式，还是其他的形式、有何主次。从目前成功的案例来看，这些虽然都是需要的形式或方式，但在发展时序、发展阶段上各有侧重。再就是技术转移机制，到底是成果转移转化、专利技术交易、技术服务、专利技术作价入股、还是科研人员独立创业等。最

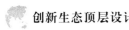

直接的当属科技人员创业，在研发和产业化愈发难以隔离的今天，"技术跟着人走"已成为技术转移最大的、最需要、最有可能成功的实现形式。

五是优化创新策略。对于很多地方而言，局部抢位领跑依靠的是科技创新，主体站位并跑依靠的是产业创新，优势补位跟跑依靠的是产品创新。在基础研究、产业技术创新、创业等等都是需要去试错的，但不能试无畏、无限的错。关键在于产业组织创新，也就是说不要用线性的思维，把科学家变成创业者，再变成企业家。而是通过产业组织把企业家、科学家、工程师、投资人等组合在一起，有些试错和弯路是不可避免的，有些试错或弯路是没有多大意义。我们需要通过全新的组织方式，促进质优创新资源与产业要素结合，促进研发生态、创业生态、服务生态、产业生态有机结合，系统性地降低研发创新、创业创新产业创新风险。在整个创新过程中，如果没有企业家的参与，以及企业家的偏执特质、认准了就干的创业者气质以及企业家创新精神、产业组织者组织能力，科技创新将是"窝里横"的闭门造车。

当前，世界各主要国家围绕前沿技术、知识产权、人才、教育等方面的竞争愈演愈烈。我国在芯片、集成电路等关键技术领域创新受困，面向未来的前沿技术领域原创实力不足等问题凸显，急需通过研发组织、模式和机制的革新突破束缚，强化关键共性技术、前沿引领技术、现代工程技术、颠覆性技术联合攻关和产业化应用。新型研发机构作为新经济时代引领融通型逆向研发、突破硬科技创业孵化、实现创新型精益转化的重要载体，将成为我国实现科技自立自强、促进科技与经济融合、升级产业链供应链的重要支撑。近年来，全国各地都在积极推进新型研发机构建设。但不可否认的是，新型研发机构的发展也暴露出诸多问题，很多并没有发挥出预期的作用。未来新型研发机构要进一步壮大发展、升级升维，只有回答和解决好如何优化顶层设计、如何明确功能定位、如何搭建新型平台、如何优化运行机制、如何优化创新策略等这些关键问题，才能在各地的科技创新中心建设中，在国家科技创新体系效能提升中，在实现科技自立自强中发挥好其应有的作用。

09 大学科技园区搭建创新桥梁

　　大学科技园是国际上最早的新经济源头和新兴产业策源地，也是我国创新型国家建设核心载体与服务平台，更是新时代支撑科技自立自强的战略力量与创新生态中枢。经过近三十余年发展，我国大学科技园在推动科技体制改革、科技成果转化、人才培养、校企资源融通共享、服务区域发展等方面取得一定成效。而伴随国家把科技自立自强作为国家发展的战略支撑，强化国家战略科技力量，提升企业技术创新能力，激发人才创新活力，完善科技创新体制机制成为当前的重要任务。大学科技园作为国家创新体系的重要组成部分，作为拥有高校创新源头的重要平台，需要在新时代高质量发展中发挥更加重要的作用。下文试图通过对当前大学科技园面临的"五大形势"、存在的"五大问题"、成功的"五大关系"、定位的"五大功能"、发展的"五大导向"、目标的"五个转变"等方面的阐述，来揭示当前大学科技园发展的基本判断，寻求一脉相承与环环相扣的发展逻辑与顶层设计。

9.1 大学科技园是新经济重要源头

9.1.1 大学科技园发源了新经济

　　1951 年，美国斯坦福大学打造了世界第一个大学科技园区——斯坦福研究园，并以此为发端，全球开始兴建大学科技园建设，美国先后兴建了130 余家大学科技园。而日本建立了筑波科学城等 20 多个科学工业园区，英国建立了剑桥工业园等高新技术开发区，等等。大学科技园充分发挥其在集群式创新的优势，通过企业孵化器群、技术研发机构群、高校科技产业群、教育培训机构群、中介服务机构群和配套服务机构群打造产学研创新集群，形成了具备新技术、新产业、新业态、新模式的创新生态。其中美国硅谷、

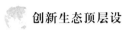

英国剑桥、中国台湾新竹等一流大学科技园，通过创客空间、双创基地、创客工厂等各类载体，以及导入社会资本、人脉关系网络，提供专业化社会关系网络，产生人才培养和产业培育、科技创新与体制机制紧密结合的新产业、新业态，引领全球数字化产业的发展，成为全球创新产业的高地。譬如近几年美国硅谷作为共享经济的开创地，诞生了一批例如 Uber、Airbnb、Snapchat 等在出行、数据、社交等领域的龙头企业；我国上海交大科技园集聚了"蓝领"、AR / VR、人工智能及共享经济四大领域的科技企业，培育出饿了么、小红书、商汤科技等多家高成长企业。

9.1.2 大学科技园的兴起与发展

20 世纪 80 年代初，经济体制改革改变了我国大学传统的封闭办学模式，在教育和科技体制改革驱动下，东北大学于 1990 年正式建立了我国第一个大学科技园，开启了大学科技园探索序幕；随后北京大学、清华大学、哈尔滨工业大学等高校相继开始大学科技园建设。1999 年，科技部、教育部印发了《关于做好国家大学科技园建设试点工作的通知》《国家大学科技园管理试点办法》，确定了清华科技园等 15 个大学科技园作为建设试点单位，大学科技进入了规范发展阶段。2000—2016 年，科技部、教育部先后出台了《国家大学科技园"十五"发展规划纲要》《国家大学科技园"十一五"发展规划纲要》《国家大学科技园"十二五"发展规划纲要》等多项文件，针对大学科技园的孵化能力、创新研发能力、要素集聚能力等方面开展指标评价。到 2014 年年底，全国累计认定 115 家国家大学科技园，同时各个地方政府也在组织协调、土地及基础设施建设、税收政策等方面对大学科技园给予大力支持，大学科技园发展的地方特色也逐渐形成，成为了国家技术创新体系中重要组成部分。2017 年，科技部、教育部启动了《国家大学科技园管理办法》修订工作，旨在进一步引导提升国家大学科技园发展水平。2019 年，科技部会同教育部发布《关于促进国家大学科技园创新发展的指导意见》，明确了新时期大学科技园发展方向。同时，启动新一轮国家大学科技园认定和大学科技园评估工作，进一步引导提升大学科技园在支撑高质量发展的关键作用，大学科技园进入新一轮高质量发展阶段。

9.2 如何看待中国大学科技园发展

9.2.1 我国大学科技园五大成就

从全球范围来看，大学科技园不仅是全球新经济发展的源头，还是教产协同创新与产教融合发展的核心载体，更是高科技创业带动高水平创新的战略性功能平台。从 1998 年起步探索，到 1999 年规范发展，再到 2010 年以来徘徊有进，中国大学科技园通过链接创新源头、强化创业源头、增强人才源头、孕育产业源头，实现了从无到有、从少到多、从小到大、从弱到强的发展，已成为高校科技成果转化、高新技术企业孵化、创新创业人才培养、服务社会经济发展的综合性平台。一是推动了高校科技成果转移转化。大学科技园一方面连接高校技术成果，一方面连接企业市场主体，在推动高校技术转移、促进科技成果产业化、开展产学研合作等方面发挥了重要作用，成为高校科技成果转移转化的重要通道、我国科技体制改革的重要平台。二是促进了高新技术企业孵化。改革开放以来，我国经历了个体户创业、乡镇企业创业、科研人员创业、海归创业和当今的大众创业等多次创业大潮，大学科技园在支持科研人员创业、吸引校友创业等高端创业方面发挥了重要作用，在电子信息、智能制造、互联网等若干新兴领域孵化出了一批知名高科技企业。三是加快了创新创业人才培养。大学科技园发挥自身资源优势，通过开设精品创业课程、开展训练营、举办多种形式创业大赛、建设大学生创业基地等形式全力打造创新创业教育第二课堂，补足高校创新创业服务体系，为大学生提供实习实训的良好条件，为高校创新人才培养提供了有力支撑。四是加强了校企资源融通汇聚。大学科技园依托专业学科资源，建立产业技术创新联盟，同时利用庞大的校友网络，吸引校友人才团队在园区开展创新创业，实现资源共享、促进产业的创新发展，已经成为集聚创新创业资源的洼地。大量企业的集聚使大学科技园具备反哺学校开展学科建设、进行人才培养的良好条件，为高校创新人才培养提供了有力支撑。五是带动了社会经济发展。国家大学科技园拥有高校的科教资源优势，是科技人才、创新团队和研究成果的集聚地，具有极强的知识扩散性、技术

辐射性、人才溢出性，为地方发展输送高端人才、先进技术和科技型企业，已成为区域经济发展的重要源头。

9.2.2 我国大学科技园五大问题

在新科技革命与产业变革，尤其是在"大众创业、万众创新"发展大潮中，受管理体制机制等制约因素影响，大学科技园尚未发挥出应有的作用，总体上存在"创新创业层级不高、科技成果转化不力、科技集成服务不济、产教跨界融合不够、开放创新生态不优"五大问题。一是创新创业层级不高。目前大学科技园汇集的各个领域的创业者中主要以大学生为主，而科技研发人员、科研成果所有者等高能级创新创业人才则相对缺乏。大学科技园已孵化企业涉及多个行业、多个领域，但聚焦技术变革、锚定硬科技攻关的企业数量较少，特别是紧密结合当地资源和实体经济开展的创新创业创造较少。二是科技成果转化不力。大学科技园从事科技成果的转化的人员中缺乏懂技术、懂管理、懂市场的复合型人才；尚未完全具备提供专业化的发明评估、质量管理、市场分析、商业推广、交易估值、谈判签约等系列服务业的能力；资金缺乏仍然制约大学科技园科技成果转移转化工作的开展。三是科技集成服务不济。与当前企业、产业发展的服务需求相比，大学科技园在面向企业全生命周期、产业链全链条的集成化服务能力上相对不足。四是产教跨界融合不够。大学、大学科技园、企业在权利、义务、风险、利益等相关问题上缺乏一定的制度保障；大学科技园在链接高校和产业，反哺高校学科建设上成效不显著。五是开放创新生态不优。大学科技园具有连接高校、企业、政府以及科研机构多方资源的平台优势，但目前优势尚未充分转化为发展助力，围绕大学科技园的创新创业生态还未完全建立。

9.2.3 我国大学科技园五大形势

伴随"新一轮全球化、产业技术革命、双创纵深发展、创新驱动战略、科教融通战略"五大发展形势，需要从政策层面进一步强化国家大学科技园的发展地位、赋予其更大发展空间、发挥好示范引领作用。一是新一轮全球化加速创新资源的流动和重新配置。大学科技园作为集聚国际创新资源的重要载体，具有广泛的国际科技合作渠道、链接海外人才、开展国际科技合作、建设跨境离岸孵化平台的优势。通过建立起适应科技发展新要求的宏观管理体制、科技体制、现代企业制度，从而营造出一个良好的创新环境，吸引更多的科技人才，完善人才与技术引进消化吸收再创新的形式。二是产业技术革命推动跨界融合不断拓展双创领域。大学科技园作为培育新产业、新业态、新经济源头，在凝聚创新人才、孵化创业企业、营建创新网络中具有先天优势，通过高校的科技成果和人才溢出效应，以及高速的科研成果，培育一批新技术促进传统产业升级，推动大学科研成果直接应用于园区企业，引领企业生产技术的跨界融合，为创新产业生态营造提供基础。三是双创纵深发展提出新一轮高质量发展新要求。大学科技园作为双创的源头，拥有丰富的科研人员、大学生群体、校友人脉等资源软实力，前沿的基础研究能力、雄厚的硬件研发条件等创新硬实力，需要围绕前沿技术领域开展一批具有引领性、颠覆性、原创性等具有较高技术门槛和技术壁垒的创业活动，催生孕育出一批全新的产业与业态，推动双创活动向着更深层次发展。四是创新驱动战略实施亟须强有力创新源头支撑。大学科技园需要更加注重发挥依托高校源头创新的作用，关注科技中小企业及初创企业的发展，促进产学研用深度融合，最终通过协同化、生态化、区域一体化为核心，提升创新源头的质量，推动创新驱动战略的高质量发展。五是科教融通亟待加强多元创新主体之间的协同。大学科技园是高校体系的重要部分，是高校职能的重要延伸，也是高校贴近市场的前沿阵地，利用其在应用型学科建设、创新人才培养模式、推动成果转化的天然优势，打破单位、部门、地域界限，促进科研院所、高校、企业、创客等创新主体协作，推动人才、资本、信息、技术等创新要素自由流动和优化配置，打造开放创新平台，构建良好创新生态。

9.2.4 我国大学科技园五大转变

当前阶段，新一轮科技革命加速发展，带动社会生产生活方式、产业组织方式、思维方式发生了巨大的转变，创新的周期在不断缩短，创新的风险及不确定性也在不断提高，需要通过企业、高校、政府等多方主体协同，形成共同分担创新成本和风险的制度安排，促进技术、人才、金融等创新要素深度融合，提高创新的效率。需要推动大学科技园实现"从创业企业孵化到双创活力激发、从科技成果转化到新兴产业育成、从综合服务社会到科技服务集成、从教育产业分离到产业教育融通、从政产学研一体到开放协同创新"五个转变，支撑大学加快从创新源头到创业源头、从研发后台到创新前台、从精神后花园到双创火炬手、从科教智力蓄水池到创业创新策源地方向战略转变，全面支撑带动我国创新创业纵深发展。一是从创业企业孵化到双创活力激发。大学科技园过去主要围绕创业企业需求，以园区空间为载体，以"创业教育 + 孵化服务 + 孵化投资 + 开放平台"的内在资源集聚体系为手段，成功孵化出了一批企业。如今需要立足背靠大学的优势向激发更大范围双创群体活力，重点挖掘大学生、科研人员创业潜力转变，支撑大学加快从创新源头到创业源头转变。二是从科技成果转化到新兴产业育成。大学科技园作为大学的过去聚焦大学科研成果转移转化工作，通过技术加资本的运作机制，有效加强了产学研的合作。如今作为大学实施产、学、研一体化的重要载体，需要从简单的转移转化大学科技成果向关键技术培育、前沿科技成果产业化、新业态培育等集成形态的科技中介服务平台转变。三是从综合服务社会到科技服务集成。过去大学科技园更多依托高校资源，作为第二方服务提供者的角色，为创业企业提供空间场地、资金等基础服务。如今需要运用平台的理念，围绕创新链条集聚和整合高校科技及社会服务资源，从过去第二方服务者向以科技服务组织者身份转变。四是从教育产业分离到产业教育融通。大学科技园过去主要关注大学内部循环，与产业链结合不足，教育和产业之间尚未形成有效的联通机制。凭借链接大学和产业的天然优势，需要更积极发挥枢纽平台作用，推动学科专业与产业需求精准对接，加快产教协同育人，向产教融合发展的重要先行者转变。五是从政产学研一体到开放协同创新。随着创新要素跨国流动加快，创新技术复杂程度增加，创新链条上的各个环节难以在单个产业、区域甚至国家内完成，大学科技园需要从之前强调创新要素空间集聚向营造创新创业要素高效便捷的跨境流动生态转变。

9.3 大学科技园区源自创业型大学

创业型大学始于二战后的美国，在 20 世纪 70 年代美国中小企业迎来繁荣发展时期，并在 20 世纪 90 年代世界步入知识经济掀起全球热潮，并逐步成为区域、国家创新的引擎，经济发展的发动机。这种创业型大学是一种具备强烈创新创业精神、具有较强成果转化、商业化能力的新型大学，它通过拓展传统教学与科研职能，扮演区域知识创新主体角色，与政府、产业界建立新型紧密合作关系，拥有跨学科研究中心、衍生企业、技术转移办公室等创业型组织。我国大学需要把握好当前创新经济发展的特点趋势，积极借鉴国外 MIT、斯坦福、华威大学等成功创业型大学的发展经验，探索向创业型大学转型，更好地推动区域、国家创新经济发展。

9.3.1 麻省理工学院

麻省理工学院（简称"MIT"）是全球最早践行创业型大学模式的大学，也是全球最知名的创业型大学之一。MIT 在创立之初就含有创业型大学建设理念，经过探索期、形成期和完善期三个阶段的发展，成为世界最顶尖大学之一。创业型大学探索期（20 世纪 30 年代　70 年代）：两次世界大战的军工研究促进 MIT 与政府、企业合作，形成"大学—企业—政府"三方合作模式；20 世纪 30 年代，"五分之一"原则的建立使教授参与企业工作合法化；1933 年，MIT 成立专利委员会，保障师生专利权；1946 年，联合哈佛成立美国第一家风险投资公司——美国研究与开发公司，促进高技术中小企业发展；60 年代，斯隆管理学院开设第一门创业课程——"新企业家"。创业型大学形成期（20 世纪 70 年代 –21 世纪初）：1978 年 MIT 成立企业论坛，形成以校友为主体的全球商业系统，随后相继成立多个与"创业"相关的学校组织和学生社团；1996 年创业中心的建立标志着 MIT 创业生态系统形成。创业型大学完善期（21 世纪初至今）：2002 年成立 Deshpande 技术创新中心，2008 年成立斯隆产业中心，逐步建立和完善创业组织，凝聚成互相联结的创业支持网络体系；2013 年，开展 MIT 创新计划，完善 MIT 创业生态系统。

MIT 在创业型大学创建过程中形成了四大特色：一是形成独有的 MIT

模式，即"大学—企业—政府"三螺旋模型作用关系。率先改变了传统研究型大学由学术研究到实际应用的发展模式，结合美国"赠地学院"由实际应用出发开展研究，采用正向和反向的，沿着非线性的交互创新模式发展。二是搭建不同功能的平台机构，MIT 拥有数十个学校官方组织和学生社团支持创业活动和创业教育。MIT 相继形成十多个创业组织机构，从平台搭建、资源链接、创业理论研究等多方面支持学校的创业活动和创业教育。所有机构由学校教职工负责管理，独立运行又相互配合，形成互相联结的网络体系。如 MIT 技术许可办公室、MIT 创业中心、MIT Deshpande 技术创新中心等。三是成立六十多个跨学科研究组织，促进产学研的深度合作。MIT 共有六十多个跨学科研究组织，各组织的研究均以社会经济发展需求为导向，突破传统学科的界限，已成为学校科研的支柱。每个跨学科研究组织独立运行，由组织内部人员管理，但受学校层面人员如分管科研副校长的监管。跨学科研究组织包括跨学科实验室、跨学科研究中心、跨学科研究计划和跨学科研究课题四大类。四是形成以 MIT 创业中心为核心的创业教育生态系统。MIT 形成了以创业中心为核心的创业教育生态系统，使学校、企业、政府与学生之间彼此关联、相互促进，主要包括创业教育组织机构、创业课程、师资队伍和创业实践四个部分，并有咨询教授制度、MIT 创业大赛等。

9.3.2 斯坦福大学

虽然 MIT 是创业型大学发展的鼻祖，但位于美国硅谷的斯坦福大学却是全球创业型大学发展的典范，不仅建立了大量创业型大学新型组织机构，也率先制定出台诸多新的推动创业型大学发展的制度规范，并在创业型大学建设方面取得了举世瞩目的成绩。回顾斯坦福创业型大学的发展历程，大致分为萌芽、发展、成熟三个阶段。萌芽阶段（20 世纪 40–70 年代），斯坦福大学在校内成立了很多由学生管理的小公司。学校为学生提供水电、通信、房屋等附属设施，提供法律和商业咨询和投资者的信息等。但 20 世纪 40–70 年代正值美国大工业时代，小企业没能得到很好的发展。这一时期科技园的成立（1951 年）对斯坦福创业型大学发展具有重要意义，为企业孵化、技术转移打下了良好基础。发展阶段（20 世纪 70–90 年代），校内出现大量创新组织机构。20 世纪 70 年代以来美国大工业经济衰退，中小企业成为经济发展重要推动力，社会对创业型人才的需求大幅增加。伴随着 1980 年美国国会通过《拜杜法案》，促进大学知识产业化和资本化，斯坦福校内出现了大量创新组织机构。成熟阶段（21 世纪初至今），形成了完善的创业体系。21 世纪是创新创业的时代，具有创业知识、创业能力和创业精神的人才是支撑中小企业发展的原动力，社会对创业型人才需求越来越旺盛，斯坦福创业体系逐步完善。

斯坦福创业型大学建设的特点包括：一是"硅谷之父"弗雷德·特曼校长采取关键举措推动斯坦福发展。他重点学习借鉴了 MIT 与产业界紧密合作的办学模式，并采取一系列举措推动斯坦福向创业型大学转变，这些关键举措包括建立世界上首个大学科技园，鼓励全校师生创办高技术企业，设立如产业联合项目及荣誉学位项目的产学合作项目，进一步推动与产业界互动联系、引入大量优秀教师及富有实践工作经验的咨询教授等。二是建立独立跨学科研究中心等新型学术组织。与 MIT 一样，斯坦福也拥有大量的跨学科研究中心，这些跨学科研究中心成为推动斯坦福开展各类前沿研究、产学研究的关键。中心与学院行政级别相同，核心任务是进行跨学科研究，其研究具有项目导向性、学科交叉性、组织开放性的特点。除研究外，中心还提供研究领域的跨系科课程但不授予学位、不提供学分。三是建立技术许可办公室（OTL）加速科研成果转化。斯坦福大学技术许可办公室成立于 1970 年，是美国历史上第一个技术许可办公室，比其他受到《拜杜法案》鼓励才迈出这一步的大学早了 10 年，是技术转移市场化的先行者。OTL 的主要职责是管理知识产权，促进技术专利的商业化。四是拥有全球最成熟的咨询教授制度。虽然肇始于 MIT，但全球咨询教授制度最成功的当属斯坦福大学，不仅拥有数量庞大的咨询教授，也建立了较为完善的咨询教授推荐和考核制度，规范了咨询教授的工作职责和享受的权利。斯坦福大学的咨询教授与国内一般高校所谓的"兼职老师"及大量进校演讲的专家、嘉宾非常不同，其拥有自身的独特地位及完善的制度。五是拥有完善的创业教育体系。斯坦福大学拥有非常完善的创业教育体系，主要体现在创业课程设置、

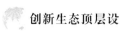

创业研究、创业实践、师资队伍建设四方面。六是建立完善的创业网络，推动师生创建大量高技术企业。斯坦福建立了完善的创业网络推动师生创业，主要包括校方组织、学生组织及科技园三部分。

9.3.3 以色列理工学院

以色列理工学院是全球最知名的理工学院，与 MIT 和英国帝国理工齐名，同时也是全球及亚洲最具代表性的创业型大学，是"创业国度"以色列经济发展重要引擎。学校位于以色列海法市，成立于 1912 年，1924 年开始招生，是以色列成立最早的大学。以色列理工学院在 20 世纪 90 年代通过设立科学园、跨学科研究中心等快速向创业型大学转型，取得了显著成就。如 70% 校友受聘于推动以色列经济发展的科技公司，25% 毕业生任职大机构的总裁和副总，50% 在美国纳斯达克上市的以色列公司由学院毕业生创立，并由 68% 毕业生领导，23% 毕业生至少创立一家新公司，41 名毕业生登上邓白氏"全球首 125 名商界领袖"行列。

以色列理工学院在创业型大学创建中形成了四大特色：一是成立科学园，孵化技术创新项目组建公司。以色列理工学院科学园成立于 1991 年，被称为"以色列理工学院企业家孵化器"。以色列理工学院企业孵化器有限责任公司对科学园进行独立经营和管理。入园项目需满足一定条件，如从技术研究开发到生产产品等一系列技术需具有创新性，技术产品具有国际市场等。满足入园条件的项目由项目人员与科学园签订协议，协议包括学校不能抽调科学园的利润以及项目孵化期不得超过两年等。入园后，科学园帮助项目进行运行和管理，制定资金、生产和市场战略，寻找投资公司和投资人、合作伙伴，以及提供法律援助、申办专利等服务，使项目避免技术风险，在两年孵化期里孵化成功，发展成为新兴公司。二是成立研发基金有限公司，下设多个部门全面推动学校科学研究及科技成果转化。以色列理工学院研发基金有限公司是以色列理工学院的全资子公司，设有研究机构、联络办公室、技术转移办公室、以色列金属研究所、继续教育、人力资源六个部门以及创新知识中心和机会投资基金，全面推动学校科学研究及科技成果转化。三是成立创业中心，开设创业教育课程，开展创业活动，并为创业学生提供咨询服务。Bronica 创业中心成立于 2006 年，通过开展创业教育课程、举办创业大赛、提供创业咨询服务、举办创业活动等服务于以色列理工学院的全体学生、教职工和校友，以培养学生创业精神，丰富学校创业文化。四是组建多个跨学科研究中心，根据产业界需求来开展研究。以色列理工学院的研究中心多为跨学科研究中心，其与产业界联系紧密，通常根据产业界的需求来开展研究，使科研成果快速转化为实际应用。学校拥有 Lorry I. Lokey 生命科学和工程中心、Russell Berrie 纳米科技研究所（RBNI）、计算机工程中心等知名的跨学科研究中心。

9.4 优化大学科技园发展顶层设计

9.4.1 处理好大学科技园五大关系

根据国内外大学科技园发展经验，发展较为成功的大学科技园往往处理好了五个方面的关系，即前台与后台、所有权与经营权、教育与产业、市场与政府、园区与企业的关系。一是处理好大学科技园与依托大学的关系，这种大学往往是具有良好创新创业氛围及传统的高水平创业型大学、研究型大学，这种大学科技园往往能够成为高校科技成果转化、高新技术企业孵化、创新创业人才培养、服务社会经济发展的综合性平台；二是处理好大学科技园所有权与运营团队经营权的关系，大学搭台让专业的人做专业的事，建立吸引专业化人才的激励机制往往是大学科技园发展的重要保障；三是处理好教育创新与产业发展的关系，作为教产协同创新与产教融合发展的核心载体，大学科技园支撑大学加快从创新源头到创业源头、从研发后台到创新前台、从精神后花园到双创火炬手、从科教智力蓄水池到创业创新策源地方向战略转变；四是处理好市场与政府的关系，一方面如何发挥政府的引导作用，回答在什么阶段提供什么支持、承担什么公共服务职能，另一方面符合坚持企业化运作、市场化运作，建立自生能力与自成长发展机制；五是处理好科技园与企业的关系，需要从与创业企业的"房东—租客"关系向共生共荣的开放创新生态圈方向转变，尤其是协助创业企业高速或爆发成长并分享其成长的价值增值。

专栏：深圳虚拟大学科技园

深圳虚拟大学科技园成立于 1999 年，是我国第一个集成国内外院校资源、按照一园多校、市校共建模式建设的创新型产学研结合示范基地。大学科技园用地面积 28.4 万平方米，聚集了 65 所国内外知名院校，包括：清华大学、北京大学等 49 所中国内地院校，香港大学、香港中文大学等 6 所香港院校，佐治亚理工学院等 7 所国外院校以及中国科学院、中国工程院院士活动基地和中国社会科学院研究生院，建立事业单位建制、独立法人资格的成员院校深圳研究院 51 家；园区实行三级管理，不断探索新型人才培养方式，搭建完善的服务平台，已成为成员院校深化教学科研改革、服务社会、支持地方经济发展的重要阵地。截至 2019 年，科技园累计孵化科技企业 1424 家，承担国家级科技项目 1501 项，省部项目 350 项，市级项目 2126 项，获得专利 1866 项，软件著作权 344 项，转化成果 2237 项，逐步形成了特色鲜明、专业突出的高端人才宜聚地、研发机构聚集地和中小科技企业集散地。

一是实行"一园多校、市校共建、三级管理"。通过设立联席会议作为决策机构，由深圳市科技创新委为执行管理机构，负责协调、指导和帮助各成员单位在深圳开展工作，同时设立深圳虚拟大学园管理服务中心作为日常管理服务机构，负责入园院校、研发机构、孵化企业提供服务，打造技术转移平台，营造创新发展环境。三级管理模式有效解决各管理主体职能模糊的问题，建立起多方主体协同工作的有效机制。

二是发挥高校资源优势，创新人才培养方式。依托虚拟大学园科教进修学院，充分利用入驻院校的科教资源在深圳开展人才培养工作，形成了从短期专项培训到为企业量身定做的订单培训，从专业深造专本科学位到硕士、博士培养的完整体系。同时，入园院校博士后流动站和深圳企业博士后科研工作站共建了"虚拟大学园博士后工作站平台"。此外，在政府支持下，深圳虚拟大学园投资建设了大学生创业基地扶持大学生进行创新创业工作；与企业联合建立了研究生实习基地，与各院校研究院合作引进研究生。

三是搭建公共服务平台，完善园区服务体系。园区依托院校，采取政府支持、自主投资、企业合作等多种方式，建立了"深圳虚拟大学园重点实验室（工程中心）平台"。目前已搭建"深圳虚拟大学园国家重点实验室（工程中心）平台"，在深设立研发机构 187 家，其中获批市级以上重点实验室、工程实验室等创新载体 74 家，已建成 16 家产业化基地。这些科研机构既为入孵企业提供技术攻关、难题解决、科技成果和智力支持，也为企业提供仪器设备共享和科技资源服务，并逐步形成了以政府支持为背景，以院校重点实验室为依托，以市场为导向，以企业需求为牵引，面向市场、面向企业的开放式、共享型公共技术研发平台。四是推动深港合作，打造创新引擎。深圳虚拟大学科技园充分利用毗邻香港的优势，在深港技术交流、科技成果转化等方面先行先试，建立了较好的合作基础。经过 10 多年发展，香港大学等 6 所院校在深圳高新区设立大学研究院，依托虚拟大学园平台，开展科学研究、联合人才培养、培育高科技创业企业，取得了良好成效。

9.4.2 提升大学科技园的五大功能

围绕中国大学科技园有"五大问题"、"五大形势"、"五个转变"、"五大关系"，在打造高水平国家大学科技园过程中，同样存在"五大功能"、"五大定位"以及"五大导向"。这"五大功能",便是创新创业赋能、新兴产业育成、科技集成服务、科教跨界融通、开放创新生态,分别回答了新时期大学科技园建设发展的动力、主线、支撑、特征及途径。一是创新创业赋能。作为能够联通高校内外部创新主体的重要枢纽平台,需要通过更加顺畅的体制机制设计,更加专业化、市场化、智慧化的服务手段,将技术、人才等创新资源,渠道、供应链等市场资源,金融、知识产权等服务资源,以及政策资源集成,围绕企业、创业团队及不同主体、不同阶段的创新创业需求,实施精准重度赋能,加速企业成长。二是新兴产业育成。充分发挥大学在优势学科与前沿技术领域的创新源头优势,重点围绕国家战略新兴产业、未来产业、原创产业,区域优先重点发展产业,积极开展校企合作、共建实验室等形式解决产业技术瓶颈。进一步挖掘校内创新要素活力,强化以场景创新为引领的产业育成机制,引导高校师生、科研人员开展技术创新、产品创新、服务创新、业态创新等形式在内的创业式创新,形成一批聚焦数字、大健康等前沿领域的新物种企业。三是科技集成服务。大学科技园具有引进研发机构、技术转移、产业孵化、成果转化、投资融资等"全流程"集成服务能力,通过围绕创新创业企业多元化服务需求,提供全方位、一站式、低成本的专业化服务,促进产学交流与合作、科技与金融和成果转化的良性互动发展。四是科教跨界融通。聚焦产业发展、科技创新与高校教育改革发展中的关键环节,充分发挥平台作用,成为高校与企业、科研院所之前创新供需对接、资源转化、价值交换和利益共享的平台,将科研原始创新、高水平队伍凝聚与创新人才培养密切结合、协同发展。五是开放创新生态。大学科技园作为链接高校、成果转化等机构的枢纽平台,解决创新主体之间的孤岛效应,形成创新主体、创新要素之间的协同效应,打造主体融通、要素融汇、价值共享的开放协同的创新体系、创新生态链、创新共同体,推动"产、学、研、金、用"等多元创新参与者的协同创新、大中小型企业融通创新。

9.4.3 强化大学科技园的五大定位

这"五大定位",便是科技创新创业栖息地、新兴产业育成加速器、

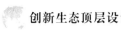

精准科技服务集成商、产教跨界融通链接器、开放协同创新生态圈。一是科技创新创业栖息地。打造开放融通的创新创业环境，为高校师生、科研人员、科学家、校友等高水平创新创业人才、科技型创新创业企业提供宜居宜业的生活环境、开放的大学和科研院所创新环境、集聚创业资本和风险投资家的专业投资环境和专业服务的载体平台、多元融合的创新创业文化，成为硬科技企业、前沿科技企业的集聚发展的栖息地。二是新兴产业育成加速器。更加前沿产业、未来产业培育和挖掘，依托丰富的产业资源，以重点产业领域为核心，以产业人才和科技人才为中心，以市场需求为驱动，链接和搭配产业发展其他关键要素，成为新兴产业的加速发展的重要加速培育。三是精准科技服务集成商。更加强调创新资源组织，以创新创业企业、产业需求为导向，通过平台化组织模式、数字化智慧化手段、开放协同的合作机制实现科技服务资源的高效整合和配置，为企业创新、产业创新、区域创新提供专业化、精准化服务。四是产教跨界融通链接器。推动高校改变封闭办学、自我循环的局面，精准对接行业需求和社会需求，推动高校加快融入产业的技术进步链条、融入行业的发展，成为实现产教双方的各种资源要素互相转化、互相支撑的重要连接渠道。五是开放协同创新生态圈。依托高校重要创新源头，要加快成为创新生态的组织者、建设者，形成涵盖高校内部和外部、产业链上中下游、知识产权、科技金融等多元服务机构、政府和企业等各相关方共同参与、有效协同的创新生态圈。

9.4.4 全面拥抱第三代大学科技园

当前，创业需求加速多元化，第四方的服务集成更加迫切；只有上升到资源链接与资源配置的高度，才能具有平台感、才能有开放创新生态圈、才能有海量的流量，第三方的资源链接组织更加需要；只有通过精准的、精细的创业服务以及"高标准准入、高精准服务、高效率成活、高水平毕业"服务机制，才能批量化产生高水平创业，第二方精准孵化运营成为发展趋势。用第四方的段位、整合第三方资源、专业从事第二方服务，打造区域创新生态圈成为大学科技园发展的重要方向。在此背景下，具有互联互通、共生共荣、共同成长为特点的第三代大学科技园应运而生，而"第四方的科技服务集成商＋第三方的资源链接组织者＋第二方的精准孵化运营商相结合＝区域创新生态建设者"成为重要的发展方向。很多大学科技园都需要加快形成具有平台感、生态型、源头化的社会企业，平台感就是以上所说从第二方走向第三方、第四方，生态型就是在政府机构、高校院所、产业企业、服务机构之间形成开放创新生态圈，源头化就是成为创新创业、双创人才、新兴产业的源头，社会企业就是利用商业手段解决服务社会的发展问题。

9.5 国家大学科技园五大发展导向

9.5.1 激发创新创业活力

激发创新创业活力是大学科技园开展科技"双创"工作的必要条件，大学科技园要着力全面激发创新创业活力，推动科技创新创业高质量发展。激发创新创业活力不仅要搭建质优双创平台，更要提升创业创新层级。搭建质优双创平台，要面向技术创新全过程与企业成长全周期，为创业企业提供精准的深度服务，创新服务手段，实现创业服务全面升级，加快由"服务"向"赋能"转变，要提升创新资源整合和配置能力，构建共享协同的创新技术支撑平台和产业服务体系，建立并完善全链条、全要素、全社会、多功能、多形态以及互联互通、开放创新的科技创业创新服务平台。提升创业创新层级，要吸引和支持大学生、技术研发人员、科学家等掌握前沿技术的高水平创业者到大学科技园兴办企业，引导其开展"有效的创业行为"，要发展多元化创业类型，鼓励有能力的企业和创业者开展跨界创业、连续创业，支持高校院所科研人员与企业家、投资人等社会主体开展联合创业，实现以创业带动创新，以创新促进创业。

9.5.2 加快新兴产业育成

大学科技园应顺应时代发展潮流，依托自身优势加快培育新兴产业。一方面，要推动科技成果转移转化。聚焦产业发展全过程，充分利用高校的人才和专业优势，与科研院所和科技型企业合作开展技术研发与攻关，通过将科技成果有偿转让给企业的方式提高市场化运作能力，促进前端科技合作、中端成果转移与后端成果转化。另一方面，要强化新兴产业生成。

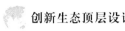

锚定"卡脖子"技术、黑科技等关键核心技术，强化技术熟化推广、一站式技术转移、技术孵化转化、新产品新技术概念验证等多元化产业育成服务，着力提升实验室技术快速产品化、商业化、产业化的组织实施能力。

9.5.3 强化精准服务供给

大学科技园围绕新时期高水平创业者、新兴产业发展所产生的新需求，不断提升专业化、集成化、平台化服务能力。一方面要不断提升专业服务水平，围绕提升创业者洞见能力、创业企业创新资源链接能力两大核心，打造专业化服务队伍，链接技术、资本等创新要素进一步提升专业化、平台化、资本化、国际化发展水平，加快建设第三代大学科技园。另一方面还要强化科技服务集成，要全面推动国家大学科技园从形态开发、功能开发向功能开发方向转变，充分运用第四方思维、整合第三方资源、精准第二方服务，发展成为地区创新生态建设者。

9.5.4 促进产教跨界融通

发挥平台优势，打造产与教叠加贯通、协同联动和集成转化的生态系统。一方面要促进产业资源配置，通过继续推动创新创业实践基地，开展联合人才培养、产学研合作等形式，促进教育与产业两大系统内人才、资本、技术、经验知识等创新资源的高度聚合、双效流动与优化配置，提升创新资源配置能力。另一方面还要开展创业教育培训，搭建创业实验室、创业学院等平台，培育一批适应跨界融合发展趋势的复合型、应用型、开创型创新创业人才，加快将创业教育作为促进产教跨界融通的重要突破口，从创业创新人才培养源头强化产教融合。

9.5.5 营造开放创新生态

发挥大学科技园在依托校内、合作地方、链接海外等方面的多重渠道优势，强化第三方、第四方服务平台作用，整合各类资源，构建更加开放的创新创业服务生态。一方面要强化后台带动支撑，完善与高校协同创新机制，引导高校内部科研设备、数据文献等资源开放，面向社会提供各类基础技术服务。另一方面要深化与区域协同发展，在区域在企业培育、产业促进方面发挥更大作用，同时获得更大力度的大学科技园政策支持。此外还要加强全球高端链接，利用高校的国际科技合作渠道，开展国际技术转移、国际交流活动，链接国际创新资源，带动区域国际化程度提升。

大学科技园是依托高校科教资源服务地方经济发展的重要平台，肩负着推动科技、教育、经济融通发展社会责任和使命，是国家和区域科技创新、产业培育的希望所在。在新一轮科技革命和产业变革加速演进的时代背景，在推动高质量发展的时代命题下，仍然需高校、地方政府、大学科技园等共同发力，进一步提升大学科技园在创新资源集成、科技成果转化、科技创业孵化、创新人才培养、开放协同发展等方面的重要作用。对于高校来讲，要充分认识大学科技园在高校人才培养、学科建设、服务社会等方面所具有的重要功能，真正将大学科技园作为实现科技、教育、经济融通发展的枢纽，充分发挥高校源头创新功能。对于地方政府来讲，需要更加重视大学科技园建设，在发展政策上给予更大的支持，依托大学科技园加快构建具有源头的区域创新体系，支持地方创新驱动发展。对于大学科技园来讲，要加快认知升维和能力升级，要大胆探索、敢于创新，处理好与依托高校、所在地政府、与产业发展、企业培育、市场化运营模式等关系，加快实现从 1.0 的空间开发建设、2.0 的基础服务向 3.0 的创新创业生态建设升级。

10 天使投资平台点燃创业引擎

天使投资是指超越世俗得失及回报、对早期项目展开的直接权益投资，具有依赖人脉网络、投资程序简约、专注早期项目、引而不控等特点，本质是"拿输光了都不在乎的钱赌一个伟大的梦想和未来"。在新经济发达区域，很多"天使"往往是成功创业者或大公司高管，他们具有深厚的业界人脉、行业背景和管理经验，不仅能为创业者（企业）提供外部资金支持，还能为其导入专业人员、关键资源等，给创业者（企业）带来全新的视野、业界关系、后续投资，更能够在企业战略、商业模式、具体实施等方面提供高水平指导，从而大大降低创业试错成本，有效提高创业企业的成活率。天使投资通过人脉链接将整个地区所积淀下来的技术、知识、经验迅速聚集并充分调动起来，完成了创新循环中最重要的环节，使得一两个点子、一两项技术加几个创业者最终演变为高技术大公司或上市企业。天使投资作为原创思想、原创技术及全新的商业模式的主要发掘者和育孵者，不仅是点燃创业之父，还是锻造原创之母。

10.1 天使投资网络是创新生态枢纽

创业是一个试错的过程，尤其是高技术创业或科技创业，成活率往往较低。天使投资的出现，使得创业资源不再贫困、创业行为不再孤单、创业成本不再高昂。它借助自身特有的作用及特点，支撑了创意创新创业资源要素的闭环，成为创新经济发展的导师。

10.1.1 天使投资点燃科技创业引擎

当创业行为嵌入一种具有"传帮带"创业文化、生生不息创业精神的网络环境中，创业资源不再贫困、创业行为不再孤单、创业成本亦不再高昂，其条件假设在于天使投资的出现。"天使投资"一词最早起源于纽约的百老汇演出，指富有的个人出资帮助一些具有社会意义的文艺剧目进行训练、彩排及演出，它最初具有一定的公益捐款性质。后来天使投资被运用到经济领域，并随着社会的发展不断演进，经历了一个从简单（点对点的个人行动）到复杂（节点对创业的集体行动）的发展历程。从历史演进中，我们可以看出天使投资的内涵不断深化、外延不断扩大。它超越了对早期项目单纯的直接权益投资行为，而是基于产权纽带的链接，为创业者（企业）提供精神鼓舞、经验传递或业务指导，进而与创业者（企业）共创美好未来。从这个意义上，天使投资即是超越世俗得失及回报对早期项目展开的直接权益投资，其本质则是"拿输光了都不在乎的钱去赌一个伟大的梦想和未来"。

表：五类天使投资情况比较

类型	资金来源	主要原动力	支持方面	主要意义
3F 人员型天使	个人资金	互帮互助	以资金支持为主	点燃创业引擎
成功创业者型天使	个人资金等	感恩社会	全方位支持	传递创业经验精神
深度参与型天使	个人资金为主	互助或寻求成就感	深度参与，有限管理	帮企业走出第一步
政府主导型天使	财政资金	培育新兴产业源头	以资金支持为主	解决市场失灵
机构投资型天使	各类社会资金	产业组织	全方位支持	批量铸就质优企业

10.1.2 打破创业投资中最薄弱一环

科技金融中最核心的是创业投资，创业投资中最核心的是天使投资。与一般创业投资相比，天使投资具有如下特点：一是专注早期科技项目，遵循"雪中送炭"而非"锦上添花"的投资准则；二是基于一定人脉网络，其中基于信任文化的直觉判断超越了重在项目的世俗眼光；三是主要采用直接投资，正是由于股权纽带的打通将"自上而下"的天使与"自下而上"的创业充分对接；四是投资程序简单灵活，对事业与梦想的共同追求完全超越了精明的商业设计；五是坚持不控股的原则，永葆"上帝之使"本色；

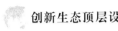

六是提供高端创业指导，点燃创业引擎是次要的，关键是育孵高水平创业。近年来，呈现出如下发展趋势：一是投资主体上的多元化，从个体到组织、从单一组织到战略联盟；二是投资行为上的专门化，原创技术、全新商业模式及原创思想的发掘孵育凭借的是高度和视野；三是投资生态上的网络化，以人脉链接带动技术、资本、经验链接，使创新创业空气无处不在；四是投资方式上的联动化；五是资本流动上的全球化，创新全球化时代中的跨区域创业依赖于天使资本的全球化。

天使投资对创新创业企业的核心作用如下：一是提供创业资本支持，解决初创企业的资金缺口及融资瓶颈；二是提供高水平的指导，凭借准确的行业理解及成功的管理经验帮创业者厘定战略、设计商业模式、加速实施等；三是引领企业业务拓展，凭借其庞大的业界关系使创业企业嵌入某一产业价值链条；此外，天使投资亦为创业团队导入专业人员等。在新经济时代，天使投资主要有如下影响：一是在创意挖掘上，发掘原创技术、全新商业模式及原创思想，使得许多颠覆性的想法变为现实，进而活跃区域创新创业氛围；二是在创新循环上，促进创意创新创业资源要素高效对接，使得一两个点子、一两项技术加几个创业者最终演变为高技术大公司，突破创新循环发展瓶颈，提升区域发展活力及竞争能力；三是在创业孵育上，围绕新兴产业培育质优企业及新兴业态，壮大新兴产业发展源头，使得原创技术、原创思想孵育为成熟商业模式，带动产业升级转型。

10.1.3 加快地区创新生态建设发育

目前，大多数的天使投资不是一个单一的行为，而是由天使投资人（群体）、创业者（团队）及相关平台载体之间发生的集体行动；天使投资的发展亦不能局限于一个小范围或小团体，而是依赖于一个"投资群体日益壮大，投资平台充分搭建，天使资本加速集聚，投资机制逐步完善，发展环境日趋优化"的生态网络。具有如下特点：第一，前提是信任的文化与开明的政策。许多天使投资所投资的目标更多的是合适的人而非单纯的项目，由于所投项目的未来具有很强的不确定性，因此这种对人的投资取向及投资边界是建立在彼此的信任基础之上，形成勇于创新创业的社会氛围。

第二，核心是以人脉链接盘活创新资源。天使投资各类参与者往往基于特定的人脉网络展开人脉链接，实现创新资源及要素的高效对接及良性互动，人脉链接的范围越大则一个区域创业活力越强。第三，任务是完成创新源头的成果转化。大多数的天使投资是创业者把实验室技术转换为商品进程中融到的第一笔资金，没有这一笔融资，许许多多的实验室技术就只能"束之高阁"。第四，功能是打通创新循环的瓶颈环节。大学和企业在科技成果商业化的应用研究阶段缺乏紧密协作与良性互动，天使投资的加入解决了技术在商业应用环节的瓶颈，实现了包括人、知识技术和资金在内的各类创新要素在大学和产业界之间的双向流动，让创新循环能够顺畅发展。综上，天使投资"按照特定的机制形成以人脉链接为核心，将整个地区所积淀下来的技术、知识、经验迅速聚集并充分调动起来，破解创新循环的瓶颈"，这种机制主要涉及天使如何而来、天使如何投资、天使如何挖掘原创、天使如何循环等问题。

10.2 天使投资成长发育的四大机制

天使如何而来、天使如何投资、天使如何挖掘原创、天使如何循环发展等，是把握天使投资发展规律、培育天使投资网络的关键所在。如前所述，这种机制具体表现在天使培育机制、投资运作机制、原创挖掘机制和循环反哺机制四个方面。

10.2.1 发展机制一：天使培育机制

培育天使的目的是将潜在投资人群转化为天使投资人，并实现天使投资群体集聚及发展。这其中，将潜在投资人群转化为天使投资人（群体）的方式、方法及手段，即天使培育机制。从全球范围来看，天使投资潜在群体主要包括四类：一是成功的创业者；二是高技术公司、跨国公司或企业集团的高级管理人员；三是传统意义的有钱人；四是其他 3F 人员（Family、Frends、Fool，即家庭、朋友、傻瓜）。这其中，从潜在投资群体向天使投资群体转变的关键因素在于如下几个方面：一是天使投资人的动机，二是投资的成本及预期，三是社会投资发展理念，四是信用文化环境。在此背景

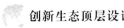

及条件下，将潜在投资人群转化为天使投资人（群体）的主要操作性机制有：税收政策引导、投资理念指引、枢纽平台搭建、信任氛围营造等。

10.2.2 发展机制二：投资运作机制

从天使投资的一般流程来看，天使投资的运作机制主要包括如下内容：项目获取——筛选机制；项目交流——决策机制；投资实施——退出机制。在项目获取机制上，主要有如下方式或渠道：一是亲友网链接；二是天使网络搭建；三是天使经营平台搭建；四是项目推介活动；五是创业赛事举办；六是创业辅导项目开展。在项目筛选机制上，主要就如下方面做形式审查：一是项目领域；二是项目阶段；三是项目团队；四是项目技术；五是商业计划。在项目交流机制上，主要体现如下几方面特点：一是非正式的交流场景；二是"讲故事"的表达方式；三是轻松自由的"谈判"。在项目决策机制上，主要受如下因素影响：一是投资人的志趣与偏好；二是对创业者（团队）的了解及认可度；三是对投资项目所处行业及发展前景的判断；四是相关者的推荐。在投资实施机制上，往往具有如下几方面特点：一是股权投资的共识；二是创业资金的预投；三是法律条款的非设计化；四是法律条款的软性约束。在投资退出机制上，主要包括如下形式：一是公司回购；二是股权转让；三是破产清算；四是 IPO 溢价退出。

10.2.3 发展机制三：原创挖掘机制

天使投资的重要功能是发掘原创技术、全新商业模式及原创思想，并将原创技术、原创思想孵育为成熟的商业模式，帮助企业走出"死亡谷"，培育原创新兴产业发展。其挖掘的方式、方法及途径，即天使投资的原创挖掘机制。天使投资"原创之母"功能，首先取决于天使投资长于发现原创的优势及特点。这主要有三个方面的原因：一是天使能够举重若轻——依赖直觉和判断力。成功的天使投资人往往具有良好的商业直觉和经验，对项目原创性的洞察力和判断力较强，能够更自如地发现原创。二是天使能够不拘一格——深知成功无定式。包括 3F 天使、成功创业者天使等，他们往往具有同样的创业激情和自我实现的梦想，对创业之旅和成功之路的理解更加深刻，更能够更宽容地对待原创。三是天使从来不计得失——我拿闲钱赌明天。尤其是成功创业者天使，他们往往怀揣感恩之心，带着一种使命感，更从容地支持原创。此外，天使投资"原创之母"功能更体现在创业育孵阶段，其主要机制体现在如下方面：一是精神上的鼓舞；二是经验上的传递；三是业务上的指导。这其中，创业是一个自下而上的探索过程，尤其是寻求打破世界、探索新模式高水平创业，往往是原创技术、全新商业模式及原创思想的组合；天使投资是自上而下寻觅与传教过程，对创业、对原创更敏感，往往是原创技术、原创思想能否转化为全新商业模式的试金石。支持天使投资，就是支持天使挖掘原创，就是支持原创产业发展。

10.2.4 发展机制四：循环反哺机制

天使投资的发展生态是天使投资培育出大量成功的创业者或职业经理人，而成功的创业者或职业经理人又在更大范围做进一步的天使投资，从而实现天使资本、创业经验等方面循环壮大发展。而这种从天使投资到成功创业人士再到以天使投资反哺下一代创业者的机制，就是天使投资的循环反哺机制。比如，苹果的天使投资人迈克·马库拉曾是英特尔的早期创始员工；谷歌的天使投资人是升阳微系统的联合创始人安迪·贝托尔斯海姆；第一个给 Facebook 进行投资的雷德·霍夫曼是 Linkedln 的创始人。他们曾受到天使投资青睐并成为成功创业者，而后投身天使投资人行列，使得他们在实践中积累的宝贵经验不因创业者的成功"退休"而流失，使得硅谷的创业精神薪火相传。这其中，成功的天使投资与成功的企业家或职业经理人造就了庞大的天使投资网络。在这个网络中，天使投资人（群体）、成功创业者（团队）与下一代成功创业者（团队）展开更加快捷高效的创业，形成了系列创业的级联反应的"正反馈"机制。

10.3 天使投资促进新兴产业的机制

10.3.1 促进机制一：创意挖掘机制

整体而言，天使投资者为了实现伟大的梦想与未来，能够举轻若重、不拘一格、偏执独到地发现识别原创思想，不仅鼓励保护了想法的原创性，还解决了新兴产业前景不确定性高带来的偏见等问题。一方面，新兴产业

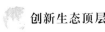

具有高投入、高风险等特征，往往在投融资活动中处于弱势，亟待早期投资的注入解决企业融资难等问题。新兴产业往往以创新、创意为前提，以新技术、新想法为基础，并通过创业试错的形式逐步孕育和发展。然而并非所有的想法和技术都能形成一个新的产业。一个创意、一项新技术要转化为产业，需要经过一系列的技术试错、企业试错、产业试错和区域试错，一旦试错成功便会给全社会带来巨大的效益。正是这种形成机制决定了创新创业是其发展的核心动力，对原创性的较高要求也决定了此类产业在孕育之初就会面临重重困难。另一方面，天使投资能够举重若轻，往往不拘一格、从来不计得失，拿输光了的钱去赌一个伟大的梦想及未来，使得天使投资能够发现识别原创思想与技术、鼓励并保持想法的原创性。天使投资者往往具有良好的商业直觉和经验，具有不拘一格的创造精神，对项目原创性的洞察力和判断力较强，能够更自如地发现原创。这些特质使得他们相较于他人更易发现原创的优势及特点，从而发掘出具有原创性的想法。此外，天使投资者挖掘出原创想法，并坚持不控股的原则，不仅鼓励和保护了想法的原创性，而且满足了新兴产业从无到有的孕育需求。

10.3.2 促进机制二：创新循环机制

整体而言，天使投资者为感恩社会、互帮互助，以早期股权投资点燃创业引擎，使得创意想法变成公司，解决了新兴产业由于高投入、高风险带来的投资不振等问题。一方面，新兴产业发展依赖于技术试错、企业试错、产业试错、区域试错等，微观基础的发展前景有较高的不确定性，需借助具有洞察力、偏执特质的上帝之使相助，让原创的思想、创意更加自信与超前。对那些掌握新技术和新想法、怀揣改变世界伟大梦想的创新创业者而言，要将创意转变为有效的创新产品或商业模式，实现从想法到公司的"质"的跨越，需要人、财、物等各种各样的资源投入，以及从概念验证到市场调查、产品定价与品牌设计等诸多前期准备工作。但由于原创创意大多属于不为人所熟悉的新兴领域，既没有成熟的市场环境和完善的产业配套基础，也没有现有的创业成功经验可循，导致新技术和新想法的商业化过程具有非常高的风险，不但创业的失败率较高，而且创业的启动难度也很高。另一方面，天使投资具有关注早期项目、依赖人脉网络、采用直接投资、投资程序简约、坚持不控股等特质，为了感恩社会或互帮互助，成为创新的传递者，最终让原创想法变成公司。天使投资普遍拥有创新的激情，更多地追求创新类的投资项目，更愿意为处于想法期、种子期的早期项目"雪中送炭"，提供一定的项目启动资金，并将这类早期项目"扶上马"后，再由机构风险投资去完成后期的投资。有很多创业者接受过天使投资，他们在成功后又转身来做天使，以帮助更多拥有创新想法的创新者实现其创业梦想，从而通过创新者的循环，推动了新兴产业领域的创新循环。正是天使投资人与创业者之间通过身份的转换，使得新兴产业领域的创新创业活动持续活跃，从而共同促进创新的循环往复。

10.3.3 促进机制三：创业孵育机制

整体而言，天使投资者为实现成就感及产业组织功能，为创业者（团队）提供精神鼓舞、经验传递、业务指导，让原创思想、技术转化为成功商业模式，使得创业企业尽快走出"死亡谷"。一方面，新兴产业在起步阶段需要面对"死亡谷"的考验，亟需具有高水平指导作用的创业导师。大使投资在为创业者提供外部资金支持基础上，也能够无私地为创业者提供精神鼓舞、经验传递、业务指导，通过提供额外的"增值服务"来发挥"传帮带"的作用。这些增值服务不仅包括为创业者提供创业咨询服务，导入全新的视野、业界关系，而且可以帮助创业企业招聘关键人才、协助公关等等，甚至能在企业战略、商业模式设计和公司的具体运营管理等方面提供高水平的指导。另一方面，天使投资具有行业经验丰富、成功管理经验、广泛业界关系、社会理解深刻的特质，能够发挥一定的创业指导和产业组织作用，最终让原创思想、技术转化为成功商业模式。尤其是一批超级天使，往往是一些创业成功的企业家或具有丰富行业经验、管理经验的职业经理人，他们能够结合自身对社会、对行业、对市场、对企业、对管理等方面的积累与认识将自己积累的经验传递给创业者。通过向创业者迁移经验的方式，使得创业者在思维方式、决策方式及行为模式上更加理性和成熟，从根本上提升创业企业的自生能力。

10.3.4 促进机制四：网络溢出机制

整体而言，天使投资者为实现责任感及产业组织功能，以特有的信任文化、传帮带文化氛围以及人脉关系网络，支持创意创新创业资源要素的闭环，为区域群体突破、战略提升及新经济发展提供了热土。一方面新兴产业产业价值链分解、融合、跨界较快，尤其区域崛起依赖区域创新，亟需具有高水平的人脉关系链接带动专利技术、风险资本、经验知识等链接。另一方面，天使投资具有信任的文化、生生不息的创业精神、传帮带的文化等特质，通过传帮带的责任感、产业组织能力等，促进企业互联融通和产业跨界融合，最终出现产业原创与爆发增长等。一个区域天使投资网络的顺畅运行主要依靠信任和口碑，天使网络联盟通过人脉链接、信息汇聚和资金支持等方式为产业企业和其他主体建立起紧密的信用合作关系，不仅盘活了整个区域的创新资源，实现对新兴产业集群化发展的信用溢出效应，在区域创新网络的构建中发挥着重要的支撑作用，还使网络联盟通过投资领域的多样化，对产业试错发挥此消彼长的助推作用，促进了新兴产业技术体系的构建和完整产业链条的形成。

10.4 无所不在的天使投资成就硅谷

天使投资（网络）是区域创新环境中的核心组成部分，硅谷卓越的创新成就在很大程度上得益于无所不在的天使投资。这种天使投资因独特的信任文化及技术自信等而弥漫，通过人脉链接进而带动技术、资本、知识经验的链接，使得一两个点子、一两项技术加几个创业者都最终演变为高技术大公司或上市企业。

10.4.1 苹果：堪称传奇的天使投资

1976 年，史蒂夫·乔布斯与史蒂夫·沃兹尼克决定以自己研发的计算机主板 AppleI 创办企业，这就诞生了苹果公司。起初公司启动所需的钱来自两位创始人，而且开始时以挨家挨户的方式出售产品获取了部分资金。但对于新创公司而言，钱还是个问题，除非乔布斯愿意一辈子挨家挨户推销他的电脑。于是，乔布斯去找了多位风险投资家。其中一位就是曾经在仙童半导体和国家半导体公司做过管理、后来创建了红杉资本的唐·瓦伦丁。尽管乔布斯那奇怪的着装和流露出的反主流文化的个性像个怪胎，而且还不懂商业和营销，但作为一个顶尖的风险投资家，瓦伦丁认为乔布斯的项目可塑性较强。最终他向乔布斯提出，如果要他投资，必须接受一个合伙伙伴，这个伙伴必须要会写商业计划书、会销售。乔布斯接受了这个条件，并在瓦伦丁推荐的三个人中选择了迈克·马库拉。

马库拉先后供职于仙童半导体和英特尔，他精于定价策略、营销网络、市场营销和财务。英特尔上市之后，马拉库凭借股票期权赚了几百万。起初，马库拉与乔布斯一起撰写商业计划书，考虑各种方案、各种设想、各种测算。最终，他们将产品从定位于业余爱好者扩展到了普通消费者，让产品进入平常百姓家，用于做记账、记录食品等生活事务。马库拉最后大胆预言，认为这是一个产业的萌芽，十年一遇的机会，而苹果也会在两年后进入《财富》500 强。基于这种判断，马库拉不仅自己投入 9.2 万美元，还筹集到 69 万美元，外加由他担保从银行得到的 25 万美元贷款，总额 100 万美元，而他自己也取得了苹果三分之一的股权。

此后，从公司的定位，到合作团队的搭建，市场开拓以及各类商业思想的灌输无不倾注着马库拉的心血。在完成股权切换后，马库拉做的第一件事是建设团队。他做通了沃兹尼亚克的思想工作，使之成为苹果的全职电子工程师；为了改变和约束乔布斯，他聘请了迈克·斯科特成为苹果的总裁；又将硅谷杰出的公关人员吉斯·麦肯纳钠招之门下。马库拉还传授了乔布斯市场和营销方面的经验，他告诉乔布斯，你永远不该怀着赚钱的目的去创办一家公司，你的目标应该是做出让自己深信不疑的产品，创办一家生命力很强的公司。最为重要的是，马库拉为苹果确立了三大营销哲学：一是共鸣，就是紧密结合顾客的感受，要比其他任何公司都更好地理解使用者的需求；二是专注，为了做好我们决定做的事情，必须拒绝所有不重要的机会；三是灌输，就是人们是如何根据一家公司或者一个产品传达信号，来形成对它的判断。而这三个准则就是日后乔布斯追求"改变世界"的基因。1980 年 12 月，苹果公司上市时每股发行价 14 美元，当日收盘价 29 美元。

年仅 24 岁的乔布斯当日身家达到 2.17 亿美元；而迈克·马库拉身家则达到 2.03 亿美元，9.2 万美元的天使投资则增值了 2200 倍。

10.4.2 YC：天使投资的服务新模式

Y Combinator 是由保罗·格拉汉姆 (Paul Graham) 于 2005 年创建的一家美国风险投资机构。公司只关注于最早期的创业团队，在创业团队的起步阶段介入并提供相应的帮助，通常仅提供 2 万美元或以下的"种子资金"。自 2005 年以来，Y Combinator 已经累计投资了 460 多个创业项目。Y Combinator 定期举行项目对接活动，接受创业团队提交的项目资料。如果项目评审通过，Y Combinator 会提供一种 "$5000 + $5000n" 模式的投资，其中 n 指的是愿意参与此项目投资的 Y Combinator 合伙人的人数。比如，如果有两个合伙人愿意投资，那么最终的投资额度是 15000 美元。作为投资回报，Y Combinator 将占有创业团队 2%–10% 的股份，通常是 6% 的股份。格拉汉姆不仅为创业者提供种子资金而且为其提供了亲身实践的建议。每年 1–3 月份和 6–8 月份，Y Combinator 在剑桥、硅谷以及麻省等地特意为热切的风险投资者和创业者设置了两个"样本日"。来自世界各地的创业者都会申请去剑桥、麻省实践 3 个月，格拉汉姆和他的同事帮助创业者提炼他们的想法、建立原型并且告诉他们如何向风险投资者陈述自己。这一切都让潜在投资者和创业者亲身体验了"样本日"。

针对那些想要成为"名副其实的激进派"的年轻创业者，格拉汉姆谈到了一些简练且被证明的创业准则，详细介绍了创办新兴企业应具备的新理念，其主要涉及四个方面：第一，"做一些客户期望的东西"。虽然每位创业者都清楚其准确性和重要性，但是一些年轻企业家往往沉迷于从"技术的运用"角度思考，这与"客户需要什么"形成了鲜明对比。第二，"让自己的想法可以发生变化"。在创办企业尤其是新兴企业时，要有"让自己的想法可以发生变化"的意愿，这不仅在企业的发展策略和技术方面，还存在于创业有关的每件事中。第三，"不要太过担心资金问题"。第二次网络创业和传统创业在资金获得方面有着很大的不同，与传统创业相比，网络创业在购买设备、接触客户以及在网上会集人气变得日趋简易，创业投资成本大大降低，使得投资者的力量以及风险资本在日益衰落。第四，"要本着乐好施善的态度"。企业创办者要有企业家精神，要为客户提供长期的优质的服务，注重企业的长期发展。

10.5 天使投资带动新经济轻盈腾飞

随着创业代际的变化及产业发展阶段的演进，我国成为全球创业最活跃的国家之一，使得天使投资发展迎来了春天。而伴随着大繁荣大发展，我国天使投资也出现了不同层面的问题，需要社会各界就天使投资达成进一步共识，亟待政府做更积极更恰切的引导支持。搭建天使投资引导基金、天使投资俱乐部、天使投资联盟、天使之城等天使投资平台，就是通过完善科技创业成长生态加快创新创业人才、资本、经验的高效对接及循环，进一步壮大新兴产业发展源头，促进地区加快经济战略转型，在全球新兴产业版图上抢位发展，力争在全球经济下行、竞争环境日趋激烈的形势下，率先实现创业层级的战略突破及经济发展的区域突围，为地区转变经济发展方式、调整优化产业结构培育生力军。基于天使投资平台营造质优创新生态建设，就是以培育发展原创新兴产业为战略方向，以培育天使投资群体为着力点，以集聚科技创新创业人才为突破口，以搭建天使投资平台为纽带，以科技体制改革为先导，以强化孵化载体建设为保障，加快完善天使投资网络，大力推进科技创业，壮大地区新兴产业发展源头，为新时代高质量发展培育有生力量。

10.5.1 制约天使投资发展六大问题

一是信用文化尚未形成。目前，我国尚未在经济层面构建起支撑信用文化的环境。投资人对创业者缺乏信任，或者不敢于投资，或者寻求对企业的主导权；而一些创业者在获得投资后存在一定的道德风险。最典型的体现便是"对赌"。二是投资者激励不足。我国相关税法及条例不考虑企业所得税与个人所得税的重复征税关系，分别单独设置征收，却不能相互提供抵扣。天使投资人在承担新兴产业源头培育重任过程中，不但没有相应的配套政策支持与引导，还承受多重征税等方面的压力，使得一些潜在群体难以转化为

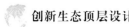

天使投资者。三是创业者难掌其股。一些早期投资人带着投资及投机的心态、打着天使投资的旗号,借助稀缺资源及议价能力,建立寻求控股、劫持智力资本的契约,甚至有越俎代庖的行为,而不是自己承担一定风险及成本,与创业者在幕后同甘共苦,为创业者提供精神上的鼓舞、经验上的传递和业务上的指导,破坏了人尽其材、各得其所的制度安排,打击创业者的积极性、抑制了创业项目的原创性。四是创孵组织模式落后。目前,我国的天使投资尚未完全依托科技企业孵化器、大学科技园等各类孵化机构,处于碎片化布局,在集中培育、集中管理方面存在较大不足。五是"宽容失败"环境缺失。投资者容易受"保值增值"的思维影响,可能给予创业者较高的压力及约束;创业者受"以成败论英雄""胜者王败者寇"文化影响,面临较大的社会压力;尤其是这些思想文化倾向还为潜在的创业者的转化、再创业、系列创业者的出现设置了一定的障碍。六是供求信息不对称。创业投资苦于找不到足够多的后期好项目,创业者则苦于得不到足够的早期支持,是创业及科技金融发展的障碍。尤其对于信任条件要求较高的天使投资而言,由于各类信息平台、天使投资平台、天使投资承载载体的搭建不够或对接机制不畅等原因,使得天使投资者(群体)与创业者(团队)缺乏良好的接口与充分的互动。

10.5.2 加快天使投资发展五大对策

针对天使投资在培育发展过程中出现的问题,就政府培育市场的角度,提出如下五个方面相关对策建议,以便推动天使投资在我国的健康有序发展。第一,培育天使投资群体。一是强化投资激励,从事天使投资的人员或机构取得各类收入在计算应纳所得税额时,按认定项目的实际投资额享受税前加计扣除,并提高加计扣除比例;二是合理个税征缴,扩大加计扣除范围、提高天使投资人投资分红、股权转让所得的税前扣除比例及纳税年度结转的灵活性、对天使投资人因股权激励形成的个人所得税实施分期缴纳;三是引进高端天使,在全球范围内吸引处于新兴产业技术前沿,在人才、资本、技术、市场等方面有较强产业组织能力及行业号召力的领军人物;四是加强服务跟踪,加强对天使投资人(机构)的备案登记、动态管理及相关服务。第二,加强天使资本引导。一是明确投资方向,制定发布适应本地区发展战略需求的天使投资重点产业及细分领域指导目录，引导社会高端资源要素及各级政府政策资源予以倾斜或重点支持；二是发挥杠杆效应，各级政府牵头组织科技管理、财税、金融等一线管理机构，建立完善多层次政府天使投资引导体系。第三，构建天使投资网络。一是组建行业协会，搭建行业交流平台，强化政策研究、行业规范等；二是搭建投资平台，引进支持高水平天使投资人牵头搭建的天使投资俱乐部，加强项目推介及项目投资；三是壮大育孵载体，将科技企业孵化器、大学科技园等孵化机构作为培育天使投资的核心载体，其所缴纳各项税收的地方收入部分通过财政返还的方式，专项用于载体建设和提升创业孵化服务。第四，完善天使投资机制。一是集聚创业项目，整合本地区各类人才引进计划、科技项目计划、科技创业赛事形成的项目资源，建立完善科技创业项目库及重点项目推介机制；二是强化投资规范，制定发布天使投资人（机构）投资规范，促进"创业者有其股""创业者掌其股"，打破"谁投资谁拥有"的投资机制；三是拓宽退出渠道，优先将天使投资项目纳入政府创业投资引导体系，优先将天使投资项目纳入场外交易市场、地区上市资源储备库等。第五，营造良好发展环境。一是加大财政投入，加快财政科技资金优先用于培育发展天使投资，建立统分结合的引导体系；二是优化文化环境，大力倡导投资实业、投资科技、投资创业、投资人才的投资理念，营造"鼓励创新、宽容失败"的文化氛围，培育发展"传帮带"的优秀文化，加强企业信用体系建设；三是加强舆论引导，策划一批宣传报道主题，以多种形式开展深入宣传，加人对优秀单位及个人的表彰，营造全社会关心、支持和促进天使投资发展建设的良好环境。

10.5.3 培育天使投资生态四大平台

重点培育和发展天使投资引导基金、天使投资俱乐部、天使投资网络平台、天使投资联盟等天使投资服务平台，构建天使投资生态的重要枢纽。一是天使投资引导基金。即天使母基金，一般由政府或大型风险投资机构牵头设立，一般采取先由财政资金参与出资设立天使投资引导基金/母基金，再由母基金参与联合发起设立子基金的方式。如2013年宁波市天使投资引导基金有限公司正式挂牌成立；2014年上海天使引导基金成立；2018年深

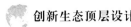

圳设立了深圳市天使母基金；2021 年 1 月苏州市天使投资引导基金母基金发布等。二是天使投资俱乐部。即以正规化组织形式注册，一般以会员制汇集天使投资人的社团组织。硅谷的天使投资从 20 世纪 90 年代后期开始以正规化组织出现。如"天使团联盟"(Band of Angels) 由著名投资家 Hans Severiens 与 12 位风险投资公司高管于 1994 年共同创建的，是美国发展最早、也是最成熟的天使投资俱乐部之一。天使团联盟采取会员制，共有超过 150 位天使投资人，这些会员通常是已经处于半退休状态且对高风险的初创企业具有投资兴趣的高新技术企业创始人或高管。天使团联盟会每个月进行创业项目面试，由各行业专家组成的联盟委员会从 50 份创业计划中挑选出 6 份创业项目进行面试，最终挑选出 3 个项目直接面对天使投资人进行自我宣传。创业项目一旦获得了一名会员的天使投资，就可以获得天使团联盟所拥有的人脉网络和行业经验；三是天使投资网络平台。即依托互联网、社交网络等技术构建的天使投资信息化服务平台，比如美国天使软盟 GUST，2004 年 David S.Rose 创立了 AngelSoft，经营七年后于 2011 年 9 月更名为 GUST。美国天使投资人 Esther Dyson 认为，GUST 像是一个包容了整个创业生态系统的虚拟盒子，它的设计就是为了将创业者和投资人连接起来，从最初会面直至最后投资。作为一个开放的网络平台，天使投资人和许多组织都可以使用 GUST 来寻找投资目标。GUST 提供了安全保密的平台，投资人可以通过它设置天使投资交易的兴趣与评价，管理和共享天使投资交易；可以通过电子邮件或网站获取投资人和创业者之间的所有讨论记录；可以跟踪交易进度，自定义天使投资交易要求；可以自定义交易室功能并控制个人对天使投资交易的访问权限；也可以通过 GUST 寻找附近的天使投资团体，阅读详细信息并申请加入。四是天使投资联盟。即由天使投资机构、天使投资人共同发起成立的天使生态网络、协会联盟等行业组织。比如北美天使投资协会、中关村天使投资协会、中国天使投资人联盟等。

10.5.4 发挥天使投资平台五大功能

加快布局天使投资平台，引导其发挥如下五大战略功能：一是体制机制改革先行区。建立健全促进天使投资发展的激励机制，优化创新创业人才"选引留用"机制，完善科技成果转移转化新模式，建立完善促进科技创业企业发展的政策体系，为壮大地区新兴产业源头提供战略保障。二是原创新兴产业试验田。大力发展原创性新兴产业，培育发展科技含量高、附加值大、综合效益好、发展潜力大的新兴业态，为地区发展新兴产业、提升产业核心竞争力提供示范。三是创意创新创业栖息地。加大集聚全球高端创意创新创业资源要素，建立人才、技术、资金、信息各类资源要素高效对接、高速循环的天使投资网络，为培育创意经济、繁荣创新创业提供示范。四是源头企业发展铺路石。探索完善对种子企业、初创企业的孵化模式，培育发展一批拥有原创技术、原创商业模式、原创发展理念的企业，为全国高效孵化新兴产业源头企业提供示范。五是全球链接能级倍增器。加强对国际一流天使投资人才（群体）及创新创业人才的对接，放大地区人脉链接网络，建设参与全球创新竞争与合作的重要平台和精锐队伍，为实现国际化创新城市提供示范。

10.5.5 营造质优天使投资培育氛围

坚持"市场牵引，政府助推；勇于创新，宽容失败；专业聚焦，重点突破；开放合作，集聚发展"发展原则，加快天使投资培育：一是市场牵引，政府助推。充分运用市场机制，放大天使投资群体的组织能力，强化创新创业人才的主体地位，发挥枢纽型社会组织的桥梁作用。积极发挥政府作用，聚焦市场失灵薄弱环节，强化财政资金引导功能，强化科技体制机制改革配套支持，营造良好创新创业环境。二是勇于创新，宽容失败。培育推陈出新发展态势，探索完善集技术创新、商业模式创新、业态创新及产业组织创新、体制机制创新、文化创新于一体的自主创新之路。营造宽容失败发展环境，建立完善适应自主创新规律的体制机制及政策体系，引导创业者、社会舆论正面接受失败、宽容失败。三是专业聚焦，重点突破。重点支持引导战略产业优势细分领域、新兴产业原创细分领域的天使投资及科技创业，培育具有世界意义的原创新兴产业。重点引进培育一批创意创新创业人才，一批具有原创技术及商业模式的源头企业，一批具有产业组织功能的服务平台。四是开放合作，集聚发展。积极整合国内外创新资源及要素，面向

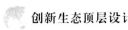

全球加强人脉链接及资源配置，强化与创新高地及非政府组织的战略合作。促进各类创新创业资源集聚发展，将各类创业孵化机构作为承载天使投资项目、集聚高端创新创业人才、服务科技创业的核心载体。

进入创新全球化时代以来，原创思想、原创技术以及全新商业模式超越物美价廉、标准化、批量化等传统逻辑准则成为时代发展的新宠。创业作为原创思想、原创技术及全新商业模式的集中体现成为时代发展潮流。发掘原创技术、全新商业模式及原创思想，并将原创技术、原创思想孵育为成熟商业模式，成为天使投资的核心功能。当前，我国已为全球创业最活跃的国家之一。但由于高技术创业比例过低、高水平创业指导缺乏等问题，使我国创新创业企业群体不强、新兴产业发展薄弱以及产业转型升级动力不足。迫切需要通过发展天使投资，进一步发掘孵育原创技术、全新商业模式及原创思想，加快创新创业人才、资本、经验的高效对接及循环，全面提高我国创业层级及创业成活率，壮大新兴产业发展源头，为转变经济发展方式、调整优化产业结构培育生力军。

11 科技创业社区衍生高端创业

在新的历史条件下,创业逐步从"大众创业、万众创新"走向"新业态创业、开放式创新"、"变革式创业、颠覆式创新";创业孵化从封闭的孵化器走向开放的众创空间、全链条的孵化生态;创业服务从单一的专业服务走向集成的平台服务、聚合的生态服务;创业管理从形态开发走向功能开发、生态开发;创业载体从粗糙的创业楼宇走向创业地产、创业社区;创业治理从简单的政策扶持走向制度创新、治理重置纵向深化。围绕创业式创新灵魂,聚焦创业服务(孵化)发展,把握中国创业服务(孵化)发展阶段,重识国内外行业发展特点与取向,探究行业未来发展趋势及模式,进而将科技创业社区作为行业发展新范式,着力推进局部创新生态建设和提升系统服务能力,成为一个地区加快创新生态建设与新型产业组织的重要突破口和着力点。

11.1 中国创业孵化行业进入新阶段

11.1.1 对以往创业服务行业的反思

在自主创新与新兴产业发展面前,究竟是突出高校院所的创新源头作用、科学家不断"烧钱"的研发、科技成果转化,还是强调产业企业的创新主体地位、创业者的创业、企业家持续赚钱的创新?纵观各国发展经验,只有在尊重高校院所、科学家、研发等基础上,更加尊重和依赖创业者、企业家和创业式创新,才能将科学技术转化为生产力和财富,才能带动经济增长与产业发展。这其中,创业服务(含创业孵化)作为全球创新网络的战略节点以及地区创新生态建设者,不仅在一个全球创新网络中促进人才、资本、技术、经验、知识的自由流动与优化配置,还通过科技孵化带动科技创业、

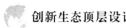
科技创业带动科技创新，让这些创新资源和产业要素在一个地区落地、生根、开花、结果，将科技的经济功能与社会功能相结合。

目前单纯的创业孵化难以走出传统发展模式的泥沼，要么是基于房租的"物业模式"，要么是标榜具有投资功能的"服务模式"，要么是政府输血的"寄生模式"。站在中国高质量发展新时代的历史起点上，需要对中国创业服务（孵化）的发展层级、发展阶段、发展水平、发展成效有着审慎的认识。创业本身存在难度，这就要求创业服务的水平要变高，不是游击队升级，而是正规军下蛋，需要一批有资源、有实力、有能力、有水平的创新主体、产业组织者来共同经营，成为区域创新生态的建设者。如今只有强调"以创业服务带动科技创业，以科技创业带动自主创新，以自主创新带动新兴产业"，通过创业试错、市场试错、产业试错、区域试错等实现从创新创业到产业化，才能让创业孵化生态具有更高的位势与势能。

11.1.2 从中关村创业服务可见一斑

整体而言，中关村创业服务（孵化）代表着全国创业服务（孵化）的最高水平，并取得如下总体成效：一是引领全国创业服务业发展模式；二是成为北京市创新生态核心组件；三是成为中关村前沿创新核心载体；四是培育出一批"哪吒企业"、"瞪羚企业"及"独角兽企业"；五是成为高端链接高端辐射的枢纽。一方面，呈现出如下趋势特点：一是平台化，很多机构纷纷从封闭的第二方，向第三方、第四方方向发展，成为平台性的枢纽组织；二是专门化，不仅仅是过去专业的领域、专业的条件平台，而是以专业的队伍产生专业的服务能力，以专业的服务模式与服务机制，为创业企业提供质优服务；三是资本化，不是单纯的孵化加创投，而是将服务资本化、技术资本化、金融资本化以及智力资本化结合在一起；四是生态化，更加注重共生共荣、互联互通，你中有我、我中有你；五是国际化。另一方面，也存在一定问题及隐忧。比如存在原创创业服务不足、机构自生能力不强、缺少专业服务人才、产业配套资源外溢、国际化水平有待提升的问题；再比如房价高企与人才外溢、产业转移与实体空心、服务庸俗与寄生发展、资本寒冬与资产泡沫、治理深化与制度障碍等冲击。这其中，所要反思的是为什么大量创新资源走出去与高端资源挤进来并存？为什么大量产业业态、产业环节走出去与挤进来并存？为什么很多发展起来的企业并非源自创业服务机构？为什么很多知名企业并非本地高校院所培养起来的？为什么很多创业企业越来越惯于矫情及苦日子富过？

未来需要以打造国际领先的创新生态为主线，以培育发展一批前沿科技创业、变革式创业、高成长企业为战略目标，践行"以科技孵化 / 服务带动科技创业，以科技创业带动自主创新，以自主创新带动新兴产业"发展路径，全面打造"未来产业策源地、创新创业栖息地、源头企业铺路石、高度要素聚合池、制度创新试验田"，重点通过创新生态优化承载高端创业、通过前沿领域布局抢占高端环节、通过加速资源聚合提高孵化水平、通过创业制度革新激活存量资源、通过崇尚创业精神营造创新文化，形成"多形态多模式多业态、多源头多主体多中心、多层级多渠道多网络、全链条全要素全社会"发展态势，发展成为具有全球影响力科技创新中心的战略功能平台与核心载体。

11.2 从以色列创业孵化看我国不足

11.2.1 中以创业孵化机构发展异同

以色列孵化器与中国孵化器之间存在大量共同点，起到了异曲同工之妙，同时也存在明显的差异，为中国孵化器的进一步发展提供了具体的参考与借鉴。这些异同主要表现在如下几个方面：

第一是发展阶段上的异同。以色列孵化器与中国孵化器的发展，都围绕所提供的服务经历了从低级向高级、从外延向内涵方向发展。目前以色列孵化器可在提供厂房、办公室、简单行政服务以及技术交流、市场服务、政策法规服务等基础上提供金融、风险投资等更高级的市场化运作服务。而国内孵化器只有部分可以提供投融资、资源配置等高端服务。

第二是发展形态的异同。以色列孵化器发展形态比较单一，以综合类孵化器为主体，也有少量的专业孵化器和大学参与建设的孵化器。国内孵化器形态多样，如综合性孵化器、专业孵化器、留学生创业园、大学科技园、

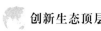
创业街区、开放式办公空间，以及如今的专业化众创空间等。

第三是法律地位的异同。以色列孵化器要求各孵化器运作主体——孵化器管理公司必须是独立的非盈利机构，无论该孵化器的投资人是政府、私人还是大学，突出公益性。国内孵化器虽然也具有明显的公益性质，但在其法律地位上却有很多采取公司制，属于盈利性企业法人；另一类为实行"企业化运作"的事业法人。相比而言，以色列孵化器的法律地位更清晰，既有利于其公益性质的发挥，又有利于其从政府获得支持性资金。

第四是管理与运行机制的异同。以对入驻项目筛选标准及相关决策机制为例，以色列孵化器入住的孵化项目必须是严格的高科技领域、具有自主知识产权、产品定位国际市场，且产品必须在以色列生产并可供出口。而国内孵化器对入驻企业并没有统一的筛选标准，各个孵化器本身掌握决策权。相比而言，后者更适应于我国鼓励多元投资建设孵化器和鼓励多元创业的发展阶段。

第五是政府在孵化器建设与发展中的异同。以色列拥有一套环环相扣的、可持续的孵化器管理办法与政策，其精髓在于高标准准入、高标准支撑的模式。一方面是以色列政府与国内各级政府在孵化器发展上均高度重视，如以色列对孵化器有专门的"孵化器计划"。另一方面两者在具体的作用方式上有所不同：首先是对孵化器管理方式的不同。以色列孵化器是集中审批。即不论投资人是谁，设立孵化器必需由"首席科学家办公室"批准。而中国的不同孵化器有不同的投资主体（主要由投资人、高校、产业园区等组建），审批机构一般由投资人的上级单位审批。其次是政策性支持方式与延续性的不同。以色列政府除按照"非营利机构"给孵化器以支持外，还给每个孵化器每年 20 万元运行费，包括人员工资、房租、办公费用等支出。同时通过对风险投资的支持，帮助孵化器形成高水平服务能力。在我国，国家级科技企业孵化器可以享受房产税、城镇土地使用税以及营业税、增值税优惠政策，地方政府一般以认定奖励、政府购买服务、运营费用后补助等方式支持科技企业孵化器的发展。再次是对在孵企业的政策不同。以色列政府通过孵化器向每个被孵化企业提供占其全年费用的 85% 的资金支持，每个被孵企业全年的费用总额不得超过 18 万美元，可连续支持两年。如果该企业成功，有了销售收入，则应偿还这笔政府支持资金，若不成功，则无须偿还。此项支持政策与其严格的入驻审批制度相配套。

11.2.2 以色列孵化器发展典型案例

以色列孵化器运作模式最显著的特征是发明者或创业者的项目、政府的资助与孵化器的服务三者紧密结合。孵化项目的种子投资由政府提供，失败风险由政府承担，孵化器就每个项目与政府首席科学家办公室签订协议，为创业者提供全方位配套服务，扶持项目公司运作走向正轨。以色列的孵化器按投资建设主体可以分为投资人（风投公司）所建、大企业所建、高校所建等类型，这些孵化器平均每年有 70 至 80 个毕业企业，这些"毕业生"中有 60% 能吸引到下一轮投资。

——The Time。The time 孵化器总部位于特拉维夫， 2009 年被"The time ltd"收购，并获得首席科学家办公室的孵化器特许经营权。The time 作为投资型孵化器，关注对象为电信（Telecom）、互联网（Internet）、媒体（Media）、娱乐（Entertainment）等领域进行技术创新的年轻创业公司，这也是其名字"T.I.M.E"的由来。The time 只专注投资少量的企业，每年的投资数量为 10—12 笔，对于每个初创公司，The time 的初始投资额约为 40—60 万美元，当看到项目有较好的前景显现时，会有第二笔投资跟进，此时的投资额将上涨到 50—100 万美元。从项目孵化→企业毕业→成就品牌，The Time 投资时间长达 5 年，公司每年的收入约 1000 万美元，其盈利主要来自出售成功孵化的公司股权和从成功孵化的公司获取股息。

—— FutuRx Incubator。FutuRx Incubator 位于 Ness Ziona，于 2014 年 1 月 1 日在魏茨曼科技园开始营运。FutuRx 是以色列第一家获得以色列经济部批准建立的生物技术型孵化器，致力于培育尖端技术领域早期生物制药企业。FutuRx 致力于推动药物开发，即通过自身专业系统和独特组织架构，缩小概念与概念验证之间的差距。FutuRx 的创业项目主要来自大学技术转让机构、大企业研发项目和实验室研究成果等，孵化器的管理团队依托专用实验室和自身管理经验予以创业企业 6—8 个月的全面支持。在孵化期间，

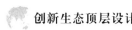

强生创新（JJDC）和武田制药公司会以观察员的身份参加孵化器的董事会，与孵化器共同持有在孵企业 20% 的股份，同时公司有权向其感兴趣的某些企业提供配套资金（两年期间总额 5 万美元）或追加投资，并获得相应的股权。企业的股权收益是 FutuRx Incubator 最主要的盈利方式。

——Yissum。伊苏姆成立于 1964 年，是耶路撒冷希伯来大学建立的商业化运作的孵化器，也是以色列 6 个大型技术转移公司之一。Yissum 在大学学术研究转化成实际可行的市场产品之间，扮演桥梁角色，主要从事培育希伯来大学创业团队、为在孵企业提供孵化服务、帮助企业和希伯来大学完成技术转移转化等工作。Yissum 认为只要具备足够成熟的技术、有经验的领导团队，并且有能力筹集资金，创新技术及其所有者就有可能会发展成初创公司。因此 Yissum 主要为希伯来大学生、校友、教职员工提供顶级创业教育和培训的机会，培育有抱负的企业家。Yissum 盈利主要来自知识产权交易佣金和投资新企业的收益，Yissum 不出售专利，而是与伙伴公司共享技术，从而获得专利使用费，标准在 25%—50% 之间；对于选中的创业团队，Yissum 在初创阶段会给予资金支持，获得企业后续发展的股份收益。

11.3 从形态 / 功能开发到生态开发

11.3.1 未来创业孵化发展走向何方

未来，究竟各类创业孵化机构到底是新型的还是传统的，主要取决于是否遵循"一大愿景、两种能力、三阶服务、四化协同"的基本逻辑。在愿景上，需要发展成为区域创新生态建设者。核心是在产业企业、高校院所、服务机构、政府机构乃至要素市场之间形成开放创新生态圈，促进产业要素、创新资源、服务资源、公共资源的高效整合及优化配置，形成立足创业服务、汇聚四面八方、高效存活的"钻石模型"。在能力上，强调洞见力和链接力。一方面是否真正能够帮助企业如何思考自身发展，提高创业者的洞见力和方向感；另一方面，能否促进创业者更好地配置资源，在产业企业资源、机构服务资源、政府公共资源以及要素市场资源之中，优化人才、资本、技术、经验、知识以及业界关系等方面的高效对接及优化配置。创业导师核心就在于是否有这个洞见力、链接力。在服务上，是"第四方+第三方+第二方"。需要用第四方段位，整合第三方资源，间或干点第二方的服务。当前，创业的需求是多元化的，没有一家能够独立完成，这便需要第四方的服务集成；只有上升到资源链接与资源配置的高度，才能具有平台感、才能有开放创新生态圈、才能有海量的流量，这便需要第三方的资源链接组织；只有通过精准的、精细的创业服务以及"高标准准入、高精准服务、高效率成活、高水平毕业"服务机制，才能批量化产生高水平创业，这便需要提升第二方的精准孵化运营。在趋势上，必须强调专业化、平台化、资本化、国际化及其有机结合。专业化是生命线，不仅是专业的服务领域、专业的服务条件，重在专业的服务队伍产生专业的服务能力、服务模式、服务机制；平台化是发展主线，就是从封闭的第二方到开放的第三方+第四方，在开放创新生态圈之中从事创业孵化；资本化是最大的盈利来源，就是通过服务资本化、智力资本化、技术资本化、金融资本化等，超越政府补贴与房租收入等，不断增强自生能力；国际化是重要途径，即上述所言推动"中国的创业+国外的创新"、"中国的企业家+国外的科学家""中国的市场+国外的技术""中国的资本+国外的资源"。

11.3.2 未来新型孵化模式有何呈现

伴随着创业高端化、孵化批量化、服务平台化、空间社交化、创新全球化、环境生态化的发展趋势，创业训练营、专业化众创空间、场景创新实验室、创投孵化器、跨境孵化器、开放式办公空间、科技创业社区等逐渐成为未来新型孵化模式。一是创业训练营。高校或创投机构依托其创业培训资源及导师人脉网络设立的创业服务平台，具有较严格的项目筛选机制，在一段固定时期内为创业者提供商业计划打磨、导师培训、创业社交、资源链接、投融资等全创业生命周期的训练辅导服务，培养创业者的创业意识、洞见能力和创业技能。北大创业训练营、Plug & Play 等是这一类型的典型代表。二是专业化众创空间。行业龙头企业、产业园区、高校依托其自身资源及产业整合能力设立的创业服务平台，聚焦于垂直的产业领域，为创业者提供技术平台、供应链、市场渠道等服务，以实现自身产业链布局、区域产业发展、科技成果转化等目的。海尔海创汇、西班牙 Wayra 是这一类型的典型代表。三是场景创新实验室。龙头企业牵头，整合开放产业资源和创新要素，为中小企业提供新技术、新产品、新业态、新商业模式的测试、试用、应用，提供其所需的数据开放、基础设施、技术验证环境、检测标准、示范应用等服务，为创业企业快速成长提供市场和资源。RPA+AI（机器人流程自动化）场景创新联合实验室是这一类型的典型代表。四是创投孵化器。由投资机构、成功企业家、天使投资人等设立的创业服务平台，具有较严格的项目筛选机制，依托建设主体较强的资金资源和高端人脉网络，为入选的创业者提供直接投资或投融资对接服务，并辅以商业模式打磨、市场定位、企业管理咨询等有针对性的专业辅导服务，促进创业项目的快速成长，以获得投资回报。创新工场、HAX 加速器等是这一类型的典型代表。五是跨境孵化器。跨境孵化器是依托自身国际布局及国际资源设立的创业服务平台，其最核心的服务是跨境创业服务，包含海外技术资源对接、国际市场开拓、国际项目加速等，通过带动资本、技术、项目等跨境创新创业资源的全球流动，实现创业项目的跨境孵化。盛景国际、非程创新孵化器（Future Hub）等是这一类型的典型代表。六是开放式办公空间。以联合办公空间为基础，为各领域的创业者提供媒体推广、创业活动、资源链接等服务，通过办公空间及各类创业活动增加创业者流量，聚合各种创业资源，构建开放活跃的创业社群网络。优客工场、3W 咖啡等是这一类型的典型代表。七是科技创业街区。一般分布创业人群较密度高，企业、高校、科研院所等产业组织者集聚的城市中心地区，结合地理位置、主导产业和人群就业创业特征，科技创业社区集聚产业及创新资源，为创业者提供综合型、一站式的创业服务，打造科技创业圈子、提升创业便利性。纽约硅巷、波士顿肯德尔广场是这一类型的典型代表。

11.4 科技创业社区成为重要突破口

11.4.1 从封闭式孵化到开放式创新

在形态各异、模式多样、层级不同的各类创业孵化机构、平台、载体中，如今我们重点打造具有集群性、多样性、多元化、综合性的创业孵化集聚区，力求探索具有局部创新生态圈功能的新型创业孵化综合体——科技创业社区。这种"新型"或者"综合体"，核心通过将"政产学研金介用"之间的创新生态嵌入以"产业链上中小游大中小企业"为核心的产业生态，形成能够形成共生共荣、生生不息、自组织自成长的"永动机"。更进一步而言，这个"永动机"，主要包括如下内涵：一是强调生态的圈子，营造开放创新生态圈，促进创新生态与产业生态的闭环发展及协同演进，突出生态赋能（储能、孕能、使能、释能）；二是强调平台的流量，打造成为超级的第四方平台并强化第三方平台的引进培育，突出创业、企业、产业等流量的涌现；三是强调源头的资源，强化地区高校院所、产业集团等科教智力资源的源头地位，促进高端创新资源及产业要素流向创业、企业、产业；四是强调服务的价值；强化科技服务的产品化、集成化、便利化、网络化，为创业创新、产业化、开放合作等提供便利；五是强调开放的氛围，根植地域文化，营造良好文化氛围与发展环境。

11.4.2 优化科技创业社区顶层设计

一般而言，科技创业社区应以新时代高水平创新生态圈建设为主线，以前沿创业引力场建设为着力点，坚持"前沿创业栖息地、未来产业策源地、开放创新生态圈、高端要素聚合池、科技服务主阵地、文化交流主窗口"发展定位，形成"六器成场"（孵化器、加速器、处理器、储存器、路由器、链接器）发展态势，突出"新地标、新产业、新创业、新服务、新资源、新生态"重点工作，强化生态圈、平台性、源头化、服务化、国际化品牌内涵，夯实共生共荣、生生不息、自组织自成长"永动机"核心价值。并实现如下发展目标：一年成型，强化规划与基础建设及平台建设等，完成形态开发及功能配套；二年成气，强化产业生态与创新生态协同演进与建设，形成开放创新生态圈；三年成器，打造成为前沿科技创业、硬科技创业的引力场；四年成熟，基本形成孵化器、加速器、处理器、储存器、路由器、链接器发展构架与发展态势；五年成功，基本建成前沿创业栖息地、未来产业策源地、开放创新生态圈、高端要素聚合池、科技服务主阵地、文化交流主窗口。

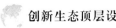

11.4.3 创新科技创业社区发展路径

科技创业社区需要打造局部的创新生态圈，具体表现在围绕"引培一流的人才，涌现一批变革创业；争攀一流的科技，研制一批创新成果；搭建一流的平台，生成一批新型业态；建设一流的社区，产生一批服务品牌"战略目标，突出"新地标、新产业、新创业、新服务、新资源、新生态"重点工作：

一是新地标——打造国际化创业社区。捕捉创业空间新变化、把握双创升级新趋势、构筑开放共享新城市，建设人才自由流动、要素自由配置、技术自由转化的创业社区；推动空间主体多元化、空间形态虚拟化、空间功能专业化、空间价值人本化，加快促进资源配置流动扁平化、共享性、去中心化；在物理空间基础上打造与虚拟空间相结合的革命性空间体系，营造国际化质优生活配套服务供给。

二是新业态——育成原创型新兴业态。瞄准新兴产业发展战略制高点、技术主导权与发展主动权，加快技术创新、产品创新、服务创新、业态创新、市场创新、组织创新，以新思想驾驭新模式、以新模式架构新技术、以新技术衍生新业态，不断涌现原创的先进技术、颠覆的商业模式、知名的企业品牌、全新的产业业态。

三是新创业——培育硬科技创业梯队。围绕新经济企业爆发成长发展趋势，培育高技术创业梯队，支持科学家、科研人员、科技企业高管、海归人才、连续创业者等高端创业群体开展硬科技创业、创办硬科技企业；从产研融合、央地融合、军民融合等方向的创业企业中，寻找一批具有高水平产业孵化属性的创新型企业；通过应用场景搭建、政府采购试点、金融服务集成等方式支持企业成长。重点支持如下六种创业：一是从事硬科技、黑科技以及前沿技术集成应用等方面的领军科技人才创业；二是将国外、市外前沿技术、商业模式、管理经验与本国、本地市场相结合并嵌入国家产业价值链的高端跨区域创业者创业；三是不断创业、创业、再创业而且取得商业成功的系列创业者创业；四是能够从产业链、创新链、资本链乃至供应链中颠覆和重构特定行业形态、服务业态的产业组织者创业；五是职业经理人创业；六是创客极客式创业等。

四是新服务——布局境内外条件平台。核心是强化精准创业服务供给，形成高标准准入、高精准培育、高水平成长的发展态势。引导服务机构加强对创业者洞见力、创业企业链接力的培养，帮助企业思考自身如何发展，提高创业者的洞见力和方向感，在产业企业资源、机构服务资源、政府公共资源以及要素市场资源之中，实现人才、资本、技术、经验、知识以及业界关系等方面的高效对接及优化配置。鼓励专业化众创空间（精准孵化）、创客服务中心（集中办公）、商业模式实验室（头脑风暴）、研发众包平台（众包研发）、技术熟化中心（技术转移）、青年创业讲坛（创业辅导）、天使投资俱乐部（天使基金）、创业路演中心（创业大赛）、场景模拟实验室（场景模拟）、产业服务中心（资源链接）等新服务平台搭建，探索"创业辅导+天使投资+资源链接""概念验证+场景模拟+技术熟化"等新型服务模式。引导有条件有能力有共识的高校院所、大企业整合共享创新创业资源，搭建专业化创业服务平台，为业内初创提供科研条件、产业链资源对接、创业投资等专业服务，打破企业的边界、产业的边界以及商业的疆域。培育高水平创业导师群体，可探索建立包含企业家、咨询师、科学家/工程师、投资人、产业管理专家为主体的专家库，为单一创业企业提供导师团服务，加大对企业的专项服务。

五是新资源——加速全球化资源链接。引进和聚集国外大学研究中心、人才交流中心、创业服务机构、国际商会、国际行业组织；抓住一批具有海外背景的企业家、创业者等关键人脉，对接以联盟、协会、孵化器、服务机构等主体的跨区域组织者，以人为纽带带动理念、思想、要素流动；举行国际科技创新发布会、前沿科技成果交流峰会以及国际科技产业对接会等系列活动等，最终将中国的新兴市场与国外创新高地的先进技术、中国的企业家创业者与国外的科学家、中国不拘一格的创业与国外的硬科技、厚创新相结合，为创业孵化找到最大的立足点与突破口。

六是新生态——营造枢纽型创新生态。吸引高端科技中介机构，推进研发服务开放共享，完善知识产权、检验检测、科技咨询等服务薄弱环节，提供全方位、一站式、低成本的专业化服务；以互动式媒体节、展会活动、

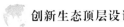

社交网络活动、颁奖活动等形式营造良好创业创新氛围；塑造企业家榜样、弘扬新时代企业家精神等。

七是新治理——提升创业的治理能力。依托专业机构研究前沿创业领域预测方法技术、发布园区前沿创业领域预测报告，强化国内外前沿创业领域预测与概念验证，引领高技术创业、高精尖项目、前沿技术企业发展等；探索建立完善第三方高端创业长效评价及跟踪机制，建立事前第三方评估、事中跟踪辅导支持、事后第三方评价工作机制；开展高水平创业企业税收优惠试点，在天使投资、市场准入、新业态监管、双创财税体制创新等方面，加强制度创新研究与政策储备。

11.5 进一步承载高能级高水平创业

11.5.1 我们需要什么样类型的创业

创业是实现个人价值与梦想最大的最直接的通途，不宜为了创业而创业，不宜为了弄潮儿而时髦，是一场"只为生命的远行"的修行。尽管创业分类较多，但从创业主体及其价值作用来看，创客极客（变革式）创业、科技人员（团队）创业、青年（大学生）创业、跨区域创业者创业、系列创业者创业、职业经理人创业、产业组织者创业、集团内部创业、企业二次创业、自由个体创业十大类型应该成为主流。

一是创客极客（变革式）创业。主要指一类努力把各种创意转变为现实的人，或者是一类以创新、技术和时尚为生命意义的人，通过创业实践概念想法转变为具有变革式、颠覆性的时代创意、产品技术、商业模式的创业行为模式。该类创业侧重于无奇不有的创意、变革式创业、颠覆式创新，往往是一个不经意的点子或想法，再加上一个创业团队、天使投资，很可能在短时间内发展成为估值、市值较高的新兴企业、高技术大公司。其成功关键，依赖于大量创业创意创新人才的汇聚、发达的天使投资网络、与创意想法相配套的产业生态、线上线下相结合的创客（极客）空间"鼓励异端、宽容失败"的文化环境。

二是科技人员（团队）创业。主要是国内外科技人员在掌握一定核心技术、市场经验、业界关系的基础上，尤其是借助创业投资、团队创业、"技术跟着人走"等机制，通过"下海"创业加快将先进技术转化为成熟商业模式的创业行为模式。如何转变技术人员"知识分子"浪漫有余而商人不足的基因，打破技术自恋与封闭创新，从商业模式的角度反向看待产品技术架构，实现科技人员向创业者、创业者向企业家转变，是科技人员创业成功的关键。其中，对于海外归国科技创业者而言，能否将国际先进技术、管理经验等与本土世界相结合；对于团队创业而言，如何将团队成员情感基础与市场规则的有机结合，在权责及利益的分配上存在理性及动态的协调机制，都是不可缺少的因素。

三是青年（大学生）创业。基于一定职业、学业积累，既没有明显的科技人员创业色彩，也没有职业经理人创业、系列创业者、跨区域创业者等光环，从贸易销售、生产制造、研发创新等不同行业、不同环节介入，致力于独立成就事业的创业行为模式。这种类型的创业往往呈现出多领域、多层次、多形式、存活率低但生命力强等特点，是推动全面创业、保持经济社会发展活力的重要力量。作为积累沉淀相对不足的创业类型，青年（大学生）创业成功创业的核心，在于创业者本人能否准确把握、顺应产业价值链分解、融合、重构的规律及趋势，能否基于对自身、对行业、对市场、对企业、对管理的深刻理解认识，用企业家精神驾驭职业经理人才能、商人特质、链接业界关系、穿透价值链、势利结合，成为既定结构和游戏规则的颠覆者和搅局者。

四是跨区域（创业者）创业。指频繁来往于两个以上国家或地区，从事创业的创业行为模式。这类创业者在两地的生活和工作，能够及时把握最新技术热点和趋势，了解最新商业模式和理念，与两地各类创新资源建立密切联系。在"飞来飞去"过程中，跨区域创业者将两地的创新资源整合在一起，甚至承担了产业组织者的角色。跨区域创业能否取得创业成功的关键，在于能否充分把握两国或两地区的发展差异、国际分工、市场缝隙、资源禀赋等，通过产业梯度转移、技术移植、商业模式复制等，将先进技术项目、商业模式、管理运作经验在国内落地或移植，直接代表母国（地区）

嵌入全球产业价值链。

五是系列创业者创业。在把企业创办到一定程度之后，或者将企业卖出，或者聘请职业经理人继续经营企业而自己去创办新的企业，不断创业创业再创业。这类创业者一般不随着企业做大而跟着企业成为上市公司 CEO，要想让企业发展得更快，创业者必须在完成创业后主动退出。尽管这类复合型或专业型人才在各自的领域中积累知识、发现技能，从而不断地提高工作效率，但其核心在于系列创业者本人需要在跨界发展方面有十足的天赋和经验，具有较强的跨界整合能力。

六是职业经理人创业。企业集团的职业经理人，在发现一定创业机会后，将自己成功的管理经验、人脉资源、业界关系及行业背景向其他产业技术领域转移或复制，创办新兴企业的创业行为。这类创业者能否创业成功的关键，在于能否打破职业经理人本身的局限或不良基因，比如能"做大做强"却难以"从无到有"、能"飞的高一点"却经不起"失败"等，需要有"认准了就做"、"敢想、敢做敢当"的个性与气质。

七是产业组织者创业。一批企业家、投资家在取得商业成功后向产业组织者转型，以金融资本为杠杆、以行业经验及管理经验为支撑，聚焦新兴产业技术领域整合创业资源，打通产业链上下游企业的产权关系，推动整个产业技术链条的发展。这类创业往往需要一个能够站在新兴行业技术前沿，对产业发展前景有准确的判断，对商业模式设计、企业管理运作、市场开拓有丰富经验，并在人才、资本、技术等方面有较强产业组织能力的核心人物或团队，能够通过聚焦某一产业技术领域，整合社会有关创新创业资源，开创产业组织、创业培育的全新模式。

八是集团内部创业。主要指集团公司立足原有经营范畴、产业领域、资本积累以及管理机制等及再创新，针对新领域、新模式、新业务、新市场等，鼓励内部员工以股权、期权、虚拟期权等方式投资运营新的经营实体的创业行为。该类创业类型主要发生在具有一定规模企业，通过发展模式的移植、资源的外溢所形成的，其成功关键在于能否建立全新的管理模式、管理理念、经营业态、商业模式，打破依托企业在管理、人力结构、发展方向上有较大约束和障碍。

九是企业二次创业。企业在经过一定发展阶段，并完成资本原始积累、业界关系沉淀后，借助新思想、新模式、新技术、新业态，向新的领域、新的市场、新的产品等方向再创业。核心是如何重组企业家创业者的"基因"，能否打破惯性思维及发展路径依赖，找到全新的领域、全新的商业模式、全新的产品服务、全新的新兴市场。

十是自由个体创业。主要包括自由职业者及广大个体户。无论"自由"抑或"个体"，本身既是创业灵活的优点，又是难以迅速成长的问题所在。

11.5.2 我们需要什么样的创业导师

尽管在不同场景和语境中，专家、导师的背景、风格、偏好、角度、水准不一样，创业指导水平不一。以下借助创业导师点评场景，分析创业点评方式及其话语结构，但更像是我们需要怎样的创业导师。

一是良师益友型。好的点评一般不对具体的 BP 内容做点评，毕竟市面上 99% 的 BP 都很粗糙，很多时候甚至没有必要对其 BP 过于批判或外科式手术。在此背景下，这种点评方式主要是结合创业团队在什么条件下，到底有什么、到底想什么、到底创一个什么业、到底怎么创这个业。具体而言，主要是帮助创业者回答四个问题：第一，情怀上的不忘初心，回答到底为什么或为了何种改变而创业；第二，认识上的追本溯源，回答到底提供什么产品或服务；第三，战略上的以小见大，视野越宽、战略越窄、想象空间越大；第四，模式上的以简驭繁，回答如何简约而不简单。

二是文案专家型。如果用专业的眼光来看，很多商业计划书基本上都不合格，核心问题是对创业的本源之问题缺乏深度的思考。在此背景下，这种点评方式主要是协助创业者回答是否/能否有钱可赚、是否/能否有市可做、是否/能否更加轻盈、是否/能否规划清晰、是否/能否有故事可讲。具体而言，主要是帮助创业者深化对"商业计划书"的认识，"商"就是回答如何赚钱，"业"就是回答做什么事，"计"就是回答何种玩法，"划"就是回答什么蓝图，"书"就是形成湿的故事。

三是战略顾问型。一般而言，战略顾问最容易立足外部诊断、内部诊断等 SWOT 分析的基础上，就创业项目的发展做出自己的判断，而不是基于经验和感受。在此背景下，这种点评方式主要是借助理性的分析判断与经验的实际支撑，就创业项目的发展做出综合判断或专门判断。具体而言，就是帮助创业者回答：第一，到底有什么机会、卖点、长板和前途；第二，到底有什么风险、问题、短板和顽疾；第三，到底需要做什么、怎么做、如何才能做好。

四是案例研究型。在当前条件下，很多创业项目基本上都能找到这个领域或者其他领域最佳商业实践与一般发展规律，而足以使得很多创业少走弯路。在此背景下，这种点评方式主要是帮助创业者在把握自身领域的一般规律与发展经验基础上，更快地找到适合自身的发展方向。具体而言，主要是帮助创业者回答如下问题：第一，这究竟是一个什么类型或者什么性质什么行业的创业；第二，这类创业项目一般的发展规律及成功关键是什么；第三，在此条件下这个企业究竟有什么问题或障碍；第四，未来这个企业有什么样的发展方向。

五是治病救人型。对于任何创业项目的点评，不应该说这种项目我见多了、你很难做好，或者说这个企业不怎么样、这个企业很好等，关键在于治病救人。在此背景下，这种点评方式核心是结合问题导向，提出解决问题的办法，而非停留在说人有病的层面。在这种语境中，基本逻辑有三点：第一，这个创业（企业/模式）有没有病、有什么病、为什么有病；第二，到底还有没有价值、有没有长板、有没有救或该不该死；第三，如果有救或该死，到底怎么救或者怎么死，而不仅仅是知其然而不知所以然、未来然。

六是因循诱导型。对于很多发展前景良好的创业项目，不必拘泥于问题的解决，更多的需要通过创意激发和因循诱导，找到更大的迎刃而解的发展方向。在此背景下，这种点评方式核心是结合发展导向，通过点出更加靶向、轻盈、快速的发展模式，以新的发展去解决问题和矛盾。具体而言，主要是帮助创业者回答如下问题：第一，这个项目最大的机会/愿景（应该）是什么；第二，这个项目最大的挑战/问题是什么；第三，这个项目未来成功核心/内核是什么，或者这个行业究竟应该怎么做/有没有变革的可能；

四是这个项目最大的走向 / 商业逻辑 / 建议是什么。

七是浅出深入型。如同"从群众来到群众中去"一样，通过实践谈本质，再通过本质关联发展，找到事物发展的内在逻辑，是简约而不简单的处理方式。在此背景下，这种点评方式核心是从周边的事件或案例入手，揭示创业项目走向成功的关联和关键，并提出醍醐灌顶的发展走向。具体而言，主要是帮助创业者回答如下问题：第一，结合最新潮的、最热闹的、最成功的事，谈最大的机会、最新的趋势、最本质的规律或者最强劲的脉搏；第二，从这些故事、机会、趋势、规律、脉搏看来，这个创业项目与之有何关联以及到底有没有引领的、爆发的、井喷的可能；第三，如何把这种可能转化为现实，及其所需要的愿景、方向、做法、途径与必要条件等。

当前，我国已成为全球最具创业活力的国家，创新创业的空前活跃使得创业服务的需求量剧增，推动创业孵化行业正由"器"之形转向"业"之态，创业服务机构的发展模式亦强调以创业者成长需求为核心，从"孵化"拓展至"服务"并转向"赋能"。与此同时，《国民经济和社会发展第十四个五年规划和 2035 年远景目标纲要》在战略新兴产业篇章提出"组织实施未来产业孵化与加速计划"，指明了创业孵化行业未来的引导方向，即必须面向战略新兴产业、必须走专业化道路、必须能孵化出产业。站在转型发展的"十字路口"，创业服务机构需要从"专业化、市场化、平台化、生态化、全球化"的"五个化"入手，全面构建创新生态、打造服务产品，成为培育未来新兴产业、提升科技创新能力的中坚力量。

12 产业互联平台优化产业组织

进入互联网下半场，数字化转型成为地区经济发展的重要突破口；产业互联网平台作为重要的基础设施，成为数字产业化与产业数字化能否实现的基石。如果说改变生活方式的是消费互联网，改变社交方式的是社群互联网，改变生产方式的是工业互联网；那么，在数智科技条件下，能够将生产生活方式实现贯通并实现"交易平台+产业数字化+供应链金融"的则是产业互联网。产业互联网本质上是产业组织创新，中间层是资本运作、技术架构和商业模式，基底则是产业开放创新生态圈。产业互联网作为数智科技条件下的产业组织者，依赖于多创新主体的协同推进机制。当前，大量产业互联网还处于探索阶段，迫切需要重识产业互联网技术的逻辑、资本的逻辑、商业的逻辑、产业的逻辑、生态的逻辑，以便更好地服务数字化转型与产业组织创新。

12.1 当前究竟如何理解产业互联网

对于 Industrial Internet 的误读，并非源自与不同翻译的解释，而在于对产业技术革命的演进、产业价值再造缺乏基本判断。如果第一次、第二次产业技术革命是工业化意义上的生产方式决定生活方式，第三次产业技术革命是信息化意义上的生活方式决定生产方式，那么第四次产业技术革命不仅进一步强调生活方式反向决定生产方式，还将实现生产生活方式的贯通。

12.1.1 破除产业互联网一般认识的迷雾

在国际上，"Industrial Internet"最早被定义为"用复杂物理机器和网络化传感器及软件实现的制造业企业互联"；后来由于"Industrial Internet"主要应用是工业，在引入国内时就被翻译为了"工业互联网"。

而在国内，基于互联网发展的平台公司，被有的人分为"C端业务""B端业务"，前者被视为消费互联网，后者被视为产业互联网。如今，狭义上的产业互联网是指以生产者为主要用户，通过在生产、交易、融资和流通等各个环节的网络渗透从而达到提升效率、节约资源等行业优化作用，通过生产、资源配置和交易效率的提升推进产业发展，带来全新管理模式、服务机制、服务体验的产业形态。而广义上的"产业互联网"，则是面向生产者、消费者等用户，通过在社交、体验、消费、流通、交易、生产等各个环节的网络渗透从而达到优化资源配置、加速敏捷供应、提高消费体验，最终将生产方式（技术构成 + 组织方式 + 管理模式 + 服务模式）与生活方式（消费模式 + 社交模式 + 消费体验）全面贯通的产业形态。当前，产业互联网已成为"数字中国"战略的重要内涵以及重要途径，但对于产业互联网的认识还存在很多迷雾，因而对于产业互联网的实践还存在不少误区。

12.1.2 全面实现生产方式、生活方式贯通

伴随科技革命与产业变革，经济增长与社会发展出现了更为实质性变化，进一步呈现出 2C（个人）的消费模式场景化、2F（家庭）的生活方式社交化、2B（企业）的生产方式智能化、2G（政府）的治理方式数字化特点，经济社会发展加快从半工业半信息社会走向万物互联、数据驱动、智能使然的数智社会或者智能社会。这其中，如果说电商互联网平台改变的是消费模式，社交互联网平台改变的是生活方式，工业互联网平台改变的是生产方式，那么产业互联网则是整合供给与需求、工业与商业、虚拟空间与智能硬件以及生产方式与生活方式，最终将形成"数据驱动 + 平台赋能 + 智能终端 + 场景服务 + 社交生活 + 敏捷供应"的生产生活方式。如今很多工业互联网之所以不是产业互联网，核心由于缺乏 2C 的充分数据与流量，难以真正实现消费端、应用端、体验端的反向配置生产资源，成为封闭的 IT 系统或高端智能化的智能工场。如今很多消费互联网 + 智能工场之所以不是产业互联网，在于没有真正实现生产方式的改变，以及生产生活方式的贯通。

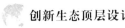

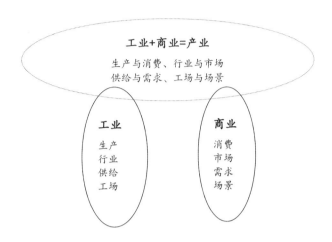

12.1.3 产业互联网创新与构建的着眼点

创业成长、企业发展、产业创新等价值再造，核心是把握生产与消费的新趋势及其相互的关系。在以往工业经济与商业经济条件下，生产主要提供的是工业品、消费品，产生了很多制造商、供应商；消费往往讲求客户、需求、营销网络等，产生了很多代理商、采购商。从生产到消费是一个以正向为主（生产决定消费）、反向为辅（消费反向决定生产）的链条式的供应关系，工业与商业、生产与消费以及行业与行业之间具有一定的界限，也从根本上决定了产业价值链的存在。伴随互联网经济崛起，无论是信息技术还是平台模式的推广应用，生产供应方式逐步从工业品、消费品向消费互联网、社群互联网，再向产业物联网、产业互联网等方向发展，在此条件下出现了大量电商平台、App、云平台等。与之相适应的，在消费端、客户端上越来越强调流量、终端、社交、数字、内容、场景、体验、触点网络等。

在此背景下，大量介于生产与消费、工业与商业、行业与行业之间的平台型企业涌现，打破了以往卖方与买方、上游于下游、供应与消费的关系，甚至成为新型产业组织者、商业生态建设者、开放创新生态建设者等。这其中，很多产品（服务）不再是单纯的产品（服务），有的是新场景、有的是智能终端、有的是社交生态等；很多产品（服务）的交易关系从 F2B2C 转化为 B2B、B2C、F2C、F2B，销售渠道越来越短、销售客单越来越批量、供应越来越敏捷，甚至出现了用户深度参与生产的前道环节等；而很多产品（服务)的生产过程与消费过程有机结合在了一起,起到了一定的产业组织作用。

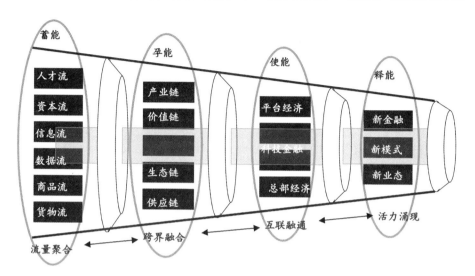

图:将流量优势转化为数据驱动与数字发展

12.2 产业互联网建设发展顶层逻辑

伴随产业发展从第一产业、第二产业、第二产业,走向一维产业、二维产业、三维产业,产业互联网是很多正在推到重建传统产业跨过平台经济的二维产业,走向三维产业、高维产业的重要通道。产业互联网的核心价值是超越时空局限、锁定技术门槛、重塑产品形态、穿透商业疆域、走出企业边界、跨越产业界限,其顶层设计是站在产业组织的高度上,根植产业开放创新生态圈,在"交易平台+产业数字化+供应链金融"的中间件下把产业重新做一遍。

12.2.1 产业互联网到底要实现什么创新

产业互联网核心是需要形成六个方面的创新:一是超越时空的局限,就是通过从物理空间走向虚拟空间,在线上线下相结合的条件下,打破一个企业、创业经营发展的空间,从区域"小市场"到全国、全球"大市场"。在"大市场"做一个小事而取得商业成功,而非在一个"小市场"上做无数的业务堆积业务体量。二是锁定技术的门槛,就是通过技术创新构筑屏

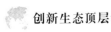

蔽竞争对手的门槛，抢占战略制高点、技术主导权以及发展主动权。从科技、到高科技、到硬科技、再到黑科技，从信息技术、数字技术到智能技术，将硬科技与软创新相结合。三是重塑产品的形态，就是在制造业服务化、服务业制造化、产品即服务、制造即服务、软件即服务条件下，打破以往的产品或服务形态，输出或提供新的价值。尤其在很多领域，往往是以"软件＋硬件、产品＋服务、平台＋终端、线上＋线下"等方式呈现。四是穿透商业的疆域，就是不断优化交易模式，伴随从物物交换、货币交换、大规模生产、个性化定制等交易模式的演变，最终将商业模式嵌入到人们的生产方式、生活方式之中，让产品、服务成为人们生产的一部分、生活的一部分、乃至人功能的延伸。五是走出企业的边界，就是超越以往商业企业、工业企业、中介企业的界限，转而到产品企业、平台企业、生态企业的新语境。通过"去中心化—再中心化（平台企业）—再去中心化（生态企业）"的路径，打破企业的发展边界，优化企业的生产组织方式、市场的资源配置方式、产业的组织发展方式、创新的发展方式等。六是打破产业的界限，就是穿透以往产业链、供应链条件下的价值链，转而进入开放创新生态圈条件下的价值网，将产业链的上下游、买卖的左右方等链式供应关系，转变为共生共荣、相互依存、自组织自成长、共同成长、一起赚钱及发展的创新生态关系。

12.2.2 产业互联网顶层设计的基本逻辑

某种意义上，产业互联网顶层设计近似于"钻石模型"。顶层是产业组织——体现为产业互联网公共政策的逻辑，也就是如何发挥好产业组织作用，其主体是政府、平台企业、大企业、投资机构等产业组织者，尤其在推进产业互联网发展过程中重要的是发挥创新型服务政府引导作用。底部是创新基底——体现为产业互联网生态的逻辑，也就是在平台条件下，一些利益攸关方如何更好地围绕不同场景、需要、交易、供应等形成开放创新生态圈，并促进业务下沉和资源配置等。而中间的三角分别是资本运作、技术架构和商业模式，共同构成产业互联网平台的逻辑。其中，一是资本的逻辑，不仅包括创业投资如何参与产业互联网，还包括如何借助股权纽带整合产业，亦包括将供应链金融作为产业互联网重要体现；二是技术的逻辑，不仅仅是安全、数据、网络，核心是借助高端软件及数智技术实现全供应链的产业数字化；三是商业的逻辑，核心是建议以交易平台为核心的商业模式，从第三方平台走向第四方平台，并优化商业模式。

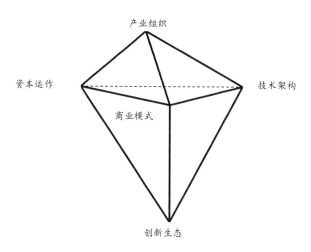

图：产业互联网顶层设计"钻石模型"

本文所阐述的产业互联网顶层设计，核心是站在产业组织的高度上，根植产业开放创新生态圈，探讨如何在"交易平台 + 产业数字化 + 供应链金融"的中间件下，用产业互联网把产业重新做一遍。这个"产业组织"就是在政府解决市场失灵和培育市场的逻辑下，加快将一批平台企业、大企业平台化、枢纽服务机构等培育成为产业组织者，以产业组织创新引领产业互联网发展。这个"交易平台 + 产业数字化 + 供应链金融"三驾马车，主要实现如下的平台作用：一是通过交易平台实现需求与供给、卖方与卖方、上游与下游、B 端与 C 端的有机结合，从流量驱动到数据驱动；二是通过产业数字化实现工业与商业、制造与服务、工场与场景的有机结合，从自动化到数智化、从大批量生产到大规模定制；三是通过供应链金融撬动促进人流、信息流、货物流、商品流、资金流转化为数据流和价值流，在资源、资产、资本的转化中实现价值再造与价值增值。这个"开放创新生态圈"，就是将以往的利益攸关方、大中小企业互联融通、"政、产、学、研、金、介、用"多位一体有机结合，成为产业互联网的根底。

12.2.3 产业互联网构建依赖系统性创新

如上所述，产业互联网建设发展的推广应用，是以组织创新、模式创新、技术创新、金融创新、管理创新为核心的系统创新，工厂级的工业互联网、产业互联网不是一个完整的工业互联网、产业互联网，更多的是智能工厂，很多产业互联网能否彻底走向产业互联网的前提，在于统一大数据云平台驱动下的系统性创新与结构性重构。在此过程中，产业互联网出现了如下新的热点和趋势：一是硬件设备与网络设施作为产业互联网的硬件设施，既是难点、痛点，也是热点、重点，尤其是智能传感器不仅是硬件、更是数据的创造者；二是产业云平台作为产业互联网的核心呈现中间集中两端分散的格局，与企业结合、行业结合、区域结合成为重要的发展方向；三是工业软件作为产业互联网的"大脑"，需要以全新架构为生产提供服务，尤其是产业互联网级 App 将成为生产方式与生活方式贯通的桥梁；四是产业互联网平台数据安全风险隐患凸显，信息安全作为产业互联网的保障面临着较大的安全挑战、也面临着较大的发展机遇。这些热点趋势需要关注，更需要在生态化商业逻辑与平台化业务模式条件下，与前沿技术架构有机结合在一起。

12.3 产业互联平台的新型产业组织

产业互联网的核心价值并非产业的互联网化，而是借助产业互联网平台起到产业组织作用，进而重构传统产业价值链，产生全新的生产方式、生活方式与增长方式、治理方式。在这个产业组织过程中，不仅要实现从产业价值链到产业价值网的认知升维，还需要实现从生产函数滚动增长到生态指数增长的发展目标，更需要从服务型政府向创新型服务政府转型的前提保障。

12.3.1 从互联网上半场到互联网下半场

如何全面审视产业互联网，需要在把握信息技术的特性与代际演进的基础上，不仅要从互联网上半场的孕育看下半场的发展，还要从经济社会演进的角度把握产业互联网的本质与使命，最终站在产业技术与经济社会变革的角度来重识产业互联网的来龙去脉与何处何从。尽管"互联网下半场"并不足以完全反映新一轮业态创新、产业变革与科技革命，但的确是以互联网技术为代表的信息技术，从诸多新技术中脱颖而出，并对产业革命与产业发展起到了独特作用。"互联网上半场"更多的是借助以互联网技术为代表的信息技术，从物理空间向虚拟空间上走，打破人们生活方式、企业经营发展、产业组织发展的时空局限，产生更大的、直接或间接的经济社会效益以及消费体验。"互联网下半场"更多的是借助大数据、云计算、物联网、移动互联网、5G，尤其是人工智能等新一代信息技术，从虚拟空间向智能终端中嵌、从智慧感知到智能运用，最终用供需两边通吃、跨界融合的产业思维打通生产方式与生活方式，形成一种新的经济形态、产业结构、组织方式与增长方式。

如前所述，如果说"互联网上半场"是通过2B、2F最终2C，从信息经济到平台经济；那么"互联网下半场"既可以通过2F、2B搞工业物联网、产业互联网来改变生产方式，也可以通过2C从改变消费方式到改变生活方式，最终实现生产方式与生活方式的贯通，生态经济成为平台型企业的重要发展能力。在这个过程中，只有底盘强大的行业＋互联网，并借助互联网 × 人工智能，才能成为新一轮业态创新与产业变革的引领者。所以，互联网上半场是借助C端流量、市场需求反向配置生产资源，从人们的消费方式、生活方式到生产方式；在互联网下半场，不是单纯地搞改变生产方式的局域网、封闭的工业4.0，也不是单纯地进行生产方式的智能化升级改造，而是在消费反向决定生产的基础上，再造新型产业组织方式。

12.3.2 加快从产业价值链到产业价值网

从工业经济到创新经济一个重要的发展主轴与认识升维，就是从以往的"产业价值链"到"产业价值网"。其背后的规律是产业发展从产业模块化发展到了产业生态化发展新阶段。如前所述，在产业模块化条件下，产业价值链运动规律是分解融合，呈现出线性增长发展趋势；但在产业生态化条件下，产业价值网的运动规律是融合跨界，可能会产生爆发成长趋势。以往的"产业模块化"，就是某一行业一体化或产业的价值链结构逐渐裂

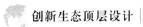

变成若干独立的价值节点，通过各价值节点的横向集中、整合以及功能增强，形成了多个相对独立运营的价值模块制造者以及若干模块规则设计与集成者的产业动态分化、整合的过程。其本质是产业价值链的分解分解再分解、融合融合再融合。

12.3.3 从服务型政府到创新型服务政府

无论对于一个体制杂交的新兴经济体、转轨经济体，还是对于从工业经济管理走向新经济治理范式，企业往往感到与政府越来越有隔阂、有距离，而实际上政府在一个高速发展、矛盾临界的发展阶段亦有自身的困惑、困境。在新经济条件下，新兴产业发展规律或者创新发展规律变了，以抓经济建设为己任的政府在产业组织方式、产业管理范式以及公共服务方式、公共治理模式等方面，与企业作为制度产品接受者的地位及其制度产品需求的不相适应。具体而言，工业有工业的发展规律，服务业有服务业的发展规律，传统产业有传统产业的发展规律，新兴产业有新兴产业的发展规律。长期以来，政府是抓工业的"高手"，因为在滚动增长条件下产能、营收、能耗、物耗等可以计算出来，相关资源要素指标配置亦是可量化可控的，但比如用抓工业的方式抓服务业，尤其是抓新兴产业就非常难。伴随产业跨界融合，政府工作同样需要跨界融合，核心是从公共行政型政府、服务型政府走向创新型服务政府。作为地区创新生态设计者、建设者、维护者，其基本内涵是"第四方新型产业组织者＋第三方创新服务集成者＋第二方精益服务提供者"。

12.4 产业互联平台的技术架构逻辑

产业互联网的技术架构并非将新一轮信息技术、智能科技与先进制造、社交商务机械地拼装和组装，而是带有产业互联网顶层思考的技术实现。正是以往的产业互联网过于强调"器""技"层面，而难以从传统的技术架构上自拔，以下研究不是提出一个标准化的技术架构，而是阐明技术结构背后的商业化逻辑、社交化逻辑、数字化逻辑。

12.4.1 优化产业互联网的技术顶层架构

产业互联网的顶层设计与建设运营并非单纯是技术架构与功能实现，

更在于业务架构与商业逻辑，只有以产业跨界的新思想驾驭"平台+生态"的新模式、以"平台+生态"的新模式架构"以用户需求为起点+以行业应用为导向+以数据为驱动+以网络/平台/安全为核心+以基础设施为支撑"的新技术，才能以产业互联网新技术驾驭新业态，形成反向设计与逆向创新。当前在国内外不同行业、领域和地区出现了不同的工业互联网平台、产业互联网平台、产业物联网平台等，制造业企业搭建的工业互联网平台带有浓厚的智能工场烙印而与消费端交互不够，大型电商企业搭建的工业互联网平台带有浓厚的流量驱动但又底盘不硬，消费社交平台推广的产业互联网偏向企业商务，不仅鲜从产业思维上对制造业或服务业、生产与消费、供给与需求、工厂与工场进行跨界整合，还难以从科技革命中将生产方式与生活方式打通，出现"多面开花，但没有重磅炸弹"的局面。

产业互联网既不是 1.0 信息技术条件下的消费互联网、社交互联网，也不是 2.0 信息技术条件下的工业 4.0 或工业互联网，而是 3.0 信息技术条件下数智科技应用在生产方式、生活方式、消费方式、社交方式上的集中体现[1]。与此同时，当前的企业逐步从产品企业、平台企业向生态企业转变，不同的企业性质、发展段位需要不同的业务模式、方式方法，在大企业平台化以及生态化转型中，不仅需要彻底的平台化转型，还需要多管齐下抢占产业变革的新赛道，核心通过"去中心化（集团化）、再中心化（平台化）、再去中心化（生态化）"，将数字内容、物联平台、智能终端、场景体验、社交商务紧密结合在一起。

12.4.2 让社交贯通生产方式与生活方式

伴随新一代信息技术的深度应用，具有人人互联、随时随地、数据为王、体验为王特点的社交化软件，不仅成为倒逼传统业态转型升级的变革力量，还成为孕育原创新兴业态的革命因素。社交化或社交服务业的本质，是借助云计算把撷取、处理、整理好的大数据，通过移动设备传输到能创

---

[1] 1.0 的传统信息技术更多地是软硬结合、数控兼备、器网结合，更强调软件、互联网、自动化；2.0 的新一代信息技术强调线上线下、随时随地、智慧感知，更强调社交化；3.0 的数智科技强调云端云台、数智兼备、智能感应、智联生态，更强调数字化、智能化。

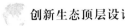

造价值的终端，再在社交商务情景中把这些数据的价值发挥出来的生活（产）方式。如果说互联网是一个交互联通的网络空间，颠覆的主要是行业，社交化则代表一种社会交融的生产生活方式，改变的是一个时代。社交化不仅拆除人与人之间、人与圈子之、圈子与圈子之间的"柏林墙"，还重新划定企业内部社交网、伙伴社交网、外部社交网络，重新定义了企业员工之间、企业与伙伴之间、企业与消费者之间的关系，核心价值是把买卖直接嵌入到人类的生活方式。在产业互联网构架的技术实现上，需要的是社交化软件，而非 ERP、ROE 软件等。

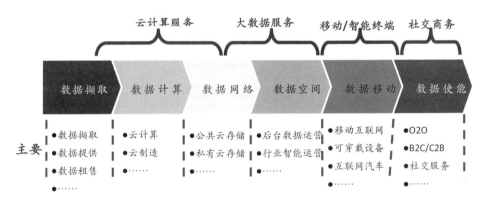

图：从数字产业化到产业数字化

产业互联网是数据驱动的产业组织，只有产业实现了数字化才能实现创新驱动。在数字产业化到产业数字化过程中，需要形成如下发展范式：一是加快数智新研发，从产业端出发面向需求导向进行逆向创新，加快数智技术创新与应用；二是培育数字新形态，形成线上线下、云端云台、数智兼备、器网结合、智联生态、智能感应的经济新形态，培育有硬科技属性、平台属性、跨界属性的新物种企业；三是加快数字新基建，着力构建全面互联互通的智能化数字基础设施，打造物联感知、高速泛在、融合智能的算力基础设施、新技术基础设施和通信网络基础设施，打造超级智联生态；四是开辟消费新场景，将数据、内容、算法、体验、服务、硬件等有机结合；五是优化要素新供给，将数据要素和智能技术、场景需求、平台组织、生态赋能紧密结合，促进要素自主有序流动，提高要素配置效率；六是保障网络新空间，加强网络安全保障体系和能力建设,探索网络空间治理规则制度,壮大物联网安全、网络安全、数据安全等新业态;七是营造创新新生态,围绕"政府搭建平台、市场开辟赛道、企业成为赛手",形成更有活力、生命力、竞争力以及影响力的创新新生态;八是加快产业新治理,用数字技术提升现代治理能力,用经济手段解决社会问题、治理问题,以社会建设带动经济建设。

12.5 产业互联平台的资本运作方式

如今创业投资机构、产业投资基金不仅是产业互联网的重要组织者,更是政府促进产业互联网发展的重要合作伙伴;产业互联网作为投资平台实施股权投资,是将股权纽带作为产业整合的基石;供应链金融作为产业互联服务体系的入口,成为产业互联网发展的重要支撑与突破口,最终形成财政资本与社会资本、金融资本与产业资本、直接融资和间接融资有机结合的产业投融资体系。

12.5.1 创投机构成为产业互联网组织者

我们常说产业技术革命发源于技术创新、成就于金融创新,体现为产业组织方式的演进。围绕产业链布局创新链,围绕创新链布局资本链,建立覆盖技术创新及产业化全过程的产业组织方式及科技金融体系,是一个国家和地区培育新兴产业、创新驱动发展的战略手段。当前在科技革命与产业变革历史交织条件下,迫切需要以财政资本带动科技金融、以产业资本支撑创业创新、以自主创新促进新兴产业,形成创新驱动、内生增长、开放合作发展格局,进而带动产业组织创新,有利于抢占产业发展的制高点、主导权与主动权。在此过程中,创投机构不仅成为产业互联网组织者,还将成为政府财政资本、政府引导基金的重要合作方。伴随以预算改革、税制改革及财政改革为重点的财政体制改革推进,迫切需要借助产业基金等政策工具创新产业扶持方式,促进产业转型升级与新兴产业培育;迫切需要借助投资机构转变财政资金配置方式,提高公共资源配置效率;迫切需要支持创业投资机构搭建地区性或行业性产业互联网平台,进而创新产业扶持及组织方式。

12.5.2 股权网络成为产业组织重要纽带

产业互联网具有高投资、高风险、高收益等特点，既需要政府发挥培育市场的作用，也需要大量创业投资、社会资本的注入。目前很多创业投资、社会资本专注于成长型或成熟型企业，投机倾向较强。更需要一批专业投资产业互联网的投资机构、长期资本。这些投资者不仅拥有雄厚的资金，而且具有深厚的业界人脉、行业背景和管理经验，能够将具有市场前景和发展潜力的原创想法从众多想法中挖掘出来。很多时候产业互联网平台是具有战略投资、产业投资、创业投资、天使投资、财务投资等方面的投资平台、创业创新平台。正是借助不同形式的投资，让产业互联网中的不同企业、个体建立起股权纽带，才能加快产业跨界融合与资源有效配置。这些投资的注入不仅仅是一种有限度投资，更是一种无形的资源，如增加了创业者或初创企业的信誉、提高了企业的管理水平、扩充了企业的社会关系网络等，为生态和合作伙伴的发展形成良好支撑，促进生态圈企业同频共振。

12.5.3 供应链金融成为产业互联网入口

产业互联网所"互联"的主要是供应链，也就是从一个核心企业或者是一个产业的上游出发，从供给侧到需求侧的整个物流过程、信息流、商流、资金流和价值再造过程。上中下由多个行业互联在一起，就形成了产业；多个产业互联在一起，就形成了产业跨界；多个产业基于互联网形成互联，就成了产业互联网。如今投资机构进入产业互联网的重要资本逻辑，便是基于供应链的供应链金融。在"供应链金融"中，"金融"是核心，"供应链"则是一个定语。供应链金融是随着供应链管理的发展而来的，是借助产业互联网成为重要的产业形态与商业模式。如今，供应链金融站在产业互联网平台上，依靠互联网和物联网、大数据以及区块链技术相结合的智慧供应链将成为主流。在产业互联网构建与发展过程中，之所以说是"交易平台＋产业数字化＋供应链金融"，核心是因为产业互联网服务体系的核心是多流合一，也就是商品流、物流、信息流、资金流、数据流等保持一致。这其中，最关键、最具备时间价值增值的是资金，这是供应链金融为产业互联网的核心的重要原因。进一步而言，单个企业去搭建一个单纯用于交易功能的平台是没有前途的；而传统的仓储企业、物流企业如果只是为客户提供仓储或运输，但脱离了交易、供应链融资，服务增值的空间也十分有限，客户黏性也不会很强。只有将在线交易、供应链金融、智慧物流作为进入产业互联网服务体系的入口，才能真正构筑起产业互联网的商业生态与创新生态。

12.6 产业互联平台的商业模式取向

产业互联网，更完整的叫法是"产业互联网平台"，这个"平台"的基础功能是能够产生和促进交易的平台。只有建立以交易为目的的平台，才能实现商业模式创新。但是单纯的交易平台仅仅是消费互联网，只有面向产业创新生态，从第三方的平台化走向第四方的生态化，才能成为真正的产业互联网平台。如今进入产业互联网下半场，将涌现出若干新赛道、新业态和新商业模式。

12.6.1 以交易平台为核心创新商业模式

如果消费互联网平台作为链接上下游、供需端或买卖方的第三或第四方服务，是从撮合交易、资源配置、开源创新等过程的交易费用降低、价值增值中分享收益的经营实体；工业互联网是解决生产方式数字化、智能化、网络化的平台；那么，产业互联网平台，可以用其链接一切的特性及其虚拟空间，打破时间限制与物理空间距离，使得企业超越区域小市场到面向全国或全球大市场，从针对存量的"鳌头"到拓展增量的"长尾"，从人工操作处理为主到工具的技术替代，从封闭的以产定销到反向资源配置的敏捷供应，最终实现无边界、无距离、自成长的爆发成长。只有围绕交易，才能将物流、金融、信息等有机结合起来。具体而言，就是围绕新的生活方式，为买卖方、上下游、供需端重新定义和定价短、平、轻、快的产品服务，吸引海量流量及订单后，再实施分布式的匹配以及服务交付，用更多的社会资源、人力物力为我所用，并发挥第三方支付、品控、信任等市场权势，让别人赚到钱，也从中获取相应佣金或收益。

12.6.2 加快从第三方平台到第四方平台

从第三方平台到第四方平台的核心是从平台化走向生态化，加快构筑产业开放创新生态圈。如果说"产业生态"更多的是侧重产业链、上中下游、大中小企业之间的关系，"创新生态"更多的是侧重政、产、学、研、金、介、用之间的关系，那么产业创新生态核心是自产业组织能力与资源配置方式，及其相关的营商环境与制度安排。这其中，产业生态越来越强调平台型企业、平台化大企业、产业组织者作用，核心是产业组织作用；创新生态越来越强调在创新型服务政府引导与支持下，提升"产、学、研、金、介、用"之间的资源配置能力、开放创新水平。在此背景下，一个产业互联网所需要的开放创新生态圈，即强调生态的圈子、强调平台的流量、强调源头的资源、强调服务的价值、强调开放的氛围。

12.6.3 寻找产业互联网下半场的突破口

在互联网下半场，不仅对传统消费互联网产生了升级改造，还打开了生产制造封闭的 IT 系统，亦拓展了社群互联网的交互性；不仅在产业互联网条件下将生产与消费贯通，还在产业物联网条件下将产品服务、软件硬件与供应关系、创新生态有机结合；不仅在人工智能下拓展了商业疆域，还在平台赋能下提升产业组织，更是在数字内容融合下创造了新场景，最终出现了十大突破口。即如前所述的：一是消费互联网下的流量商务；二是工业互联网下的智能制造；三是社群互联网下的社群服务；四是产业互联网下的新型连锁；五是产业互联网下的企业商务；六是产业物联网下的智能终端；七是产业物联网下的物联生态；八是人工智能驱动的垂直应用；九是数字内容融合的场景体验；十是平台运营驱动的腾云驾雾。

12.7 产业互联平台的创新生态基底

在消费互联网"中心化"条件下，要么平台化，要么被平台化；要么被别人平台，要么平台化别人。但在产业互联网"去中心化"条件下，将形成共生共荣、你中有我我中有你、自组织自成长的生态关系。在这个过程中，合伙人取代中小微企业及个体户成为产业互联网平台的基础单元；场景创新成为产业互联网着力点，也是产业互联网价值再造的重要空间；借助高端新经济生态圈实现爆品下沉，则是产业互联网存在的重要目的和使命。

12.7.1 合伙人取代中小微企业及个体户

在平台化的组织分工下，业务单元、经营实体、执行主体呈现出小微化、自组织、自成长、生态化和合伙制等趋势。如果以往的产业价值链，具有产业组织能力与产业主导权的是大企业、跨过公司，那么中小微企业是其"手脚"，"个体户"则是末梢。在产业互联网平台条件下，合伙人可能是独立的、可能是相对独立的、可能是有股权关系的、可能是企业内部的，合伙人成为小微化、自组织、自成长、生态化的核心载体与制度安排。如今通过产业组织创新，形成全新的生产方式并非为时已晚，可以通过产业互联网搭建"产业共同体"变劣势为优势，产生全新的生产生活方式。这种"产业共同体"在本质上是对特定领域产业创新生态的经营实体化、功能平台化、服务集成化、组织产业化、创新生态化。主线是以产业链上中下大中小企业为代表的产业生态，与以"政、产、学、研、金、介、用"为代表的创新生态实现协同演进与闭环发展。如温州实体经济根基深厚，但在"政、产、学、研、金、介、用"之间并没有形成充分的合力。一旦在广大碎片化的生产组织方式之上加上一层"产业共同体"，让一批产业组织者在若干领域促进产业链、创新链、资本链、数据链、供应链或者人流、物流、信息流的资源共享、互联融通、开放创新、优化配置以及快速生成，就能最终形成数据驱动、平台赋能、场景再造、敏捷供应的全新生产组织方式。

12.7.2 场景创新成为产业互联网着力点

当前，以市场应用为核心的场景已开始成为新兴产业爆发的原点，也越来越成为产业发展所依赖的稀缺资源，相比土地、政策、资金等传统产业促进方式，场景能够提供需求、打磨产品，提供数据、改进算法，提供市场、迭代商业模式。对于产业互联网意义上的场景创新，核心是围绕生产方式、流通方式、消费方式、交易方式、生活方式、社交方式、治理方式等具体应用开展单一性、系统新地创新，在用户思维下融合了产品、服务、体验、空间的综合创新生态。从公共政策的角度看，需要推动开放包容的制度创新, 营造场景创新及推广应用的良好环境, 制定兼顾监管与促进发展的政策, 通过政府采购、试点示范、相关牌照资质优先发放等多种形式, 创造对原始创新相对包容的商业环境; 支持基于产业互联网平台生态圈内的高端创业、前沿科技创业、潜在独角兽企业以及独角兽企业等, 加强对高端创业创新企业在技术研究试验和场景示范应用的支持。

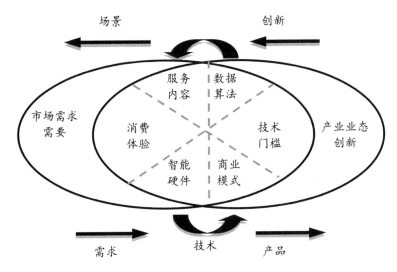

图：场景业态创新

12.7.3 数字新经济生态圈赋能爆品下沉

通过新经济的产业创新、组织创新、生产创新、价值创新、产品创新、运营创新、市场创新, 分别把产业、园区、供需、企业、产品、运营、市场重新做一遍, 实现"下沉爆发"。一是在产业创新上, 从无中生有到有中生无, 用数字新经济把产业重新做一遍。坚持"没有传统的产业, 只有传统的发展思维、商业模式与产业业态"发展理念, 借助新经济条件、组织模式与业态形态等, 打破产业界限、企业边界、商业疆域、技术高原, 用新经济把产业重新做一遍。以舟山的渔业为例, 不仅可以通过产业互联网将渔业从低段位的一产、二产、三产贯通, 还可以"5G+卫星互联网"将渔业上升为高维的海洋经济。二是在组织创新上, 从产业集群到产业族群, 用数字新经济把园区重新做一遍。大力发展具有产业跨界融合、企业互联融通、资源高度聚合、空间服务耦合、开放协同创新的产业互联生态，加快支持产业园区从物理集聚走向生态化、从物理空间走向高维世界。以往的"专业园"将重新定义，更多的需要同类经济模式与经济形态的创新主体实现聚合和衍生；以往基于物理空间的连片发展也毫无意义，虚拟园区、数字园区将颠覆以往的产业园区和产业集群。三是在生产创新上，从以产定销到以销定产，用数字数字新经济把供需重做一遍。从工业时代、产品思维以及生产正向决定消费条件下的以产定销到新经济时代、用户思维以及消费反向决定生产条件下的以销定产，强化外部需求反向配置内部生产的配置机制，加快从互联网上半场的流量驱动到互联网下半场的数据驱动，以需求侧创新带动供给侧改革，最终用数字新经济把供需重做一遍。四是在价值创新上，从上云用数到下沉赋智，用数字新经济把企业重新做一遍。"上云"就是借助虚拟空间打破企业经营发展的时空局限；"用数"就是通过从死的信息到活的数据让企业打通经络更加富有灵感和动能；"赋智"不仅让企业拥有大脑储能孕能，还能借助很多行业级的"四肢"与产品级的"手脚"使能释能。只有形成"上云用数赋智"环环相扣，才能用新经济把企业重新做一遍。五是在产品创新上，从产业价值链到供应链，用数字新经济把产品重新做一遍。在产业互联网条件下，迫切需要在以供应链数智化的带动下加速金融化、平台化、生态化，最终以供应链整合提升带动产业链、价值链、创新链、资金链、服务链整合提升，最终形成以供应链整合为牵引，以中小企业创新创业平台为接口，以战略投资实施为股权纽带，实施产业整合、产业组织、产业促进，实现新产品构建与新业务板块重组。六是在运营创新上，从前台后台到中台中场，用数字新经济把运营重新做一遍。伴随制造即服务、产品即服务、软件即服务，生产与消费、需求与供应高度结合，迫切需要在新一代信息技术与平台思维的带动下搭建数字化的数据中台、产品化的业务中台、平台化的运营中台，更好地整合前台后台。譬如，很多平台企业在加速从消费互联网向产业互联网转型过程中，加快形成"大后台大后方、强中台硬中场、小前端轻前台"的运营结构。七是在市场创新上，从发现蓝海到降维打击，用数字新经济把市场重做一遍。打破在以往低段位、

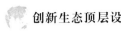

低维度基础上，在产业链、价值链、区域链、供应链上寻找挖掘蓝海，更多的是借助高维世界的新产品、新技术、新模式、新业态通过"降维打击"，穿透红海的产业价值链，进入新的产业价值网，设定行业景框、设定游戏规则、重构市场空间、创造市场需求，用新经济把市场重做一遍。

12.8 让产业互联平台发展不再孤单

政府培育与扶持产业互联网过程中，坚持"有所为"和"有所不为"，把握产业互联网跨界融合属性加快建立完善协同推进机制，并借助产业互联网平台提高产业组织能力与产业治理能力，赋予产业互联网平台更大的发展空间。

12.8.1 政府培育支持有所为和有所不为

改革开放以来，我国地方政府在推进经济建设过程中，形成了一整套"划地成园、招商引资、规模制造、出口拉动、税费减免"的发展模式，通过运用"产业分类统计 + 资源要素配置 + 固定资产投资 + 重大项目牵引 + 专项政策支持 + 平台载体布局"等形成自上而下和自下而上相结合的工作推进方式。但是产业互联网由于具备创新引领、数据驱动、价值整合、平台赋能、多元协同等基本特征，基本上打破了过去经济部门条块分割、规制管理的基本经验。基于产业互联网的"钻石模式"，顶层是产业组织，这也代表了培育产业互联网的公共政策基本逻辑。因此，培育发展产业互联网，核心是要转变政府的基本角色，更好地发挥产业组织者的作用，通过形成"政府搭建赛场、市场开放赛道、企业成为赛手"的基本模式，让市场更好地发挥出配置资源的决定性作用。从这个角度来说，"有所为"就是要优化制度产品供给，创新组织方式、优化创新结构，是立法度、多备案、搭平台、建体系，是允许市场主体去试错，是营造能够发挥企业家创造社会财富的根本动力的营商环境。"有所不为"也就是尽量不要直接参与和控制资源配置，不再简单地用过去税收返还、财政奖励、项目支持、土地指标等粗放式的要素资源配置方式，不再是简单直接地"给项目"、"给合同"来短期刺激企业、输血企业发展。如今很多地方为了发展工业互联网，直接选择一批本地产业互联网企业，然后直接"安排"本地的制造业企业加入到工业互联网平台当中，而没有具体考虑到这些制造业企业基于自身产业链、供应链、价值链的实际情况，使得"上平台上云"的效果大打折扣。

12.8.2 建立完善跨界融合协同推进机制

基于产业互联网的"钻石模式"，底部是产业开放创新生态圈，站在生态培育的层面来看，需要在设计者、建设者、参与者、维护者等不同主体之间，形成跨界融合协同推进机制，解决企业间联系松散、产业间链接不深、要素流动受阻等痛点、难点。近年来，各地纷纷探索链长制、产业专班等各类产业管理手段、工具，但是这基本上还是从建链、强链、补链为出发点的。在推动跨主体、跨领域、跨产业过程中，需要找到能够发挥产业促进作用的平台组织。产业互联网要能实现跨界融合，需要三类角色进行搭配，即领军企业（以工业互联网企业等为代表）、专业机构（以新型研发机构等为代表）、平台组织（以产业技术创新联盟等为代表）。进一步来说，以领军企业、专业机构、平台组织为"牵头人"，在领域选择、资源配置、政策制定、平台建设、技术创新、项目落地等不同方面，与地方政府形成新型政企合作关系，共同在决策机制、运行机制、管理机制、考核机制上开展顶层设计，让培育产业互联网的"设计感""路线图""执行性"更清楚、更突出。产业互联网的中间三角是资本运作、技术架构和商业模式，共同构成产业互联网平台的逻辑，进一步来说，很多地方往往建立起"六个一"的促进机制，即1个产业赛道、1个技术创新源头、1个头部企业、1个平台机构、1个产业基金、1个产业大脑。产业赛道是指聚焦明确的产业方向和重点领域，这样更有利于让产业互联网平台去打通创新链、供应链、资金链、服务链；创新源头是指能够进行场景应用的技术创新源头，加强以新一代信息为代表的技术集成应用；头部企业是指通过主导设计、创新场景、流量驱动、信任背书等方式推动上下游企业、大中小企业融通的领军企业；平台机构是指能够促进"政、产、学、研、金、介、用"各类资源整合的第三方机构；产业基金是指具有赛道投资属性、资源配置能力，能够打通产业互联网三角关系的投资基金；产业大脑是能够为

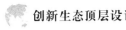

产业治理提供数据、认知和决策支持的产业大数据平台。在以上发展机制上，进一步发展成熟诸如新场景发布机制，新赛道培育机制、新物种培养机制、新研发合作机制、新基建共建机制等协同推进机制。

12.8.3 借助产业互联平台加强产业共治

当前新经济发展与政府传统管理的矛盾愈发凸显，表现在管理理念滞后、政策工具单一、行业监管空白等方面，伴随治理对象越来越杂、治理边界越来越模糊、治理手段越来越数字化，能够形成新型治理模式决定了产业互联网的培育效果。从"管理"走向"治理"，核心是立足共治、市场、法治、包容等基本原则，通过集成政府部门、头部企业、产业促进服务机构、产业投资机构、科技服务机构、产业/科技智库等主体参与产业治理，形成政府引导、市场机制、企业主体、多机构参与的新型治理模式。因此，要将"产业共治"的理念全面纳入到产业互联网培育全过程，围绕具体的产业领域建设业界共治委员会，结合负面清单管理等制度，推动市场主体从被管理、被服务对象转变为自我管理、自我服务的主体，提高产业资源配置效率。业界代表要在治理委员会中占90%以上，充分发挥产业界在产业规划、政策制定、新型行业管理、重大项目评议等方面发挥作用，同时组建"跨界创新共同体"，充分调动智库、媒体等第三方力量，共同探索新型治理模式。通过召开常务理事会等业界共治日常管理会议，为企业反映难题和需求建立畅通的反馈渠道。要依托业界共治委员会，对于国家鼓励探索的领域，要大胆开展制度创新的试验，给予产业互联网足够的试错空间和场景实验空间，对数据安全、权益保护、知识产权等规范，要围绕新经济主体需求进行迭代演进监管政策。

在新一轮科技革命与产业变革条件下，产业互联网不仅是数字产业化和产业数字化的核心载体，还是新经济创新生态建设的核心组件，更是地区强化新兴产业组织的重要平台，亦是新基建的重要基础设施。如今只有时代的消费互联网、工业互联网、社交互联网以及智能物联网等，但还没有彻底成功走下去、走出来、走上来的产业互联网。在产业互联网的进一步发展过程中，核心是要把握互联网下半场的发展规律与取向，充分尊重产业互联网的组织逻辑、技术逻辑、资本逻辑、商业逻辑、生态逻辑，重构生产与消费、工业与商业、制造与服务、数据与智能、线上与线下、工厂与场景等关系，最终实现生产方式、生活方式以及社交方式、治理方式的贯通，形成"数据驱动＋平台赋能＋智能终端＋场景服务＋社交生活＋敏捷供应"的发展态势！

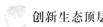

13 政府引导基金助推做大做强

政府引导基金并非是新事物，但历经二十余年的增量培育与野蛮生长，逐步进入存量优化与增量延伸的新阶段。进入高质量发展新时代，尤其是在疫后经济重建与"十四五"开局以来，政府引导基金进一步成为解决市场失灵与培育市场的重要政策工具。在如今的话语语境下，我们需要重新审视政府引导基金的前世今生、透视我国政府引导基金的基本景框、回顾国内外成功案例的借鉴启示、思考政府引导基金如何从困境和泥沼中走出来，成为地区创新生态建设的创新中枢、战略平台与产业组织者，赋能传统产业升级、新兴产业发展和科技自立自强。

13.1 我国政府引导基金的前世今生

13.1.1 政府引导基金的内涵及边界

在我国政府引导基金的发展历程中，从国家政策文件看，曾出现"创业投资引导基金""政府投资基金""政府出资产业投资基金"等多种不同称谓，其内涵既存在交叉重叠部分，又具有独特性。从政府财政资金支持产业发展的"双层三路径"分析（可以更好地廓清政府引导基金、政府投资基金和政府出资产业投资基金三者的关系。Ⅰ层即通过传统的广义的财政拨款形式支持企业发展，例如通过财政奖励或补贴等形式吸引其他地区企业落户本地或在本地缴纳税费，对部分区域实施的地方级财政收入全留或增量返还等。在国务院 62 号文件等政策文件的影响下，以"投改拨"的形式快速发展，具体表现为下图Ⅱ层（即以股权投资的方式支持企业 / 产业发展）。其中，Ⅱ-α 指政府投资基金以母基金（FOFs）的形式与各级地方政府资金、社会资本共同发起设立创业 / 产业投资基金或通过增资方式

参与现有创业 / 产业投资基金；Ⅱ - β 指政府投资基金通过股权投资等形式直接投资于具体项目 / 企业。

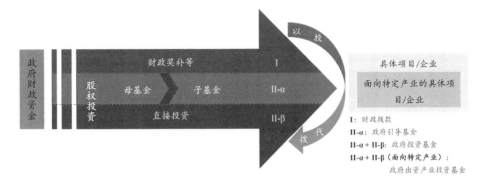

图：政府财政资金支持产业发展的主要实现方式

总体来看，政府引导基金包括狭义和广义两个层次的不同理解，狭义的政府引导基金本身不直接从事创业投资业务，只是扮演母基金的角色；广义的政府引导基金旨在引导社会各类资本投向政府期望的企业、产业、基础设施等领域，通常以单一政府出资、上下级政府联合出资、政府与社会资本共同出资等形式设立，主要采用股权投资等市场化方式运作，既包括母子基金形式，也参与直接投资。从实操层面看，目前所讲的政府引导基金更接近于广义的政府引导基金。

13.1.2 政府引导基金的价值及动因

政府引导基金的价值及动因主要体现在如下方面：一是在科技革命与产业变革历史交织条件下，以财政创新引导金融创新进而带动产业组织创新，有利于抢占产业发展的制高点、主导权与主动权。二是改革开放以来我国积累了充裕民间资本，但金融资本与产业资本结合不紧密，迫切需要在财政资金杠杆作用下，带动更多社会资本投向经济社会发展重点领域和薄弱环节，打造中国经济升级版。三是伴随我国预算改革、税制改革及财政改革为重点的财政体制改革推进，迫切需要借助引导基金等政策工具创新产业扶持方式，促进产业转型升级与新兴产业培育。四是在疫后经济重建过程中，无论中央政府还是地方政府财政支出面临结构性调整压力，政府引导基金成为提高财政出资效益的重要途径。

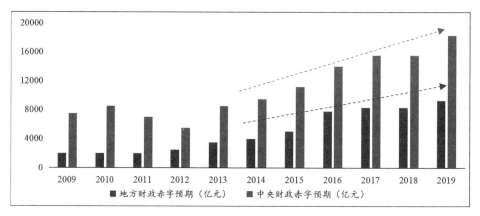

图：地方财政赤字预期与中央财政赤字预期均呈现扩大趋势

13.1.3 政府引导基金的历程及趋势

结合政府引导基金设立数量、政策文件规制、行业成熟度等诸要素考量，我国政府引导基金历经了四个发展阶段，即初步探索期（2001 年—2005 年），2001 年"中关村创业投资引导基金"成为我国创投市场由单一市场化向"市场化＋政府"并存的重大转折点，本阶段基于前期创业投资企业以及创业投资活动的探索，中国出现创业投资引导基金的"星星之火"，但创投引导基金的运作模式、盈利能力等仍十分不明朗，且缺乏完善的政策规制。加速发展期（2006 年—2013 年），2005 年 11 月国家发改委、科技部等十部委联合发布《创业投资企业管理暂行办法》界定了创业企业、创业投资、创业投资企业的内涵与关系，并明确国家与地方政府可以设立创业投资引导基金，首次在国家政策层面为创业投资引导基金正名，并于 2006 年 3 月 1 日起施行，本阶段的发展呈现出新设基金数量快速增加、政策规制不断完善、行业成熟度显著提升等特征。井喷爆发期（2014 年—2017 年），2014 年—2017 年末共设立政府引导基金 1300 支、总目标规模 8.25 万亿，这期间政府引导基金迎来高光时刻，新设数量、目标规模双双爆发，政策规制趋于完善，但在一路高歌猛进中，各级地方政府蜂拥发展政府引导基金引致的顽疾也在加速成型。优化调整期（2018 年—至今），整个股权投资行业在上一阶段处于野蛮生长状态，政府引导基金"一哄而上"式增长，2018年防范金融风险成为国家政策导向，本阶段整个金融行业的趋严监管大背景叠加政府引导基金的弊病显露，政府引导基金发展"刹车减速"，存量优化将代替增量扩充成为政府引导基金未来发展的主题词，高质量发展成为政府、行业、金融机构的共同诉求。

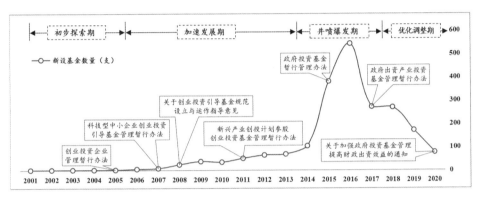

图：我国政府引导基金四个阶段

　　政府引导基金发展演进趋势主要有如下呈现：一是迈向纵横交错，加速形成"纵向交叉投资＋横向跨域投资"的投资格局。如由江苏省政府投资基金、盐城市财政局、盐城盐南高新区开投公司等共同发起设立的中韩盐城产业园基金成为江苏首个省、市、区三级出资设立的政府引导母基金；北京、天津、河北三地共同出资设立国投京津冀科技成果转化创业投资基金等。二是迈向国际联动，加速搭建"撬动国内资本＋联动国际资本"的双重体系。在实际操作中，多数政府引导基金在单个子基金中的出资比例约为20%—30%，剩余70%—80%的规模通过GP的社会募资实现。从撬动对象来看，逐渐从国有企业、金融机构、大企业向保险资金、社保资金、个人资金拓展，向国际资本拓展。三是迈向结构优化，加速推进"增量有序设立＋存量重组整合"的优化机制。如原广东省科技创新基金、创业引导基金、新媒体产业基金等三支基金，合计71亿元整合注入粤科金融集团，并吸引社会资本共同出资设立广东省创新创业基金。四是迈向精耕细作，加速构筑"聚焦垂直赛道＋锚定投资环节"的精细模式。从"大而全"向"小而精"

发展业已成为政府引导基金的基本趋势之一,以聚焦度倒逼专业化,以专业化赋能聚焦度。五是迈向资源整合,加速构建"上游下游贯通+跨界融合创新"的产业生态。如深创投通过组织行业研讨会、企业家沙龙等活动,加强已投企业之间的互动,推动构筑已投企业生态网络,赋能企业上下游合作与跨界融合。

13.2 我国政府引导基金的基本透视

13.2.1 政府引导基金整体发展概况

据清科私募通数据显示,截至 2020 年 12 月 31 日,我国共设有政府引导基金总数 2189 支,总目标规模 11.82 万亿。从基金级别看,政府引导基金主要分为国家级、省级、地市级和区县级四大类。截至 2020 年年末,共设有国家级 41 支,占比 1.9%,目标规模 18666.7 亿元,占比 15.8%;省级 376 支,占比 7.2%,目标规模 32010.2 亿元,占比 27.1%;地市级 760 支,占比 34.7%,目标规模 35573.0 亿元,占比 30.1%;区县级 585 支,占比 26.7%,目标规模 12959.4 亿元,占比 11.0%。从区域分布看,东南沿海政府引导基金活跃,其中,江苏以 232 支的数量独占鳌头,广东以 206 支的数量位居第二,浙江以 200 支的数量紧随其后;四川以 102 支的数量引领西部地区。

13.2.2 政府引导基金一般组织运作

在组织形式方面,目前我国政府引导基金主要以有限合伙制和公司制为主。通过对治理结构、设立成本、税收成本及激励机制等几方面的综合考虑,相较于契约制,有限合伙制和公司制的优势更为突出。在管理运作方面,基金管理机构的设立方式直接关系到政府与管理机构对基金拥有管理、决策、监督及引导权如何分配的问题,也是决定基金运行市场化程度高低的关键因素。就我国目前情况看,每只引导基金都存在一个专门负责基金投资运作及日常管理的机构,"参股成立基金管理公司"是主流方式。

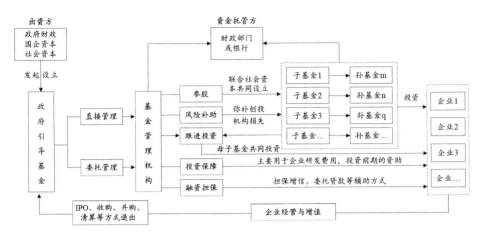

图：政府引导基金的运行流程示意图

13.2.3 政府引导基金投资结构分析

主要呈现出如下特点：一是参股、跟进投资、风险补助和投资保障是政府引导基金的主要投资方式。除此之外，还存在担保增信、委托贷款等辅助投资方式。参股是由母基金联合企业或社会资本共同出资设立子基金，进而由子基金对标的企业进行股权投资；跟进投资是指对子基金选定的投资标的，母基金进行跟进投资；风险补助是指母基金对已投资满足政策目标领域的子基金（创投企业）给予一定额度的风险补助；投资保障是子基金选定了一些正在进行高新技术研发、有投资潜力的初创期科技型中小企业后，由母基金给予企业一定额度的投资前资助，主要用于企业研发费用支出；担保增信是指政府引导基金与银行等金融机构合作，对标的企业的融资行为提供担保支持；委托贷款是指政府引导基金设立风险资金池，支持委托银行向企业提供贷款，解决企业资金困难。目前，国内大多政府引导基金采用组合投资的方式，如"参股＋跟进投资"、"参股＋风险补助"等。二是从投资领域看，主要投资于战略新兴产业、高技术产业以及新经济领域。根据统计数据，政府引导基金的投资案例主要集中于 IT（18.45%）、生物技术／医疗健康（15.04%）、半导体及电子设备（12.89%）、互联网（12.38%）、机械制造（7.74%）、清洁技术（4.83%）、电信及增值业务（4.71%）、娱乐传媒（4.07%）等行业，八大行业合计占比超 80%。三是从投资阶段看，

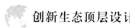

主要投资于扩张期企业（39.42%），成熟期企业（24.41%）次之，种子期企业（14.35%）和初创期企业（21.07%）占比有待进一步提高。《政府投资基金暂行管理办法》指明，鼓励创业投资企业投资处于种子期、起步期等创业早期的企业；《关于创业投资引导基金规范设立与运作的指导意见》强调，通过鼓励创业投资企业投资处于种子期、起步期等创业早期的企业，弥补一般创业投资企业主要投资于成长期、成熟期和重建企业的不足。当前政府引导基金尤其是创业投资引导基金，还需要进一步关注处于创业早期企业。四是从投资区域看，主要集中于北京、广东、上海、江苏、浙江等瞪羚、独角兽企业、新物种企业集聚城市。2020 年 251 家中国独角兽企业分布在 29 个城市，其中，北京 82 家，上海 44 家，杭州 25 家，深圳 20 家，广州 12 家，南京 11 家，6 个城市的数量占独角兽企业总数的 77.3%。上述城市是瞪羚、独角兽等高成长性企业密集分布区域，创新创业氛围活跃、科创资源与产业链资源丰富，为初创型科技企业的加速成长提供良好基础，同时也成为政府引导基金的投资热土。

13.2.4 政府引导基金退出方式分析

政府引导基金的退出，是指政府出资和归属政府的投资收益在达到特定目标或符合规定情形时，按照规定或协议、章程等的约定从参股投资子基金或直投项目中退出的行为。一般认为，政府引导基金从其投资的初创企业中退出时，如无特殊约定，应当按照一般国有产权对外转让的程序，执行程序性规定。政府引导基金从设立的子基金中退出，一般参照《政府投资基金暂行管理办法》以及子基金章程的规定，退出形式主要包括期满退出、适时退出和提前退出三种情形。具体退出方式包括 IPO、兼并收购、股权回购、股权转让、破产清算等。目前，我国政府引导基金大多遵循"让利于民"的原则，母基金以股权转让和清算作为主要退出方式，子基金则以 IPO 和股权转让作为主要退出方式。从实务层面看，2015—2016 年是政府引导基金的设立高峰期，结合政府引导基金的投资周期一般为五到七年，未来几年将迎来政府引导基金的退出高峰期。

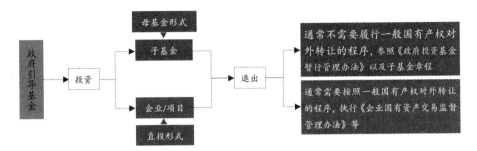

图：政府引导基金的两种基本形式对应两种不同的退出要求

13.2.5 政府引导基金的内外部治理

在风险管控层面，主要由子基金负责防范投资项目的相关风险，如市场风险、技术风险、财务风险、管理风险等，政府主要关心母基金所面临的委托代理风险、寻租风险、资本退出风险，以及委托管理机构、基金管理团队的道德风险等。现有母基金防控风险的手段主要包括：对参股子基金设立的基金管理机构及基金管理人建立完善的评价和筛选机制；在签约设立子基金之前开展尽职调查；通过事前签署一系列协议控制子基金管理人的道德风险等。在绩效考评层面，目前大多数的政府引导基金是采取纳入公共财政考核评价体系的方式，接受审计部门或财政部门的考核检查。财政部门和负责推进基金发展的有关业务部门建立起行之有效的绩效考核制度，定期对引导基金的政策目标、政策效果及其国有资产部分的使用情况进行评估。绩效考核体系的构建重点围绕四个方面展开，分别是体现政府产业导向和支持方向，体现基金引导效果（杠杆效应）；体现对投资企业的风险控制，以及体现国有资产的保值增值。在收益分配层面，政府引导基金一般会对社会资本让出全部或部分利益，同时许诺在存续期内退出，让社会资本或民间资本能够以较小的代价购买政府股份，以此吸引社会资本或民间资本的积极性。常用手段包括：政府承诺部分让渡其出资份额应享有的投资收益；政府与子基金共担风险，同股同权分享投资收益。

13.3 国内外政府引导基金发展案例

13.3.1 以色列 YOZMA 基金案例

以色列政府于 1993 年出资 1 亿美元设立 YOZMA 基金，其中，20% 用于直投，80% 用于与国内外资本合作设立 10 支产业投资基金，撬动社会资本 1.56 亿美元。YOZMA 分别于 1998 年、2002 年成功推出二期、三期募资计划 YOZMA Ⅱ 和 YOZMA Ⅲ。YOZMA 聚焦于通信、IT、医疗技术等领域的高成长性公司，重点瞄准企业的种子期、初创期。YOZMA 基金投资的众多项目已在美国与欧洲成功实现 IPO，以色列也成为全球高科技公司创业密度最高的国家之一。

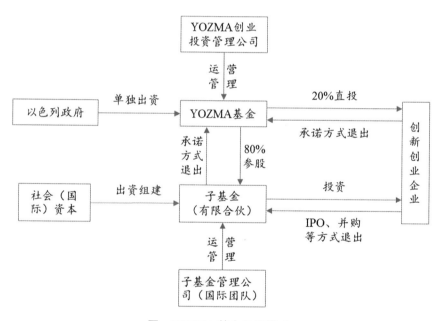

图：YOZMA 基金运作模式

整体而言，YOZMA 基金在设立方式上，母基金由政府独资拨款组建，子基金由母基金和国际风投机构、国内金融机构等采用有限合伙制共同组建。YOZMA 基金在每一支子基金中出资一般不超过 40%，其余不低于 60% 的份额则通过吸引民间资本和国际资本投入。子基金采用有限合伙制，政府作为有限合伙人（LP）并不参与子基金的日常管理和投资决策，而是与其他出资人共同聘请专业管理团队作为普通合伙人（GP）负责子基金投资管理业务。在投资方式上，采用"间接投资"为主、"直接投资"为辅的投资方式。母基金资产分为两个部分，20%用于直接投资，显示政府对种子期、起步期创新创业企业的扶助意愿，配合国家产业扶持政策的同时，为子基金的投资方向提供引导；80%用于参股成立子基金，由子基金独立自主对创新创业企业进行投资。在退出方式上，政府并不以盈利为目的，事先承诺退出方式和退出时间，助力实现子基金的私有化。以色列政府对所投入子基金的40%份额做出退出承诺，即承诺在投资的五年之内，私人、国际投资者可以通过一个确定的期权价格（一般以成本价加5%—7%的收益水平定价）回购政府股份。2002年之后，随着首期参股子基金实现了政府资金的完全退出，YOMZA基金的发展迈入私有化阶段，但政府仍然在法制、监管、产业和研发支持上，发挥指导性作用。目前，一期设立的10支子基金已有8支完成了私有化。YOZMA基金也已经由创始人和其他合作伙伴重新建立，成为一家主要投资于早期信息技术和生命科学领域高科技企业的私人性质风投基金。

YOZMA基金的借鉴价值主要表现在：一是采用"直接投资+间接投资"的投资方式，投资模式灵活。基金资产分成两个部分，20%部分以直接投资的方式选择了全球流行但以色列比较欠缺的行业，如通信、IT、生命科学、医药技术等；另外80%部分用于组建子基金，以参股的形式通过杠杆作用撬动更多国内外资本投入其中。两种投资模式的结合，使得基金资产运用更为灵活，通过直接投资的示范效应体现政府的产业导向，通过参股形式发挥财政资金的撬动效应。二是通过"国际化"手段，提升管理团队和资金来源的国际水准，构建国际创投网络。在资金来源方面，以色列政府尤其重视吸引国际资本，通过与美国、加拿大、英国等多个国家开展双边合作建立子基金的方式吸引了大量国际资本参与。在管理机构方面，政府联合国际知名金融机构等出资方为子基金聘请专业的国际化管理团队，包括知名风险投资机构Advent、戴姆勒—奔驰公司、华登集团等，从组织架构上规范本国政府干预行为，保证基金的市场化运作。此外，YOZMA参

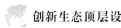

股子基金以及间接参股的创投基金均在海外设立了代表处或分公司，主要负责寻找合适的海外合作伙伴，以及跟踪海外技术及市场发展的最新动态，加速构建国际创投网络。三是遵循"只输不赢"的原则，通过政府承诺退出的方式带动社会资本发挥持续性的作用。以色列政府不以盈利为目标，而是以带动本国风险投资行业发展为宗旨，事先对子基金中政府资金的退出方式和退出时间给予承诺。承诺在五年之内，私人、国际投资者可通过一个确定的期权回购政府股份。首期基金所参股的 10 支子基金大多实现了财政资金的完全退出，表明政府不与民间资本争利的态度，让民间资本对基金后期收益充满期望，同时也为政府资金的适时退出和循环使用做出铺垫，有效保障后续的投资。

13.3.2 深创投政府引导基金案例

深创投于 1999 年由深圳市政府出资并引导社会资本出资设立，截至 2021 年 3 月底，深创投在信息科技、智能制造、互联网、消费品 / 现代服务、生物技术 / 健康、新材料、新能源 / 节能环保等领域，投资项目超千个，包括潍柴动力、酷狗音乐（腾讯音乐）、睿创微纳、西部超导、迈瑞医疗、信维通信、中新赛克、微芯生物、宁德时代等明星企业，累计投资金额约 634 亿元，其中 183 家投资企业分别在全球 16 个资本市场上市，投资企业数量、投资企业上市数量均居国内创投行业第一位。深创投连续五年（2016—2020 年）在清科中国创业投资机构年度评选中获得本土创投机构第一名，所管理的深圳市政府引导基金获评融资中国"2020 年度中国最佳政府引导基金 TOP10"第一名。

深创投最初以自有资本金投资，2007 年以来开拓出全新业务：受托管理政府引导基金，具体存在联合出资设立并管理和单纯受托管理两种基本形式。2016 年深创投受托管理千亿级深圳市政府引导基金，目前管理的中央级（国家中小企业发展基金等）、省级、地市级、区县级政府引导基金（主要是子基金）超百支。以深圳市政府引导基金为例，在管理方式上，形成"管委会—主管部门—委托管理机构"三元管理模式，管委会由相关政府部门组成，主要负责引导基金管理制度、发展方向、年度计划以及重大事项决策；

主管部门为深圳市财政局（引导基金的唯一股东），负责引导基金的资金管理、绩效评价、管委会的召集等事项，管委会和市财政局一般不参与引导基金的对外投资决策；深创投作为基金的受托管理机构，负责在引导基金制度框架范围内的投资决策、投后管理、增值服务等日常投资运作。在子基金设立与投资上，参股子基金主要分为创新创业类和新兴产业发展类，创新创业类子基金单支规模不低于5000万元，申请市引导基金出资占比不超过30%，新兴产业发展类子基金单支规模不低于5亿元，申请市引导基金出资占比不超过25%。各类子基金采取市场化机制运作，由管理机构（部分管理机构为深创投旗下公司）依据合伙协议或公司章程等相关约定进行投资决策，投资于在深圳市注册登记企业的资金不低于市引导基金出资额的1.5倍。在收益分配上，采取"先回本后分利"方式，投资收益先按照子基金各出资人实缴出资比例分配给各出资人，直至各出资人收回全部实缴出资，剩余的投资收益再按照子基金合伙协议或公司章程等约定的方式进行分配。市引导基金在满足一定条件下对子基金管理机构和其他出资人进行适当让利，根据相关资料显示，市引导基金一般将投资项目中收益的30%作为对子基金管理机构和其他出资人的奖励。

深创投在管理百余支政府引导基金的实践中形成一系列创新做法，主

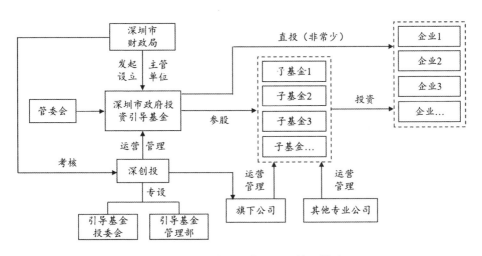

图：深圳市政府引导基金运作管理模式

要借鉴价值表现在：一是强化员工激励，形成"利润分成＋股权激励＋项目跟投"的多元化激励策略。在利润分成方面，实现从"8+2"到"10+4"的跃迁，深创投早期采取"8+2"激励方案，即公司全体员工分配净利润的8%，投资团队可获得退出项目净收益的2%，2016年以来发展成为"10+4"方案；在股权激励方面，2017年以来，深创投在新设的商业化创投基金中全面推行管理团队和核心骨干持股计划，即基金管理团队在基金管理公司中最多可持有30%的股份（其中，个人持有基金管理公司的股份不能超过15%）；在项目跟投方面，项目团队可在投资项目中自愿跟投，最大额度不能超过基金投资总额的7.5%，深创投全员均可在拟投项目中自愿跟投，最大额度不能超过深创投投资总额的15%。强有力的激励政策有效激发了投资团队的创造力、稳定性和凝聚力。二是构建投资生态，形成全国性的政府引导基金群落与投资企业生态网络。一方面是深创投在全国范围内构建的政府引导基金群落，于2007年联合发起设立苏州创业投资引导基金，后又与各地方政府发起设立淄博基金、湘潭基金、重庆基金、郑州基金、南通基金等政府引导基金，目前管理百余支政府引导基金（主要是子基金），有利于增强跨区域联动投资能力；另一方面是依托已投企业搭建的企业生态网络，通过组织行业研讨会、企业家沙龙等，让所投资的千余家企业实现链接、联系甚至联动，推动产业链上下游资源整合、跨界爆发新想法新项目新企业，在赋能已投企业发展的同时，为未来投资创造机会。三是畅通自身退出渠道，推动丰富全国政府引导基金的退出方式。在畅通自身退出渠道上，一方面是提高正常退出的效率，出台专门的投资项目股权非上市转让办法，赋予企业股权投资项目市场化的退出机制，例如和企业签订回购协议，或是和其他机构一起重组退出的，可以免挂牌以提高退出效率；另一方面是加强子基金的清理以实现非正常状态下的提前退出，例如推动所管理的深圳市政府引导基金对未正常开展投资业务的子基金进行多轮次清理与退出，2021年3月终止合作及缩减规模子基金共19支，收回认缴出资额57.17亿元。在优化全国政府引导基金退出生态上，深创投打造百亿级S基金（以私募股权基金的LP份额或投资组合为主要投资对象），帮助政府引导基金从已投项目中退出，接棒继续支持优质企业，同时助力深创投以 S 基金为切入点深度连接和融合 LP、GP、创业企业，加速平台化转型。

13.4 政府投资引导基金的顶层设计

13.4.1 我国政府引导基金发展困境

在一定体制机制条件下，人、财、项目是政府引导基金得以高效率、高效益、高质量运作的关键要素，但是由于人才缺乏、资本缺位、项目缺欠等系列问题和内部矛盾，导致政府引导基金"募—投—管—退"循环出现断裂，成为当下我国政府引导基金的主要困境。第一，体制机制障碍是政府引导基金的发展顽疾，政府引导基金的成败来自制度安排、游戏规则与运作机制，是否能在市场规律、发展规律、创新规律、财政规律与治理要求之间找到平衡点。第二，专业人才是政府引导基金行稳致远的关键所在，然而"人"有余"才"不足。第三，资本是推动政府引导基金实现政策目标与市场目标的基本要素，然而，"钱从哪里来"、"钱向何处去"成为政府引导基金面临的主要窘境。第四，优质项目是政府引导基金存在的缘由和直面的对象，然而，缺的不是优质项目，而是选定优质项目的能力、笃定优质项目的魄力以及锚定优质项目的耐力。

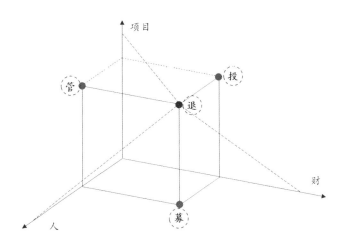

图：人—财—项目内部矛盾导致募投管退外部断裂

13.4.2 引导基金之"引"的着眼点

政府引导基金凭借政府背书增信、财政资金吸引金融资金和民间资金跟进，大幅增加了创新创业投资的资本供给规模，起到"四两拨千斤"的作用，核心是要实现产业之引、资本之引和氛围之引。一是产业之引。政府引导基金的根本目的是培育和促进区域产业尤其是具有区域特色的产业以及符合未来发展趋势的战略新兴产业的发展。产业之引的前提是做好四个"看"，即向上看，看清国家以及上级政府的产业导向；向下看，看清产业发展需求尤其是作为产业发展主要载体的科技企业的需求；向外看，看清传统产业转型升级方向、战略新兴产业发展趋势、新旧动能转换变机等；向内看，摸清产业家底和创新创业基础。产业之引关键需要做好产业政策设计、创新要素集聚、多元资本支持等。二是资本之引。政府引导基金的核心路径是引导社会资本参与到本区域创新创业、产业发展。资本之引关键需要做好三个协同，即是目标协同，通过利益分配机制的设计实现财政资金"不以盈利为主要目的"的政策性目标与社会资本"追求投资回报"的商业性目标由背离走向相统一，本质上是"以利合"促进"以资合"；行政监管与市场运作协同，政府引导基金的具体投资运作交由专业化团队"操刀"，约束政府有形之手，真正让市场在资源配置中起决定性作用，同时重点发挥政府作为出资方的监管功能，注意"用权而不越权"；评价考核与激励协同，通过构建合理的评价考核机制科学考评政府引导基金的运营绩效，围绕考评结果实施市场化激励，充分激发政府引导基金参与各方的积极性与创造性。三是氛围之引。政府引导基金的关键内核是引导区域形成鼓励创新、支持创业、推动企业爆发、推进产业裂变的活跃氛围，赋能创新链与产业链的耦合联动。氛围之引关键需要激发"三创"活力，即是激发创造活力，让原创的思想、创意更加自信与超前，积极发掘原创技术、原创思想，并将原创技术、原创思想孵育为成熟的商业模式；激发创新活力，加速弥合研究机构与企业在技术生命周期中商业应用研究阶段的对接空隙，使得创新循环中的人、知识技术和资金等创新要素在研究机构和产业界之间双向流动；激发创业活力，以资本加持支持企业试错，帮助企业快速走出创业"死亡谷"，大大提高创业企业成活率，壮大新兴产业发展源头。

13.4.3 引导基金之"导"的着力点

纵观国内外政府引导基金发展经验，最成功的引导基金往往是在母基金层面依托政策性资金，在资金分配上以"间接投资为主、直接投资为辅"，对子基金采用参股不控股、审批不管理的管控原则，在子基金层面强化市场化运作，发挥财政资金杠杆作用。因此，政府引导基金能否成功运作的关键重在解决如下七个方面的关系，这七个方面的关系是在不同假定下形成特定的顶层设计及管理运作架构。

一是如何处理好政府引导及市场化运作的关系。核心在于优化母基金与子基金的架构与关系，一般而言，母基金往往被定义为政策性资金、突出政府引导，其管理运作、机构设置、投资决策、资金注入等方面，可以更加体现政府意志、符合政府战略意图；但子基金强化杠杆性、突出市场化运作，遵循政府引导的市场化运作机制。

二是如何处理好财政部门与产业部门的关系。政府引导基金既非国有资产管理工作，亦非单纯的科技金融工作，更非财政科技工作，本质上是促进创业创新及新兴产业发展的产业组织工作。不同产业有不同发展规律，不同基金需要有不同操作模式、运作机制及价值实现形式。国内诸多引导基金运作成功的关键，在于采用了市场化的方式进行运作与管理，推动财政部门与产业部门各司其职。

三是如何处理好产业部门与基金管理机构的关系。如果将引导基金视为一种创新产业扶持方式的政策工具，为更好地实现政府培育市场、发展新兴产业战略意图，母基金GP（管理机构）不仅可以甚至需要由产业部门发挥实际的作用。但是产业主管部门的作用到底发挥到什么程度，则主要取决于财政资金、金融资本、社会资本在母基金层面的出资结构及权责架构。

四是如何处理好财政资金、金融资本、社会资本与产业资本的关系。如果将母基金定义为政策性资金，对于金融资本、社会资本、民间资本的吸引力并不高，往往陷入"名股实债"的局面，一旦各类资本进入到母基金层面，往往在募、投、管、退等环节不完全利于政府战略意图的实现。反而在不

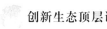

同方向的子基金中，能够有效体现出杠杆性作用，各类资本以较为灵活的劣后投资、优先投资、GP 抑或同股同权、名股实债等进入方式，针对不同阶段产业、不同收益项目设立不同子基金，更有利于金融资本与产业资本融合。

五是如何处理好政策价值与商业价值、经济效益与社会效益之间的关系。关键在于通过构建合理的母基金与子基金、子基金或直投基金与所投企业的合约关系。一般而言，政府发起成立的引导基金往往坚持"让利于民"、"只输不赢"的原则；子基金更多地遵循市场化运作模式。整个引导基金的政策价值与商业价值、经济效益与社会效益相结合，取决于不同目的子基金的设置以及投资方式，如直投基金仍需要以政策性资金为主、参股基金更多体现市场化。

六是如何处理好支持方式与配比方式的关系。国内外政府引导基金主要采用阶段参股、跟进投资、直接投资、融资担保、风险保障等方式。一般而言，阶段参股所占比例不要超过 50%，否则就成了国有企业，比例越低财政杠杆的撬动就越大；跟进投资一般为其他社会投资的 50% 及以下，且单一投资所占企业股权比例不应超过 15%；直接投资资本总量一般不超过整个资金盘子的 20%，且单一投资所占企业股权比例不应超过 25%。

七是如何处理好政策目标与创新风险的关系。财政"资金"向"基金"方向转变，在"花钱""赔钱"的问题上应该更加超脱，更加符合创新规律、产业规律。天使轮的引导基金应该持有"赔得越多越好"的理念。如果按照整个区域创新生态及生命周期去看待的话，不但不会赔，而且有更大的红利。对于面向成长期的引导基金，企业及产业发展是可预期的、可控的，可以宽容个案的失败，既守住基金总体不赔钱的底线，更要着眼于能够赚到钱，否则就当反思投资的专业能力。

13.4.4 地方政府引导基金基本思路

围绕新时代高质量发展的战略指引，着眼率先双循环发展格局、创新驱动发展格局构建，以培育发展新兴产业发展与科技自立自强为目标，以深化财政体制机制改革为先导，坚持"政府引导、市场运作，重点突破、分类指导，统分结合、调配联动，精准定位、链式突破，勇于创新、不断完善"

的发展原则，以多级财政资金统筹为前提，突出强化财政资金杠杆作用以及产业发展引导能力，围绕产业链部署创新链、围绕创新链布局资本链，建立完善多形态、多层次、多模式的服务体系，实现财政资金分配向市场化运作、财政专项资金向产业基金两个转变，加快将金融资本、社会资本、国有资本等各类资本转化为现代产业资本，撬动地区重点发展产业领域，进一步促进产业资本与高端人才、技术项目等创新创业要素互联互通，全面提升企业微观基础的市场化资源配置能力、产业级全球范围内资源配置能力、政府界面跨行政系统资源配置能力，带动产业转型升级与新旧动能转换。

13.5 政府投资引导基金的生态赋能

政府引导基金需要围绕企业、院校、政府、中介等创新主体要素推动创新基底循环，打造活跃的区域创新创业生态；围绕人、财、项目、机制等推动运作要素循环，实现政府引导基金高效、高质、高能运作；围绕募、投、管、退等环节推动生成价值循环，实现经济效益与社会效益的螺旋式创造，最终以"创新基底—运作要素—生成价值"三循环赋能区域创造力上涌爆发、竞争力下沉积淀。

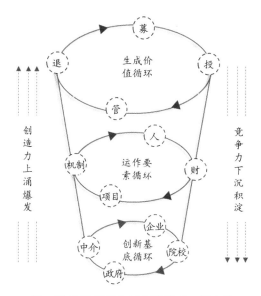

图：政府引导基金亟须推进"三循环"

13.5.1 政府引导基金创新基底循环

加快推动政府引导基金实现创新基底循环，是指构建起以企业、院校、政府、中介等为载体、以激发创新主体活力为重点、以产业链创新链价值链协同共生为核心、以政策制度供给为支撑的创新生态基底，为政府引导基金的良善运作提供源源不断的"活水"。研究机构和企业在商业应用研究阶段因缺乏紧密协作与良性互动，使得创新链在前端即出现了瓶颈环节，政府引导基金需要着眼于解决技术在商业应用环节的瓶颈，推动包括人、知识、技术和资金在内的各类创新要素在研究机构和产业界之间的双向流动，促进人才、资本、经验等方面的高效循环，实现新兴产业的补链式发展。通过厚植创新基底，快速将区域资源优势转化为产业优势、创新优势，逐步掌握产业发展的主导权、科技创新的战略制高点以及开放创新的先机。同时，在区域内营造良好的创新创业生态，加速技术转化与成果应用，加速优质项目培育孵化，为政府引导基金供给量大质优的投资标的。

13.5.2 政府引导基金运作要素循环

一是释放专业人才价值。加快高端创新创业人才、金融创投人才和产业管理人才的引进培育及联动发展。借助各类人才"引培"计划，完善"选、引、留、用"机制，引聚天使投资、股权投资、私募基金、战略投资、资本运作领域的创业者，以及产业管理、战略咨询、公共政策领域的高级专门人才，以人才价值释放来放大政府引导基金的价值。二是推进解决社会资本"不愿进"的问题。将子基金设立、直投项目的决策权授权母基金管理公司牵头组织下的决策咨询委员会，还投资决策权于专业管理团队；鼓励母基金将特定比例的资金用于参股成立子基金、剩余比例的资金用于直接投资区域重点发展但市场化程度不高的新兴领域，并按照"让利于民"的原则前置性设计退出方案，提高社会资本未来收益预期。三是强化项目挖掘、筛选与储备。依托专业机构强化对引导基金运作、重点产业链与产业集群、新兴业态与新兴创业企业的长期跟踪研究。结合区域中长期产业战略规划及"十四五"发展规划，强化产业研究、创新地图、企业画像绘制，加快制定重点产业、产业链、产业集群的技术路线图，掌握重点产业发展领域的创新资源、发展路径、领军人才、平台机构及投融资需求等，挖掘、筛选与储备一批优质投资标的。四是不断探索与创新运行管理机制。容错和考评机制是政府引导基金真正市场化运作的核心，对勤勉尽责的界定则是容错机制的关键，需要参照市场化基金的做法结合实践，加速探索制定容错机制的操作细则，以容错机制为利刃凿去捆束政府引导基金发展的枷锁。针对地方股权基金中的种子基金、风险投资基金设置不同比例的容错率，推动种子基金、风险投资基金投资企业发展早期。如青岛的政策更是明确指出，引导基金绩效评价要按照基金投资规律和市场化原则，从整体效能出发，对引导基金政策目标、政策效果进行综合绩效评价，不对单只母（子）基金或单个项目盈亏进行考核。

13.5.3 政府引导基金生成价值循环

一是强化募资能力。坚持跨层级、跨部门、跨地区统筹财政资金，多渠道、多模式、多形式募集海内外各类社会资本。鼓励上下级政府按照市场化原则互相参股基金，形成财政出资合力。充分利用区域商帮和平台化大企业的人脉网络及资金优势，广泛募集吸引海内外资本，同时依托商帮网络资源扩入资金募集渠道，加快民间资本涌入政府引导基金。二是提高投资专业化水平。坚持专业的人做专业的事，还投资决策权于专业管理团队，以诊脉区域产业基底与预测未来产业趋势为两条基本路径，强化投资标的研究。通过引入国际知名风投机构联合设立子基金等形式，引进、消化、吸收国际一流的专业化投资管理经验，加速实现投资管理水平的迭代升级。三是加强投后风险管理。以风险管理为着眼点，加强政府母基金、子基金、直接投资或间接投资项目的跟踪管理，同时探索构建智能化的投后管理系统。针对投后项目或企业的风险管理，引导基金可以通过政策约束和投资计划条款约定来实现，面对特殊情况时，政府引导基金要有"壮士断腕"的魄力，例如基金投资项目偏离目标领域的，财政部门应会同行业主管部门及时纠正；基金绩效达不到预期效果、投资进度缓慢或资金长期闲置的，财政出资应按照章程（协议）择机退出。四是畅通退出渠道。政府引导基金的具体退出渠道包括 IPO、兼并收购、股权回购、股权转让、破产清算等。2020

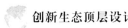

年是中国 S 基金的真正元年，"S 基金"成为新型有效退出渠道，极大地提高了私募股权市场的流动性，优化了退出生态。我国"S 基金"有望迎来规模化、规范化发展。政府引导基金的发展要紧抓"S 基金"机遇，加速形成"募—投—管—退—投"良性循环。

我国政府引导基金对创新财政资金使用、引导新兴产业发展、带动科技自立自强、撬动社会资本投入经济社会发展中，发挥了重要作用。历经初步探索期、加速发展期、井喷爆发期等发展阶段，当前政府引导基金已处在优化调整期，存量优化将代替增量扩充成为政府引导基金未来发展的主题词。未来，政府引导基金应该在妥善处理好政府引导与市场化运作，财政部门、产业部门与基金管理机构，财政资金、金融资本、社会资本与产业资本等系列关系的基础上，围绕"创新基底—运作要素—生成价值"三循环，打造活跃的创新生态，构建良善的运作机制，实现累进的价值创造，打通创新链产业链与价值链，赋能区域抢占科技创新制高点、产业发展主导权、综合竞争主动权。

14 科技（学）城承载战略力量

前些年一批有财力、有源头、有人才、有产业等城市布局建设科学城，以求科学、技术、产业的结合，成为很多创新高地的标配，但成功的案例不多；一批有产业、有财力，但人才、源头不多的城市布局建设科技城，以求科技、产业、城市的有机结合，成为很多产业高地的重要选择；一批有产业、有财力、有源头，但人才不足、层级不高的地方布局建设科教城，以图将科技、教育、产业结合。近几年更是一哄而上，甚至很多地方以为科技城、科教城都过时了，更喜欢称之为科学城。纵观全球科学城建设发展，依靠高校院所、从基础研究源头开始做的，几乎没有成功的。科技（教/学）城到底是什么，究竟历经了什么建设和发育，国内外建设发展有什么得失，到底在建设发展过程中应该秉持什么、坚持什么、践行什么，并在新时代条件下如何成为国家战略科技力量的核心载体，需要重新梳理、重新思考和重新设计。

14.1 科技/教/学城建设进入新阶段

14.1.1 科技/教/学城的兴起及发展

科技城是一种在科学技术革命和高等教育改革背景的基础上，以一系列高技术产业为前沿，以知识、技术、人才的高度集中和科研、教育、生产汇成一体为特点的新的区域性科研生产组织形式。目前，国际上对科技城有诸多提法，如"科学技术园""科学公园"等；且规模体量大小不一，如"硅谷""硅滩""硅巷""硅岛"等。所有科技城都有以下共同点：科教与工业相结合，作为科研机构和高等学校的聚集地，主要从事基础研究或应用研究，并通过技术开发对周边地区产生辐射效应，是国家创新体系的重要组成部分与地方创新生态中枢，是实现高校社会服务功能的重要形式。

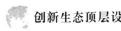

国内科技城兴起于 20 世纪 80 年代，最初主要以科技园区或者大学科技园区的形式出现。1980 年建设的台湾新竹科学工业园区，是国内第一个概念意义上的科学城。同年，带着硅谷之梦回国的陈春先提出要在中关村建"中国硅谷"，建中关村科创试验区。1983 年建立的绵阳科学城是国内首家现代化的科学城。随后 1998 年广州科学城启动建设。但此阶段科技城多注重"产业"功能，缺乏"城市"功能。进入 21 世纪以来，在我国提高自主创新能力，加快经济发展转型的大背景下，国内各发达省市为迎接全球经济竞争，增加自己的科技、经济实力，加速整合自身资源，谋求更高层次的发展，掀起科技城建设浪潮。目前，科技城仍以专业园为重要载体，以创新创业为内涵的特色街区和主题楼宇为主要形式，科技城具有城市基本要素，拥有完善的生产生活设施，融创新、产业、城市功能和文化等功能为一体，充分体现产业业态和城市形态的结合。

14.1.2 科技／教／学城的类型及其形态

如前所述，近年来产业基础雄厚、科技资源相对薄弱或者局部集聚的地方一般布局建设科技城；产业基础雄厚、科教智力资源相对薄弱或者局部集聚的地方一般布局建设科技城；基础研究实力雄厚、国家布局密集、地方财力充裕的地方布局建设科学城，但科学城只有立足科学、走出科学才能避免难以成功的宿命。

科技城。科技城主要探索的还是面向高技术产业前沿，吸引高技术公司空间集聚，打造促进产业增长的高科技产业园区，通过融合研发、产业、城市功能实现高科技区域化的创新实践。在此背景下，科技城必然是以科技产业为基础，以自主创新为核心，以城市要素为载体，以创意文化为底蕴，以区域治理为支撑，致力于打通基础研发、技术原创、新兴产业的发展通道。国内科技城经过 20 余年发展，已经成为崭新城市空间和带动城市经济社会发展的重要引擎，不断影响和改变着城市经济社会活动及空间结构。

科教城。国内科教城一般是依托大学城、大学科技园等建设发展起来，集聚了大量高校院所学科专业和人才技术资源，如常州科教城、广州科教城、苏州独墅湖科教创新区等，以打造成为区域科创中心重要承载区为方向。科教城以不断打破校区、园区、社区以及研究者、生产者、用户和企业的边界为重点，如北京海淀区、上海杨浦区、南京栖霞区等区域以深化大学校区、科技园区、公共社区"三区联动"，推进产城、学城、创城"三城融合"为基本路径，共建创新空间载体、共建协同创新平台、共建沟通交流渠道以及加速高效院所科技成果转化。

科学城。各地开始依托区域丰富科教资源，以提升自主创新能力为目标设立科学城，如绵阳科学城、广州科学城等。科学城更多是一种在科学技术革命和教育改革的基础上，通过高度集中知识、技术、人才资源，创新政产学研协同机制的科学研究综合体、区域性科研组织形式，具备科学／科技功能，强调基础研究、技术原创，通过集聚效应提高区域科技研发整体能力，但是往往缺乏产业功能和城市功能。近年来，科学城在创新型城市建设中发挥主平台作用，通过集聚创新主体、汇聚创新要素、承载创新功能，融合文化制度创新、空间环境营造、国际开放环境支撑，以创新生态水平提升成为创新中心的理想形态，加快形成"产、学、研"一体的"大科技大创新"的发展格局。

14.1.3 科技／教／学城的功能及其运营

从功能来看，目前科技城主要包括以下三种功能：一是通过聚集效应提高科技研究开发能力；二是通过辐射效应发展高技术产业；三是发挥带动效应促进区域经济发展。科技城可以通过带动高技术产业而有力地促进周边地区的经济发展。高技术产业具有高增长率的特征，能创造大量就业机会，对当地经济有直接的促进作用。从开发建设模式来看，国内科技城大多与国家高新区有着非常密切的联系，总体来说主要有三种模式：一是科技城依托高科技园区进行开发建设；二是科技城是高科技园区内的专业功能区；三是独立于高科技园区的科技城。此外，从科技城运作管理模式看，大多依托创新功能区的派出机构或内设机构实行统一规划、统一开发、统一管理。如苏州科学城、广州科学城管理机构，是高新区的派出机构；武汉未来科技城、天津未来科技城则由高新区的内设专门机构统一负责科技城的开发建设。

14.2 国内外科技 / 教 / 学城发展经验

14.2.1 国外科技 / 教 / 学城之典型代表

1. 瑞典 Kista 科学城

Kista 科学城依托其 ICT（信息与通信技术）产业基础优势和产业链条，以 ICT 新兴业务领域发展需求为导向，引入行业知名企业、研发机构等创新资源，推动实现由"电子制造产业基地"向"研究开发、创新创业集群地"的转变。科学城占地 200 万平方米，其中办公面积 110 万平米，集聚了十万左右科研和技术人员；1 万余家企业，其中 ICT 产业领域企业近 2000 家。Kista 科学城先后经历了电子制造产业基地为基础的起步发展阶段、科学城初步发展阶段、创新创业科学城发展阶段，发展成为瑞典最大的科技城、全球第二大高科技城区，被誉为"移动谷"。

瑞典 Kista 科学城在发展过程中，具有如下特点：一是以信息通信产业为主导，吸纳龙头企业及科研机构集群，打造完整产业链及企业网络。引进包括爱立信、IBM、微软、英特尔、甲骨文等多家跨国公司在内的企业总部或研发部门，并发挥龙头示范作用，加大其上下游产业链企业引进力度；政府相应出台建设电子中心计划，引入瑞典计算机科学研究所、斯德哥尔摩大学的相关科系等大学及研究机构，通过研发创新引导、推动整个 ICT 产业集群的发展、升级。二是立足于产业发展需求，通过成立 IT 大学推动产学研协同创新。科学城引导瑞典皇家学院和斯德哥尔摩大学共同投资成立了信息技术大学，重点开设电信通信技术相关课程，培养 ICT 人才。同时，高等院校与企业密切合作，大学的研究人员、研究生到企业任职，共同参与技术研发；产业界的人士到大学讲课，向学生提供实习机会，毕业后可直接进入合作公司工作。三是构建"预孵化—孵化—加速"全链条孵化体系，促进科技成果转移转化。基于 Kista 科技城创新发展需求成立 KIG 孵化器，随后服务范围扩展至整个斯德哥尔摩市，形成了 STING 孵化器机制，建立起自己的创业教练团队、投资基金和人脉网络，每年支持建立 20 个 ICT 领域新公司，并对入选项目从创意、商业实验、加速发展到走向国际市场提供全程支持。四是采用多方协调的市场化管理模式。以市场要求为纽带，形成政府—产业—大学多方协同管理体制，由斯德哥尔摩市政府、爱立信、IT 大学等发起共同组建财富基金会，作为 Kista 科学城建设主体，负责科学城在营销、文化、基础设施建设、研究教育等领域的事务。其治理结构的突出特点是没有特定组织能够主管科学城，财富基金会自始是建立合作、网络和共识的基础上。

2. 硅谷（斯坦福科学城）

硅谷科技城位于加利福尼亚州北部、旧金山湾区南部，依托斯坦福大学、圣塔克拉拉大学、加州大学等 8 所大学、9 所专科学院等创新科教资源，立足于产学研结合创新体系和体制机制创新，充分利用风险资本，聚焦高技术中小企业发展，发展成为融科学、技术、生产为一体的、世界最负盛名的高新技术产业集群。硅谷由 40 个小城镇组成，聚集了几万家高科技公司，拥有科技人员超过 100 万以上、美国科学院院士近千人，全球前 100 强高科技公司有约 30% 的总部位于硅谷。硅谷高科技园区从斯坦福工业园的建立起步，曾引领了多次产业形态和产业链的更新和变革，立足信息科技、生命科学、创新服务、高端制造等产业基础，培育出大量硬科技产业、新经济业态，如移动出行、分享经济等。基本分为依托斯坦福工业园的雏形发展阶段、单一电子产业科技园快速发展阶段、多元化新兴产业创新高地发展阶段。

斯坦福科学城在发展过程中，具有如下特点：一是依托斯坦福大学科教资源，与企业建立高效的产、学、研合作模式。斯坦福大学专设企业关系办公室、技术许可办公室、技术转移实验室等载体，鼓励教授及学生参与企业的应用型研究，并支持师生利用研发技术创办企业，"斯坦福创业企业"约占硅谷地区企业收入的一半。同时斯坦福大学与政府、企业合作共建大量研究院所，如斯坦福集成系统中心、斯坦福 Bio-X 研究中心等，在科技成果产业化方面发挥了重要媒介作用。二是创新孵化机制，繁衍出高校孵化器与风险投资孵化两种模式。在硅谷发展初期，高校孵化器占据主导，学校出让房舍，政府拨款作活动经费，提供办公、实验、生产以及咨询服务、技术转让等一系列服务。随着科技企业向纵深发展，由风险投资主导的企

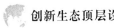

业孵化器模式成为了市场的主流，派驻创业导师，提供可行性论证、市场开拓、开展企业并购、上市等增值服务。三是完善科技中介服务机构政策环境，构建完善的中介服务体系。严格界定盈利性与非盈利性科技中介机构，并采用差别政策，并实行不同的发展模式。对于公益性中介组织，重点支持科技咨询服务、高新技术创业服务及技术产权交易所等科技中介发展，而商业性质的中介机构更多的是依靠市场力量自身发展。四是根据硅谷不同阶段的发展需求，政府从早期的投资者兼消费者向组织者转变，营造有利于创新创业的环境。在硅谷发展早期，政府通过政府采购、直接对大学进行投资和军事订购等措施对硅谷的创新进行支持，而在近二三十年里，政府通过制定创新、创业、税收、金融各类法律、计划和措施，为硅谷的创新人才提供了自由广阔的创新舞台。

3. 法国索菲亚科学城

索菲亚科学城坐落在旅游胜地"蓝色海岸"阿尔卑斯—滨海省，是法国东南部世界著名的休闲地带，高速公路从区边缘穿过，距尼斯国际机场20多公里；紧邻尼斯大学、夏纳电影城和格拉斯香水之都，拥有独特的区位及地理优势。目前，索菲亚科学城聚集着来自全球近百个国家2000多家高科技研发机构、技术型公司、科技创业企业和企业孵化器，科技人员超过5万人，园区企业以小型公司为主。科学城经历了四个发展阶段，逐渐带动区域发展形成了滨海沿岸高科技产业带，发展成为法国最具国际化的地区，是欧洲乃至世界的电信与微电子产业、生命和健康科学产业的技术枢纽核心，代表着世界的研究方向和技术水平。

索菲亚科学城在发展过程中，具有如下特点：一是政府严格企业准入标准，提升园区技术研发水平。通过政府引导法国第一大电信运营商——法国电信入驻科技城，形成电信与通信产业基础。同时严格企业准入标准，只有高等学校、科研机构、大公司的高技术部门以及从事研发尖端产品的中小企业才能进入科技城，政府的介入管理使得索菲亚科学城从发展初始就站在以研发技术活动为主的高起点上。二是政府、大学和企业共同合作，创新人才的引、用、留机制。法国政府机构与法国科研中心合作共建人才信息和技术资料数据库，储存法国 5000 多家研究机构的人才信息和技术资料；创新高校与企业间人才双向流动机制，高校向企业开放研究生课程，企业成为高校学生实习基地；法国政府及科学城合作加大人才支持力度，如设立双层次创新投资公共基金、实行人员工资免除行业税、免征研发固定资产投资行业税等。三是强化孵化器媒介功能，实行大企业帮助小企业的孵化模式。科技城内孵化器的一个重要职责是联系科技城内的大企业共同孵化初创企业，大企业与孵化器执行机构共同筛选入驻企业，以投资持股方式投资初创企业，并提供商业执行计划辅导、企业管理咨询、市场开拓等服务。四是建设各种国际性组织，注重全球资源链接。索菲亚科技城注重国际顶尖技术交流与沟通，积极建立国际合作平台，如国际智密区俱乐部、法德科技协会、国际合作发展学会等，为索菲亚各类企业创新活动提供了交流平台和良好氛围，强化科学城内企业国际资源的链接。五是注重科技城的发展规划和城市功能的完善，创造宜居宜业宜科研的发展环境。索菲亚科学城自创建初始开始，就对科技城实行合理规划，从教育配套、居住配套、商务商业配套等方面加强城市设施建设，促进人文与科学的融合，打造宜居、宜业、宜科研的可持续发展环境。

14.2.2 国内科技/教/学城之经验借鉴

通过对中关村等国内先进园区和科技城发展经验进行研究，总结出以下特点：一是利用科教资源优势，培育和发展新兴产业。充分利用本区域丰富的科教资源，汇聚大量的高层次人才，推进科技成果产业化，发挥科技城的辐射和聚集优势，进一步提升区域创新能力。例如，中关村科学城和广州科学城。其中，中关村科学城位于中关村科技园区海淀园，依托区内清华、北大等 27 所国家重点高等院校、中科院等 30 多家研究所、25 家国家工程技术研究中心、20 余家国家工程研究中心和 62 家国家级重点实验等创新科教资源，通过对存量资源的挖掘置换，创新政府、高校、院所、企业合作体制机制，促进产、学、研用协同创新，发挥对北京市和国家创新发展的引领带动作用。二是依托优势产业，通过科技创新实现结构调整和升级。通过依托区域产业优势，逐步吸引高端创新要素集聚，实现从产业优势向创新优势的转变。例

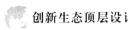

如，苏州科学城通过依托软件和信息服务外包、生物医药研发等本地优势产业，同时通过与中国科学院合作建立苏南工研院，以苏南工研院为核心推动器，吸引行业知名研发机构、高端人才、企业等创新资源，推动"苏州制造"向"苏州创造"的经济增长方式转变。三是利用良好的市场环境，集成全球创新资源推动产业转型。通过依托自身良好的市场环境，集成全球创新资源，最终形成独具优势的创新能力。比如，深圳多年来致力于培育良好的市场环境，来吸引全球各类人才与企业来深圳创业，基本形成了以企业为主体、以市场为导向、产学研相结合的技术创新体系。在深圳90%以上的研发机构设立在企业，90%以上的研发人员集中在企业，90%以上的研发资金来源于企业，90%以上的职务发明专利出自企业。四是制定优惠政策优势引进高端人才促进创新创业。目前，被列为全国四大央企集中建设人才基地的北京、天津、武汉和杭州四大"未来科技城"，通过利用政策优势引进高端人才，取得了重要的进展。如杭州未来科技城通过加快对接央企，积极搭建海外高层次人才创新创业平台。同时，立足浙江实际，充分发挥民营企业众多、民间资本丰富的优势，进一步创新引才思路，搭建"人才 + 资本 + 民企"平台，积极推动海外高层次人才与资本、民企的对接，引领海归人才融入本土发展。五是封闭式管理、开放式运营的管理机制。国内先进园区和科技城发展在管理机制上大多按照"小政府、大社会"的原则，采取"封闭式管理、开放式运营"的模式。通过实行"封闭式管理、开放式运营"的经济与行政管理机制，一方面使得进入园区内的各类经济组织，其正常的生产经济活动不受外界的干扰，为企业提供便利的生产环境；另一方面有利于提高开发区相关政府机构办事效率和形成了优质、高效、快捷的服务体系。

14.3 科产城人融合是重要发展取向

14.3.1 围绕人的发展系统跃升三大功能

纵观国内外著名科技城，具有如下共性特征，一是科教智力资源高度集聚，有了著名高校院所的源头与池子，就有顶级的人才与拔尖的人才，就能更好地从事知识创造；二是率先以创新驱动走向新经济，以创业创新为灵魂，不仅涌现出一批创新企业，还产生了一批新兴产业，提升了经济发展水平；三是具有质优的创新生态，以科技金融为杠杆、以数字基建为底盘、以全球配置资源为途径、以创新文化为底蕴，将研发生态、创业生态、服务生态、产业生态有机结合；四是具有和美宜居的城市环境，以优美的环境吸引一流的人才。总而言之，是围绕人的发展，突出强化科技功能、产业功能和城市功能。

一是科技功能。科技创新功能是科技城发展的特有要求，包括人才、高校院所、新型研发机构和创新型企业等科技创新源头，科研基础设施、重大创新平台、创新空间等科技载体，以及研发服务、技术转移、检验检测、知识产权等科技服务体系。伴随创新全球化、社交网络化发展，科技创新从创新体系迈入创新生态新阶段，创新范围由封闭式竞争转变为开放式合作，虚拟创新平台、开放创新平台加快推动科技创新协同发展，"人"成为科技创新的关键要素。科技创新在推动产业迈向中高端、增添发展新动能、拓展发展新空间、提高发展质量和效益的核心引领作用日益凸显。

二是产业功能。科技城作为我国高新技术产业发展的重要载体，承担着产业孵化功能、产业集聚功能、产业扩散功能、产业示范功能、产业带动功能。最初的产业功能主要是发展大制造业和布局生产性、生活性服务业。随着新一轮科技和产业革命兴起，以科技创新为核心驱动力，推动新一代信息技术与各行各业深度融合，产业跨界融合促进产业集群向产业生态进阶，新技术、新业态、新产业、新模式成为园区爆发式增长点，培育原创产业、新兴产业、智能经济就成为科技城发展高新技术产业重要抓手。

三是城市功能。科学城的城市功能主要包括空间承载、基础设施、生活配套、社会治理、公共服务等功能。围绕产业的业态发展需求、科技资源的集聚特征，高新园区空间形态和功能不断演进，逐步由空城—新城—社区，从网络互联互通、终端设施建设、大数据示范园区等推进信息化基础设施建设，从提升项目准入环境标准、提高可再生能源利用率等建设绿色生态园区，从优化内部用地结构、提高空间利用效率和土地利用强度等强化土地节约集约利用，日益健全新型社会治理服务体系，逐步打造成智慧化、绿色化、集约化、人文化、宜居宜业的高品质城市新区。

14.3.2 科产城融合发展基本要求及特征

科产城融合的实质是以人的需求为核心，充分发挥科技创新的引领作用，推动科技产业化、产业高新化，以产业功能的提升推动城市空间耦合，以一流的城市环境汇聚一流的人才和产业，最终促进产业创新发展、提高城市形态品质、提升经济增长质量，建成要素匹配、功能齐备、服务完善的科技创新综合体。整体而言，科技与产业创新融合是发展主线，产业与城市功能融合是发展途径，城市与科产功能融合是发展保障。

一是科技与产业创新融合，核心是科技产业化及产业高新化的发展，体现的是对原创技术、产业的孵化、衍生及培育能力。推动科技与产业融合，实质是科技功能与产业需求导向的结合，是科技创业、科技成果转移及产业化，培育新兴产业，催生孵化高技术原创产业集群，从而推动科技优势向经济优势转化。一方面，科技成果产业化。科技成果转移转化是科技成果产业化的关键环节，充分利用各类科技创新资源和载体，高效保障技术开发到转移扩散到商品化、规模化生产的技术创新链，促进先进技术成果能够有效转化和应用，提高产业创新能力，最终实现以科技创新带动原创新兴产业培育、传统产业转型升级。另一方面，科技创新推动产业高新化。立足产业需求导向和产业主攻方向开展科技创新和技术攻关，布局实施一批科技创新项目，攻克解决一批制约行业发展的共性关键技术瓶颈，转化推广一批先进适用技术和标准，积累储备一批核心技术知识产权，培养造就一批产业技术创新领军人才。推动科技与产业的双向深度融合，关键还体现在科技服务体系和良好的创业创新环境逐步完善，技术交易额、科技成果转化率等不断提升，新产业新业态不断涌现，产业结构呈现高新化。

二是产业与城市功能融合，核心是产业化与城市化的协同发展，体现的是产业经济和空间（功能）布局的契合。产业与城市功能融合，是通过产业发展需求与城市功能供给的有机融合，达到产业、城市、人之间有活力、持续向上的发展。一方面，以产兴城。依托新型工业化和信息化的高端产业、新兴产业发展，形成现代产业体系和产业集群，继而催生研发、物流、商务、商业、居住等配套需求，推动城市功能逐步完善。另一方面，以城促产。城市承载产业空间和发展产业经济，包括产业制造、产业创新、产业人才活动、商务休闲等功能的供给与实际需求的契合，以专业的优质服务吸引集聚优秀人才、优质企业、高端产业。推动产业与城市的双向深度融合，关键还体现在统筹城市空间和产业发展，推动产业规划、土地规划、城市规划、循环发展规划等多规融合，合理布局产业、居住、生态、综合服务等功能，提高园区单位面积产出值。

三是城市与科产功能融合，核心是城市形态和城市品质双双提升，体现的是城市服务对高端要素的吸引集聚与支撑能力。城市功能与科技、产业功能的耦合形成绿色协调发展的科技产业新城区，围绕科技、产业人才发展需求，以良好的创新创业服务环境、文化氛围，打造人文社区。促进城市与科技、产业的深度融合，一方面，一流的科技与产业为城市形态和品质提升赋能。城市形象和功能是由城市科技和产业决定的。未来，科技、产业发展将熔化城市边界和空间，大量基于土地的生产性空间转为以互联网为代表的维度空间，成为更加集约、开放的智能城市、效益城市、文明宜居城市。另一方面，一流的城市环境吸引集聚大量科技、产业资源。以城市的人文环境集聚人才、创新型企业、高校院所、新型研发机构等创新主体，为高层次人才的创新提供研发服务平台和科技基础设施，为创业提供孵化服务平台和公共空间资源，为商务居住提供交流平台和生态环境，满足"大众创业、万众创新"的人文环境和基于信息网络发展的开放生态。推进城市与科技、产业的相互深度融合，关键还体现在以社区营造理念重塑地区空间生态，以低碳产业和智能信息基础设施为基础，强化科研、生产、商务功能有机组合，创造适合各类创新创业人群交际、交流、交往的新型空间，建设生活设施完善、社交接触频繁、创新创业活跃的新型"科技＋产业＋生活"社区。

14.3.3 创新科产城融合发展路径及模式

从国内外科技城发展的历程来看，基于不同的资源禀赋，不同科技城在科技功能、城市功能、产业功能融合发展上存在不同时序，大致形成三种路径模式：一是科技立城，持续衍生高新产业，带动城市功能发展。该模式对园区科教资源禀赋要求较高，一般是区域科教资源集聚地，以科技园区起步，把发展基点放在创新能力建设上，通过引进或发展高校院所、科技服务机构、创新创业平台、人才、资金等创新资源，形成促进创新的体制架构，通过吸引高新技术企业入驻园区和培育本地创新创业等方式，推动园区产业发展升级、人才集聚和城市发展。二是以城聚科，发展科技、产业功能。该模式是随着新时期经济社会发展的新阶段应运而生。园区建设通过"以城带产、以产兴城、产城融合"的发展理念，通过完善城市功能建设，吸引企业、人才聚集，实现科产城融合发展。当前有两种路径和趋势：一是通过建设功能完善的产业新城，推动产业发展和人才集聚；二是通过已有城市空置楼宇、过剩载体改造为创新平台，鼓励创新创业推动产业发展。三是产业立城，以产兴城，逐步提升科技创新功能。该模式是国内大多数科技城的发展模式。作为承担城市产业集聚发展而设立的科技城，建设前期通过招商引资以企业集聚促进产业发展，进而带动城市、科技功能完善。以产城融合理念的顶层设计为先导和框架依据，建立科学的顶层设计执行体制是园区实现产城融合发展的重要保障。

14.4 优化科技 / 教 / 学城的顶层设计

14.4.1 提高科技城建设发展的战略位势

进入高质量发展新时代，一批科技城不但要解决基底不足、根基不深、硬核不够的短板，还需要有原创的新技术、新产业、新模式、新思想，尤其是产生改变世界的生产方式、生活方式、产业结构、治理结构等。一是面向全球面向未来，抢占科技产业战略制高点，彰显影响力。针对能够改变人类生产生活方式、拓展生存发展疆域的科技领域，抢占科技产业战略制高点。如最能实现人、替代人、模拟人、增进人、联结人的数智科技；在疫后对人的价值更加凸显的生命科技；以及若干"上天下海入地"拓展人类的生存发展疆域的科技。二是面向全国用好国家，需要掌握产业发展的技术主导权、资本主导权、市场主导权，彰显新时代的引领力。积极承担承载承担国家战略，布局国家战略科技力量，代表国家掌握产业发展的技术主导权、资本主导权、市场主导权，并在双循环发展格局中更好地提升生产力和创造财富。三是立足城市赋能区域，加快抢占新一轮高质量发展的主动权，提高新兴产业与自主创新的策源力。将产业链、价值链、创新链、资金链、供应链有机结合，形成快速的产业生成能力与创新迭代能力。四是军民融合科产融合，以重大尖端科技、前沿科技、硬核科技带动新经济发展，彰显生产力提升与财富累积的创造力。美国产业科技、民生科技是国防科技带动的，以军民融合走高端、以科产融合经世致用，最终以"四尖经济"（针尖产业、尖端技术、拔尖人才、顶尖平台）带动"四新经济"（新技术、新模式、新业态、新产业）。

14.4.2 坚持创新发展的基本判断与取向

一个科技城建设发展能否走向成功，核心是我们在政府解决市场失灵与培育市场、在科技创新发展上，应该相信什么、坚持什么、践行什么。到底是依赖大院大所的高校院所，还是依赖千军万马、策马奔腾的企业；到底依赖摸爬滚打的企业家，还是依赖前沿探索的科学家；到底是创新带动创业，还是创业带动创新；到底是依赖政府作用，还是发挥市场机制；到底是政府做对了什么更重要，还是政府没有做错什么更重要。整体而言，我们如其相信科学家（的科研）更应该相信企业家（创新创业），"创新驱动"就是对企业家的利润驱动，而不是对科学家的兴趣驱动；如其相信政府更应该相信市场，让市场的价格信号与商业利益驱动资源配置，政府"有所为有所不为"；如其相信创新带动创业更应该相信创业带动创新，以创新服务带动高端创业、以高端创业带动自主创新、以自主创新带动新兴产业

14.4.3 坚持"科产城人"融合发展理念

坚持"科—产—城—人"融合发展理念，推动科技功能、产业功能、城市功能等要素有机融合，将科技城全面建成要素匹配、功能齐备、服务完善的科技创新共同体、产业发展有机体、城市发展综合体，促进"新科技、新经济、新文化"三位一体。一是以人为本，统筹城市空间和科技、产业发展，推动城市规划、科技规划、产业规划、土地规划、循环发展规划等多规融合，

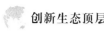

合理布局产业、研发、居住、生态、综合服务等功能，坚持整体规划，分步实施，重点突破，科学、合理、有序实现科产城融合。二是科技引领，深入开展以科技创新为核心的全面创新，加强创新驱动的统筹协调，大胆探索、先行先试，着力形成推进科产城融合的新体制、新机制，促进技术、人才、资金等高端创新要素的聚合裂变，提升创新创业的科技内涵，推进大众创业万众创新深入发展。三是产业原创，推进产业与科技、城市的深度融合，提高制造业、生产性服务业、生活性服务业等各大产业创新能力和相互促进作用，推动产业结构迈向中高端水平，全面推动科技优势、产业优势向经济优势转化。四是生态赋能，围绕科技、产业人才发展需求，坚持营造良好的创新创业服务环境和文化氛围，不断完善城市功能，强化科研、生产、商务功能有机组合，建设生活设施完善、社交接触频繁、创新创业活跃的新型"科技 + 产业 + 生活"社区。

14.4.4 营造新经济创新生态赋能型主线

在一流的科技、一流的产业、一流的城市与一流的人才相辅相成、相互成就的条件下，加快形成新经济创新生态赋能型发展主线。一是促进高校院所的科教智力资源、企业的创新资源、全社会的产业要素、政府的财政科技资源等多种资源要素的适配，解决创新生态发展不平衡、不协调、不全面的问题，最终将区位条件与资源禀赋转化为投资标的、再转化为创新优势、再转化为产业优势。二是促进研发生态、创业生态、产业生态、数字生态、服务生态和营商生态适配，进一步促进高校院所内部及其与各类创新主体、各类创业者（企业）与各类创新主体、产业大中小新老旧企业内部及其与各类创新主体、各种流量与数据流价值流、科技服务机构内部及其与各类创新主体、各类创新主体与政府社会之间的关系的优化。三是在从大科学研究特点、硬科技研发模式、厚创新组织方式的适配，打破从基础设施、基础研究、应用研究、商业研究、转移转化，再到产业化的正向链式创新，走向从场景需求、终端应用、交易交割、消费体验等反向配置资源的逆向创新，最终实现将产业化、创业、科技成果转化、研发创新高度一体的垂直型创新。

14.5 打造国家战略科技力量主平台

在科技城范围内，有条件地方依托不同创新主体，加快建设大科学装置、国家实验室、高等研究院、国创中心、中央研究院、研发专业园，夯实战略科技力量。

14.5.1 依托创新型城市城建大科学装置

面向科学技术前沿，着眼为国家经济建设、国家安全和社会发展做出战略性、基础性和前瞻性贡献，需要依托科技城，加快大科学装置在一批具有质优发展基础、科教智力资源密集、产业创新能力突出的创新城市布局大科学装置。大科学装置是指通过较大规模投入和工程建设来完成，建成后通过长期的稳定运行和持续的科学技术活动，实现重要科学技术目标的大型设施。一般而言，企业使用是大科学装置服务产业界的直接方式，并可能衍生出相应的研发服务业，国际上大量大科学装置能够为企业提供研发检测服务，大科学装置的人员、技术外溢，有可能形成以研发、测试、数据分析为主要内容的研发服务业；大科学装置在建设过程中有可能会衍生新的企业/产业，围绕大科学装置的设计、建设、更新、再建设，其过程中产生的工程、技术、新创零部件等衍生出市场化机构，扩散出相应的产业，如仪器设备、关键零部件、工程设计等；大科学装置在促进科技成果转化上，存在成立专门的技术转化机构、科研人员创业、企业委托机构利用大装置进行委托研发/联合研发、装置管理运营机构成立衍生公司、大型企业在装置周边设立研发机构等方式。此外，建设科技园区能有效促进产业在大科学装置周边聚集，政府需要更主动地通过政策措施、基础设施、生态环境、生活配套等方式，围绕科学城搭建优越的、适于产业发展导向的产业创新生态体系。

14.5.2 依托地方布局和建设国家实验室

国家实验室是以国家现代化建设和社会发展的重大需求为导向，开展基础研究、竞争前沿高技术研究和社会公益研究，积极承担国家重大科研任务的国家级科研机构，具有响应国家战略需求、体现国家意志、承担国家

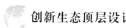

任务等特点。美国在 20 世纪逐步成为世界头号科技强国的过程，也正是美国国家实验室从创立到不断发展的过程，目前已经建成了一个完善而强大的国家实验室体系，包含国有国营（GOGO）、国有民营（GOCO）、私有等不同模式。我国在国家实验室建设发展上，1984—1999 年在高能物理和核物理领域建设 4 个国家实验室；2000 年—2003 年科学技术部陆续批准了 5 个国家实验室的试点；2006 年启动 10 个第二批国家实验室试点建设，但除青岛海洋科学与技术国家实验室正式获批成立外，其他的仍处于筹建状态；2020 年两会在政府工作报告中提出要加快建设国家实验室。当前地方政府作为基础研究、应用基础研究的重要投入主体，在加快建设国家实验室过程中，需要持续保持对国家实验室的全方位支持，鼓励形成企业、社会团体等的多元投入机制；保证国家实验室的数量与质量的平衡，注重"精"与"优"，避免"求多、求快"；更强调灵活、开放、自主，持续保持科研人员、科研项目的"新鲜度"；建立多个主体评估的全方位评估机制，构建以质量、绩效和创新为导向的评价体系；强化多领域、多学科、国际化的交流，多渠道推进、多主体参与加速科技开放合作。

14.5.3 依托高校及院所建设高等研究院

国际上很多高校为适应研究型大学建设的要求，推进科研体制改革，建立专职科研队伍、推动科研工作发展，加快成立高等研究院。

整体而言，很多高等研究院往往有别于现行管理体系的科研特区，实施特殊的管理政策，探索灵活的用人机制，发挥学科研究的团队作用，吸引国内外杰出研究人才，集聚和稳定一批专职科研队伍，选拔和培养一批优秀中青年科研人才；并围绕国家重大战略及科学前沿问题，长期稳定地开展基础研究、应用基础研究和关键工程技术研究，促进我校科技竞争力跨越式发展，最终实现研究型大学的建设目标。

具体而言，诸多高等研究院具有如下特点：一是以基础研究加强尖端科学与前沿技术创新，如清华大学高等研究院等；二是以教学科研融合开展领军型创新人才培养，如西湖大学高等研究院等；三是以跨学科、跨领域培育原创性与开创性成果，如深圳大学高等研究院等；四是以体制机制创新打造高能级学术科研特区。如今围绕国家重大战略和区域经济社会发展需求，共同推进在科技创新、人才培养、国际交流、成果转移转化等领域的合作，需要进一步依托高校院所建设布局高等研究院，并加快将高等研究院在科技城布局，提供特色创新人才和研究成果，助力产业技术转型升级与社会经济转型发展。

14.5.4 依托行业龙头布局建设国创中心

国家技术创新中心（简称 "国创中心"）具有如下特点：一是实现从科学到技术的转化，促进重大基础研究成果产业化，以关键技术研发为核心使命，产学研协同推动科技成果转移转化与产业化，为区域和产业发展提供源头技术供给，为企业提供创新服务；二是既要靠近创新源头，又要靠近市场需求，充分依托高校、科研院所的优势学科和科研资源，加强科技成果辐射供给和源头支撑，又紧密对接企业和产业，提供全方位技术创新服务，切实解决企业和产业的实际技术难题；三是不与高校争学术之名、不与企业争产品之利，将研发作为产业、将技术作为产品，致力于源头技术创新、实验室成果中试熟化、应用技术开发升值，为中小企业群体提供技术支撑与科技服务，孵化衍生科技型企业，引领带动重点产业和区域实现创新发展。技术创新中心自建设起得到了国家、各地方政府的高度重视，综合类、领域类国家技术创新中心建设取得一定成效，如京津冀国家技术创新中心、国家高速列车技术创新中心（青岛）、国家新能源汽车技术创新中心（北京）、国家合成生物技术创新中心（天津）、国家耐盐碱水稻技术创新中心（长沙）、国家新型显示技术创新中心（广州）；各省也积极推进中心的建设工作，向着国家技术创新中心"预备队"方向发力，在技术研究、成果转化、企业培育等层面取得了阶段性成绩。

14.5.5 依托大企业布局建设中央研究院

当前世界领先企业普遍建立了以中央研究院为核心的研发创新体系，而近年，随着我国企业的快速发展，大量企业成为世界级公司、世界领先公司，在研发创新体系建设方面积极借鉴世界领先企业的组织管理建议，开展和完善中央研究院体系建设。并重点有如下功能：一是对企业的科技

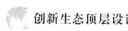

创新资源予以规划布局和战略资源配置，不仅负责集团的科技创新战略规划，还在相对分散的研发组织基础之上，建立的一个从上到下一体化的同时，又与各个原有研发组织机构紧密联系的垂直管理组织体系；二是面向集团和面向未来开展前瞻性技术、共性技术的研发，着眼于具有前瞻性的、共性的基础技术，进行研究和开发，以支撑和提升集团企业的整体创新能力；三是推动应用性技术的产业转化，推动创新成果向商业的转化，从而真正实现企业市场竞争力的提升；四是加强科技情报的动态追踪和分析等。在加快建设高水平科技城的过程中，不仅仅是国家纵向科技力量的布局，更重要的是企业为主体的战略科技力量，而企业集团的中央研究院则是重要的创新源头、创新平台与创新主体。

14.5.6 依托开发区布局建设研发专业园

如今研发服务业作为一个新兴行业，逐步发展成为独立的行业，并逐步成型研发总部、研发外包、众包研发、实验室经济等业态。而很多开发区，更是将研发园作为科技服务业的核心载体、地区创新生态的中枢以及科技创新的源头加以布局建设。这些研发园往往以研究开发为核心，并集聚技术转移、知识产权、检测认证、创业孵化、科技金融为、科技咨询等其他科技服务，成为诸多城市创新功能提升的名片或地标。依托开发区布局建设研发园，并加速在科技城范围布局，核心是聚焦科技中心企业、培育科技中小企业，最终将科技中心企业的创新活力与大企业中央研究院的创新组织实施能力、行业龙头共性技术研究开发与供给能力、高校院所高等研究院的基础研究能力与其他前沿科技研究开发能力相结合，形成科技城创新能力提升的重要组件。

党的十九届五中全会首次将创新驱动作为首要任务——坚持创新在我国现代化建设全局中的核心地位，并提出了科技自立自强——把科技自立自强作为国家发展的战略支撑，强化国家战略科技力量、提升企业技术创新能力、激发人才创新活力、完善科技创新体制机制成为关键。但真正能够实现科技自立自强的，绝非单纯是科技本身的事情，而是一个系统性的创新问题。科学城作为打造国家战略科技力量的核心载体，便是这一系统创新的重要突破口。无论对于国家还是地方，在新一轮科技城建设高潮中，需要从硬核科技、硬核产业再到硬核城市，从先声夺人、出手不凡到异军突起，从高风险、高投入、高杠杆到生产力和财富，最终以一流的人才、一流的科技、一流的产业、一流的城市重塑创新版图、产业版图和经济地理。

15 地方平台公司赋能开发建设

我国地方国有平台公司始于20世纪80年代末，是我国经济与政治体制下的特色产物，具有鲜明的时代特征与历史阶段性，对我国地方经济建设和城镇化发展起到非常重要的作用。对于地方平台公司的认识和判断，取决于对地方政府城市开发建设运营模式的理解。尽管平台公司已经发展成为地方经济社会建设发展的重要推手，但在新的发展阶段面临着新发展形势、问题障碍和发展要求。未来更好地推动地方平台公司的发展，不仅需要借鉴国内外典型发展经验，还需要把握好平台公司的顶层设计，亦需要创新平台公司的业务模式与发展路径。

15.1 地方政府城市开发建设及运营

15.1.1 土地是地方政府的摇钱树

整体而言，地方政府经营发展的诀窍在于通过大量城市土地开发配置与功能置换掌握了土地的"金饭碗"与"摇钱树"，并利用级差地租的一次性"融资"以地生财，获得大量城市基础设施建设资金，进而改善投资环境以及筑巢引凤，最终将城镇建设、经济发展与社会服务有机结合。进一步而言，那就是在以经济建设为中心的条件下，作为既抓产业组织又直接参与经济发展（如国企及投资平台等）地方政府，加强以修路、城建为代表的基础设施建设，然后在具有良好区位优势的确建立工业园区或科技园区，再加强招商引资（承接国际产业梯度转移）和鼓励民营创新创业（建立出口导向型工业体系），一旦居民都赚到辛苦钱，然后再卖地买房子，进而实现以经济快速增长逐步解决社会发展的各种问题。在短短的几十年内，中国的很多城市基本完成了城市化、工业化、市场化、信息化，建立了完整的工业体系、完成了资本原始积累、形成大规模基建能力等。从当前财税结构及地方政府能掌握的资源来看，短期内依靠土地财政的结构不会改变，但立足土地财政而又跳出土地财政，成为一个地区发展的基石。

15.1.2 地方城市经营的四阶功能

近年来无论对于城市全域，还是对于县（市）区（功能区）的开发建设与运营经营而言，往往历经如下发展阶段：一是基于土地开发建设的城市功能与城市经营，地产经济成为支柱产业，具有明显的要素驱动色彩，政府的推手至关重要，地方政府主要原始积累与税收来源往往是土地的一次性出让收入以及与房地产衍生税收收入，是最典型的要素驱动；二是基于资源区位比较优势的产业功能与产业发展，实体经济属性不断加强，具有明显的投资驱动色彩，市场的牵引力至关重要，地方政府主要财税来源是各类生产性、消费性的产业税收收入，是最典型的投资驱动；三是基于全球金融分工的开放功能与国际发展，外向经济属性不断加强，具有明显的要素驱动、投资驱动色彩，外需的拉手成为关键，地方政府主要财税来源是各类生产性、消费性的产业税收收入的升级版，是要素驱动、投资驱动的叠加；四是基于科技创新创业的创新功能与高新科技，高新技术产业成为重要支柱，具有明显的创新驱动色彩，科技成为重要动力，地方政府主要财税来源于高端、高效、高附加值的企业所得税、个人所得税等，打破土地财政依赖，也就是创新驱动。此外，还有一个基于资本运作交易交割的金融功能与财富分配，虚拟经济属性得以加强，具有明显的财富驱动色彩，金融成为财富分配的核心，政府财税收入主要来源为生产性服务业税收收入以及各类非生产性衍生税收收入，即财富驱动。

表：城市不同发展阶段的不同发展结构

	基本特征	税收来源结构	阶段
城	基于土地开发建设的城市功能与城市经营：政府推手成关键，地产经济成为支柱产业	土地一次性出让收入以及与房地产衍生税收收入	要素驱动

续表

产	基于资源区位比较优势的产业功能与产业发展：内需拉手成关键，实体经济属性加强	各类生产性、消费性的产业税收收入	投资驱动
港	基于全球金及分工的开放功能与国际发展：外需拉手成为关键，外向经济属性不断加强	各类生产性、消费性的产业税收收入的升级版	要素驱动 投资驱动
科	基于科技创新创业的创新功能与高新科技：科技成为重要动力，高新产业成为重要支柱	企业、个人所得税为主，打破土地财政依赖	创新驱动
金	基于资本运作交易交割的金融功能与财富分配：虚拟经济属性得以加强，金融分配财富	生产性服务业及各类非生产性衍生税收收入	财富驱动

15.1.3 地方城市经营的四高发展

当前，各地区（区域 / 城市 / 园区）最大的发展矛盾，往往是用1.0的理念、2.0的手段实现3.0的发展目标以及4.0的愿景。这个1.0往往是要么突出城市功能——城市经营与房地产泡沫经济，要么是突出产业功能——产业园区与实体经济；2.0就是"产城融合"，将产业功能与城市功能、经济发展与城市发展、经济事务与社会事务有机结合；3.0就是"科产城融合"，促进城市功能、产业功能、创新功能在空间上的耦合，将创新发展模式、产业发展模式、城市发展模式有机结合；4.0就是"科产城港金"融合发展，促进四大发展模式协同演进，并围绕人口版图、财富版图、产业版图、创新版图、开放地图聚合在一起，在新经济地理与新发展格局上占有一席之地。

其中，没有一个高水平的发育，就难以有高质量的发展，没有高质量的发展就难以有高效能的循环，没有高效能的循环就没有高速度的增长。站在新时代的起点上，以4.0"科产城港金"融合系统性提升城市四大功能、实现四高发展成为很多地区发展重要抉择。具体而言，主要围绕地区发展的城市功能、产业功能、开放功能、创新功能，从中国发展的城市格局、产业格局、开放格局、创新格局审视一个城市、地区或园区如何以高水平发育带动高质量发展、以高质量发展带动高效能循环、以高效能循环实现高速度增长，探索最具新时代含义与价值的城市经营发展范式。

15.2 平台公司是地方发展重要推手

15.2.1 平台公司的兴起及其发展

1986 年 8 月 5 日国务院以"国函 (1986)94 号"文，批准上海采取自借自还的方式，扩大利用外资，以加强城市基础设施建设，加快工业技术改造，增强出口创汇能力，发展第三产业和旅游业。为确保"94 专项"运作成功，彼时上海市政府作了一个意义非凡的决定：尝试利用经济手段，通过成立专门的经济实体，对"94 专项"进行统一的资金筹措、调剂和管理。在此背景下，1987 年 12 月 30 日上海久事公司应运而生（取名"94"谐音），也就是通过"自借自还"的方式筹集外资，成立第一家地方政府融资平台公司"久事公司"。公司坚持政府投资主体的地位，坚持"政府性项目，市场化运作"，以政府性项目为投资方向，通过积极筹集国内外资金，致力于城市基础设施建设管理，发挥国有资本的导向和带动作用。此种模式开始推向全国，国有企业开始参与政府投融资，开启了地方平台公司参与经济社会发展的序幕。用后来国发（2010）19 号文的界定，国有融资平台公司主要是指地方投融资平台。具体而言，是指由地方政府及其部门或机构通过财政拨款或注入土地、股权等资产设立，承担政府投资项目的融资功能，并拥有独立法人资格的经营实体。主要包括各类综合性投资公司，如投资建设公司、建设开发公司、投资控股公司、投资发展公司、投资集团公司、国有资产运营公司、交通投资公司等。进入市场经济后，我国 1994 年分税制度改革，一方面客观上加强了中央政府的财力，客观上削弱了地方政府的财力；另一方面，地方政府又要承担大量的公共事务支出，导致了地方政府负债机制转换和体制改革相对落后。伴随着我国分税制改革和政府投融资体制改革，城投公司在各地逐步发展，成为地方政府突破直接融资限制的主要融资工具，是预算法禁止地方政府财政负债的"明规则"被事实上普遍负债的"潜规则"替代。在其后二十余年时间里为我国城市发展及城镇化建设发挥了巨大作用。尤其在国际金融危机后，城投公司的融资职能被放大，2009 年城投公司数量和城投债发行量出现爆

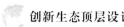

发增长趋势，为加快城市基础设施建设、扩大内需、解决需求乏力、提供了强大动力，但也存在扭曲的负债观、盲目举债、债台高筑、"前人借债，后人还债"等问题及风险。

15.2.2 平台公司的属性及其业务

简而言之，开发平台公司就是地方政府借、用、管、还的资金的载体。不仅为政府投资项目的融资提供服务，主要依靠银行中长期贷款，并向社会各类渠道融资；还按照政府意图实施园区投资建设；亦管理与经营资产，实现政府资产的放大与保值增值。一种是政府主导模式，一般以政府为主导调动资源，协调规划建设、招商、财政等部门，开发公司作为政府工作抓手参与开发建设；一种是产业地产商模式，以地产开发商为主体获取土地，建设基础设施及载体，然后以租赁、转让或合资等方式进行项目经营和管理；一种是主体企业参与模式，在特定产业领域内具有强大实力的企业，获取大量的自用土地后建造一个相对独立的载体。具体而言，开发运营包括一级开发建设、二级开发建设、运营服务、金融服务等模块。

15.2.3 平台公司的规范及其导向

为有效防范融资风险，国务院及相关部门先后出台多项文件，投融资平台开始向规范化发展，与政府关系进一步理顺。如国务院《关于加强地方政府融资平台公司管理有关问题的通知》（国发〔2010〕19号），对不同类型融资功能的融资平台进行界定和规范，明确指出政府不得为融资平台公司融资行为提供担保；国务院《关于加强地方政府性债务管理的意见》（国发〔2014〕43号），政府债务只能通过政府及其部门举借，剥离融资平台公司政府融资职能，融资平台公司不得新增政府性债务；进入新时代以来，财政部相关文件提出，融资平台公司举债融资时，应当向债权人主动书面声明不承担政府融资职能；严禁将基础设施建设，储备土地前期开发等作为政府购买服务项目；发改委、财政部、住建部、证监会等文件提出，纯公益性项目不得作为募投项目申报企业债券，严格PPP模式适用范围，地方政府应按规定及时支付企业工程款，加强住房用地购地资金来源审查等。整体而言，国家在规范平台公司的政策导向主要有如下方面：一是剥离平台的政府性融资职能，隔离政府信用和企业信用是政策的主要目标；二是对平台公司的融资监管将日益加强，地方债务管理收紧，进一步明确政府购买服务边界；三是平台公司应进行全新定位，彻底转变其融资职能，探索新的融资模式；四是积极引导平台公司市场化转型，鼓励依法合规承接政府性项目，地方政府不得干预日常经营活动；五是支持业务模式与融资模式不断创新，逐步向城市运营、金融控股、产业投资、资产管理等多元化布局。

15.2.4 平台公司的作用及其贡献

整体而言，平台公司不仅作为地方政府投融资抓手，弥补了政府投融资职能的缺失，推动了地方城市开发建设、经济社会建设；还通过运作土地等资源，提升了区域空间价值，实现了土地资源向资本的原始积累。尤其在产城融合发展过程中，具体体现在如下方面：一是促进土地供给与资源配置有机结合，平台公司作为投融资平台，通过优化土地财政收支结构，降低地方财力城建硬支出，强化土地统一储备与交易、稽查及挖潜。二是促进城建投资与产业投资有机结合，平台公司通过优化财政支出在城建、产业扶持的资金配比，让更多的民间资本参与其中，走出城市化过程中政府直接债务较高、民间社会投资动力不足，政府投资平台路径依赖较重等困境。三是促进城市空间与产业空间有机结合，城市功能的实现和产业的发展需要落实到具体的地理空间中，或由专门的空间来承载，或展开梯度布局，或形成大集中、小分散的布局结构。四是促进城市功能与产业功能耦合发展，城市功能定位决定产业定位，城市功能影响产业发展方向，不管是城市的一般功能还是城市的主导功能，都需要一定的产业形态作为依托，平台公司能够通过产业结构升级带来城市功能提升。五是促进城市形态与产业结构协同进阶，能够由点到面、由线到片，推进城市形态、街道建筑、自然人文景观、道路设施、城市河道、城市管理有机更新，以城市形态促进高端产业结构生成，以高端产业结构演进支撑城市发展，逐步解决生产力布局与城市功能或配套服务设施的矛盾、产业结构与城市定位和形象的矛盾。六是促进城市经营与产业组织协同发展，平台公司在城市化中运用市场经济手段，对以公共资源为主体的各种可经营资源进行资本化的市场运作，在经济建设中从第二方公共服务提供到第三方创新服务集成、第四方新兴产业组织。七是促进城市治理与产业治理共同发展，平台公司积极承担政府解决市场失灵与培育市场功能，针对城市与产业发展失衡等，大力提升城市治理、产业治理能力，建立适宜现代都市生活、现代化产业体系的治理模式、治理结构、治理机制。八是促进城市服务与经济发展有机结合，平台公司能够将经济增长与经济发展相结合，经济建设带动社会建设，强化城市服务供给侧改革、切实落实公共服务均等化，走出服务结构失衡，提升城市居民的体验感、获得感。

15.3 平台公司面临怎样的形势趋势

15.3.1 平台公司存在的问题障碍

在以往发展过程中，很多地方平台公司往往存在如下问题及发展障碍：一是半行政化，轻市场化。平台公司长期承担政府性任务，拥有半行政化的法人治理结构，往往存在政企不开、政资不分的问题，且市场化业务拓展有限，业务运作机制和内部管理制度不健全，运行效率低下。伴随国家监管与市场化倒逼，平台公司过去的"政府信用背书—企业主体融资—政府用款还资"的封闭式融资建设模式已经不可持续。二是国有化重，现代化轻。在内部管理方面，往往带有浓厚的国有企业顽疾，公司法人治理结构不健全，尚未形成与市场对接的绩效考核和薪酬分配机制，导致公司发展活力不足。三是垄断性强，风险性大。平台公司依靠垄断性资源粗放发展，缺乏自主经营、自负盈亏的市场化业务板块，未建立起市场化、专业化的运作机制，面对市场的抗风险能力较差；尤其是由于过去缺乏有效的监督约束体系，呈现出无序甚至野蛮式增长，成为地方政府债务风险的源头。四是地产化浓，专业化弱。以往平台公司的主要精力放在园区融资建设上，以城市基础设施建设项目为主，不从事具体的项目运营，大多重建设轻运营，尤其对园区产业发展的关注度和参与度均不高，如今平台公司需要积极参与产业发展，但是由于自身体制机制束缚、专业化程度不高等原因，对地方产业发展支撑带动不足。五是融资性强，投资性弱。很多仅有融资功能，以地方政府财政收入为平台公司贷款提供担保，以银行贷款为主要融资渠道，甚至以财政资金替融资平台向银行还款，很多平台公司不具有投资职能。

15.3.2 平台公司面临的重大变革

平台公司走向何方，取决于对中国新一轮发展的基本判断。一是中国的城市化率。2020 年我国常住人口城镇化率大约在 60%，普遍认为到 2030 年在 75%。即使都还处于"长期看人口、中期看土地、短期看金融"的一般认识上，在大的增量需求上依然存在更大的空间。二是中国的再城市化。新一轮城市化不仅仅是都市群、城市群的跨区域一体化，更重要的是再城市化。以往的城市化，大部分是"钢筋 + 混泥土"代表了城市发展形态，然后将农村人口变成街道人口，但现代的城市建筑形态并没有现代生产方式、现代都市生活、现代治理相结合。未来谁能重新定义行业未来，就需要将现代生产方式、生活方式、城市形态与治理方式有机结合。不同发展阶段、发展水平与级差地租，决定不同的进入模式、成本结构、投资强度以及收益等。三是中国的数字城市。在以往的世界里，大家都强调人口、资源、环境、生态之间存在矛盾，一个城市人口多了受不了。但在如今的条件下，人口增加一倍，对于 GDP 带动可不是一倍的增长，尤其是在数字孪生基础上，它能放大的作用更大。一个城市很多时候六七成以上的建筑面积都和人的生活、居住有关，无论是商业地产、产业地产、住宅一旦成为智能硬件，就能为整个数字孪生城市建设起到关键作用。四是未来的社区形态。未来社区面向未来，更加注重场景化、数字化、智能化、生态化。无论对于城市更新还是对于未来社区，都有较大的空间。只有着眼"未来感"，才能重新定义行业的形态和运作模式，只有走出基于土地的一级、二级、三级开发建设运营，走向基于数据的一级、二级、三级开发建设运营，便作为数字城市基础设施更有价值。

15.3.3 平台公司呈现的重要趋势

市场自生、开放生态、多融并举、创新赋能、软硬结合、规范治理成为平台公司当前及未来发展的重要趋势。

一是市场自生，从行政化到市场化运作转变，形成政府引导的市场化运作机制。平台公司担负着为地方政府"代融资、代建设、代还款"的使命，

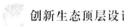

为各地经济发展提供了充足的"资金活水"，但随着地区发展资金需求不断扩大，平台公司对外融资规模愈发巨大、政府隐性债务不断激增、偿债风险日益激增。伴随地方政府债务管理趋严趋紧，市场化运作、实体化经营是平台公司转型的唯一出路。

二是开放生态，从封闭式到开放式运营转变，形成开放创新生态圈的商业闭环。平台公司以往依托政府资源进行封闭式运作难以为继，需要以平台公司为桥梁，搭建政府与社会资本合作的平台，从"政府—平台公司封闭运作"转向"开放式合作、专业化运作"，以平台公司为桥梁，逐渐从"政府主导、企业配合"向"政府引导，企业运作"转变，让专业的人做专业的事。

三是多融并举，从单一化到多元化融资转变，形成资源、资产、资本衍生机制。单一化的融资建设模式难以为继，迫切需要从单纯的依靠政府信用融资，转变成为市场化的企业信用主体，实现自主融资；伴随着政府投融资体制改革不断深化，投融资主体更加多元，平台公司要利用自身的企业主体优势，成为政府投融资的重要补充；并在业务运作方面相适配，平台公司从单一的公益性建设业务板块，向公益性、经营性业务有机结合的多元化业务体系转变。

四是创新赋能，从综合化向平台化发展转变，形成平台化＋专业化的业务模式。伴随城市、园区开发建设从形态开发、功能开发、生态开发，迫切需要平台公司发挥更大的资源配置、组织动员、集成服务等作用，一方面负责搭建平台，组织进行外部资源链接、形成多元参与的创新生态系统，另一方面通过下属专业化子公司提供专业化服务。

五是软硬结合，从重资产向轻资产方向转变，形成轻与重有机结合的发展模式。平台公司在以往开发建设过程中通过持有物业资产等实现融资再发展，逐渐形成重资产、高负债发展模式，随着国家政策收紧和公司资金周转压力加大，平台公司开始由重资产向轻资产发展模式转变，从"开发土地"思维转向"经营空间"思维，以园区运营、产业服务为主要业务，通过品牌输出、模式输出、服务输出获得发展，在自持部分物业资产的同时拓展园区运营、产业服务等成为可持续发展的重要取向。

六是规范治理，从管资产到管资本方向转型，形成现代化与规范化的监管方式。《中共中央　国务院关于深化国有企业改革的指导意见》等国企改革顶层设计"1+N"系列文件出台后，国企改革明确了以管资本为主推动职能转变、推动国企实现政企分开、确立企业的市场主体地位等改革重点，一系列改革要求确立平台公司的市场主体地位，建立现代企业制度、加强董事会建设、调动经理层积极性，探索股权激励等措施，激发企业活力。

15.3.4 创新生态建设成为着眼点

过去我们讲"经济地理"，如今我们讲"新经济地理"。"新经济地理"的核心是由于创新创业和新经济产业演变太快，导致城市、地区、园区自全球范围新的产业版图、创新版图发生重构，尤其是呈现出去工业城市中心化、立新经济尖峰的发展趋势。在新经济地理中，对于一个地区而言核心是创新版图、产业版图、人口版图、金融版图四个视角。这其中，创新版图重构，必然引起产业版图重构；而人才、资本流向哪里，哪里就必然崛起。而作为一个城市、地区、园区发展，主要是创业地理、创新地理、产业地理，基本上就是创业带动创新，创新带动产业；哪里的创业最活跃创新资源就流向哪里、新的产业就在哪里涌现。在此背景下，我们一般把城市、地区、园区的开发建设分成三代，也就是形态开发、功能开发、生态开发三个阶段。以开发园区管委会和平台公司的协同关系为例，在形态开发阶段，虽然管委会和平台是一体，但是往往平台公司的作用更大；在功能开发阶段，管委会有政府背景，实质是培育市场、管委会的作用更大；但到了更加市场化、更加强强调新型产业组织的创新生态阶段，虽然管委会和平台公司要发挥不同的作用，但是平台公司实际的产业组织作用更大。进入高质量发展新时代，就是从过去以产城融合为核心的2.0，到以"科产城人融合"为核心的3.0转变。在此条件下，对于"科"，管委会重在打造科创中心、引导科技服务业发展，平台公司重点落实科技服务业发展；对于"产"，管委会重点加强产业规划、产业扶持，平台公司可以重点加强产业组织；对于"城"，管委会重在加强城市管理与功能配套，平台公司可以通过开发投资建设以及大量不动产管理运营成为科技园区的运营商。

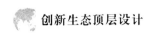

专栏：产业园区经营发展阶段及发展趋势

中国的产业地产行业经过 30 余年发展，经历了从纯粹的产业地产商为主（1.0 阶段，封闭和独立），到房地产商、产业地产商及政府进行两方或三方合作（2.0 阶段，半封闭和半开放），再到拥有产业资源的科技企业和平台型企业在产业地产项目影响更大（3.0 阶段）三个阶段。当前产业地产行业进入更加开放、生态和融合发展阶段，并呈现出一些重要趋势：

一是竞争更加激烈，参与主体更为广泛、资源争夺日益加剧。2013 年前以国有平台公司与市场化产业地产商（以华夏幸福为代表）为主，自 2013 年开始传统房企、科技企业等社会资本纷纷进入产业地产领域，尤其是科技企业因为具有跨界属性，布局速度更快，通过在多个城市布局尺度较小的产业地产项目而实现快速发展。

二是产业地产商从传统的综合片区开发、工业园区、特色小镇模式等，加快成为行业或地区创新生态核心组件。选择以高科技园区为代表的高地进行科技园区布局发展，利用高地的创新创业生态环境助力产业地产项目升级。科技园区在产业发展、创新生态、政策环境等方面具备良好基础，是发展产业地产的新力量、新载体、新方式。

三是坚持产创城人耦合，以人的需求为主导，园区功能由强调经济发展，到更加强调产业发展、科技创新、城市服务功能。科技技企业跨界，布局速度更快，平台型企业和科技企业同时在多个城市布局尺度较小的产业地产项目。

四是平台型和科技型企业布局建设产业地产项目，加快跨界融合与局部创新生态圈构建。核心是抢抓产业生态化趋势，聚焦新产业新业态，推动产业地产项目更加凸显产业跨界、科技属性和数据驱动。

五是基于产创城人功能耦合，形态多元的新型空间载体持续涌现。园区除生产厂房、标准化车间等传统产业载体外，涌现创新创业、生活居住、社交娱乐等新型空间载体，包括创新载体为导向的众创空间、孵化楼宇、总部楼宇、研发楼宇等；以宜居载体为导向的专家公寓、青年社区、老年公寓、长租公寓等；以设计载体为导向的商业综合体、公共交流中心、社区服务中心、科技博物馆等。

六是服务体系更加专业，从共性服务向专业化、市场化服务发展，引进平台型服务机构，完善服务体系构建。强调基于园区不同主导产业，搭建多层次服务体系，引进平台型服务机构建立市场化服务机制。共性服务如租售服务、市政服务、城市配套、产业发展、政府服务、金融服务等；专业化、市场化服务，包括依据园区不同主导产业，针对性提供专业化服务，解决企业专业需求以及除园区或产业地产商外，引进平台型服务机构提供服务，建立市场化服务机制。

15.4 政府平台公司典型案例及借鉴

15.4.1 北京中关村发展集团案例

在以往发展过程中，中关村"一区多园" 是在各区县主导开发建设基础上形成的，各园区都有自己的国资平台，独立性较强、整体性较差、协同合作有限，中关村管委会对各园区平台公司没有行政管理职能。2010 年，北京市委市政府为进一步加快中关村示范区建设，协助市、区相关部门推进重大项目引进落地和促进科技创新，运用市场化手段配置创新资源，在重组中关村"一区多园"原有开发建设单位的基础上成立中关村发展集团。到目前，逐步形成了集空间运营、产业投资、科技金融、科技服务于一体的业务体系，并通过国内协同、国际合作在全球范围内配置创新资源，在创新生态集成服务中起到了突击队、连接器、放大器的作用，探索走出了一条国有资本驱动科技创新的"中关村之路"。

在空间运营上，业务覆盖土地一级开发、园区二级开发、园区运营与服务等园区全生命周期链条，集团未来不再承担新的土地一级开发。着重围绕高品质空间建设与腾退空间整理，高标准规划、高质量建设科技园区，建立完善多层次管控体系、多维度过程管理体系；落实"空间＋服务＋投资"新的园区运营模式，以产业投资推动园区精细化长效运营；建立完善"基础服务＋增值服务"的立体化园区服务体系，提高产业服务收入比重。在产业投资围绕北京市十大高精尖产业方向，集中力量投资和服务，推动重大项目的落地。通过自有资金投资、代持政府股权投资、主导基金投资等方式，推动核心技术和原始创新成果转化和产业化；协调指导中关村资本、集成电路基金、中关村芯园、软件园孵化器、国际孵化器、知识产权公司以及领创精准医疗等，为科技企业提供全生命周期、一站式综合金融服务；构建"投保贷租"金融服务体系，以融资服务与园区服务相结合，提供一站式融资解决方案。在科技服务上，着眼于满足科技创新需求、提升产业服务能力，以市场化、专业化方式提供多要素服务，补齐服务短板，延展服务链条，为企业提供全周期、一站式、管家式的集成服务，构建科技创新和产业发展创新生态。

15.4.2 上海张江集团公司之案例

张江集团起步于园区的开发建设，与科技园区共同成长；经过多年发展，张江集团和园区管委会形成了相对成熟的管理体制，管委会更多承担的是服务职能，业务中给予张江集团充分的自主权。张江集团成立初，代政府履行园区的土地开发、基础设施建设等职责。在发展过程中，坚持独

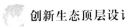

立自主按照市场规则运营开发区，对土地进行滚动开发，所获得的收益完全归于公司自身。同时，张江集团在土地的整理和房地产开发业务基础上，积极开展多元化经营，依托园区运营，积极投资于物业管理、人力资源中介、广告传媒、酒店经营、金融服务等领域，并按照行业设立子公司，对部分公司进行混合所有制改造，逐渐变身为投资控股集团。

过去，通过基地开发与轴线开发相结合的集中建设模式，形成了以总部研发基地和特色产业化基地相结合的空间布局，在建设一流科学城的背景下，张江集团进一步统筹资源，从集团层面统筹张江区内大量的动迁任务及大项目落地工作，提升集团对重大开发项目的规划、设计、协调能力。近年来，一是综合采取独自投资建设运营、联合建设运营、运营商 / 第三方独立投资建设和运营模式相结合，加快推进张江新型智慧城市建设。如在城市感知方面，开展与基于物联网和互联网的城市运行监测公司合作，形成对城市环境的全面感知。二是开放智慧城市市场，支持多元化主体参与到智慧城市建设中。发挥张江智能科技、数字科技产业优势，推动成熟的机器学习、深度学习等技术手段运用到城市多源数据分析与决策过程中，使城市数据集成与动态分析平台具备评价、预测和辅助决策功能，提升城市管理水平。三是加大力度培育智慧城市产业生态，以鼓励创业推动智慧城市建设。在新型智慧城市领域，涌现大力采用"云网端""大平台 + 创新创业"模式的创业企业，支持应用领域的创业。

15.5 加快成为"企业界的斯坦福"

15.5.1 创新生态建设者成为标榜

站在创新生态建设的高度上，无论对于政府，还是对于园区管委会而言，有这么一个重要的共识或者公式，那就是"第二方的公共服务供给 + 第三方的创新服务集成 + 第四方的新型产业组织 = 创新生态顶层设计者与推动者"；对于平台公司而言，一个重要的共识或者公式，那就是"第二方的公共服务科创社区运营 + 第三方的科技服务集成 + 第四方的新型产业组织 = 创新生态建设者"。更进一步而言这个创新生态建设者，需要具有"平台化、生态化、源头化的社会企业"，就像是"企业界的斯坦福"。这种"平台化"就是从就是从第二方走向第三方、第四方，第四方的是新兴产业组织（者），第三方的是科技服务集成（商），第二方的是科技社区运营（商）；这种"生态型"就是要成为创新生态建设者，促进"政、产、学、研、金、介、用"等各类创新主体形成开放创新、共生共荣、跨界融合、包容发展、协同发展的态势，加速政府的公共资源、高校院所的科教资源、中介机构的服务资源、企业的产业资源优化配置；这种"源头化"就是作为科教源头、创新源头、创业源头、产业源头的"源头"，提升思想原创能力、创新迭代能力、资源配置能力、产业生成能力、制度演化能力；这种"社会企业"就是利用商业手段解决社会发展问题，并成为政府重要的政策工具。

专栏：产业园区运营发展态势及发展愿景

当前多类创新主体、市场主体纷纷介入产业园区运营业务，并形成了如下发展态势及模式：

一类是房地产商或建筑商转型做产业园运营。如央企中国建设集团、民企碧桂园等。整体上是从"钢筋＋混凝土"走向"产城融合"，未来需要走向"手机＋水泥"模式。整体而言，房地产或建筑商转型类的，地产基因与地产思维较为浓厚，尤其是受高循环、高杠杆的影响下，很难坚持在产业培育与产业组织上长期主义。

一类是产业园运营商带有不同程度开发建设。如华夏幸福、宏泰发展等。整体上是从华夏为代表的重资产运营模式走向以宏泰为代表的轻资产运营模式。整体而言，越来越多的产业园区运营商需要与地方政府共成长，依托专业能力、服务集成、服务水平创造价值增并分享价值增值。

一类是产业集团介入并加快布局产业园运营。如央企的中国电子、集体企业的海尔集团、民企的华为以及中联重科等。整体上是依托产业组织能力，将产业、城市、创业创新相结合，打造地区或行业产业创新生态。这类产城创项目有些是重资产运营，有些是轻资产运营，整体上需要从物理的集聚到化学的聚变，真正发展成为影响地区或行业发展的产业创新生态中枢。

一类是地方国有平台公司介入的产业园运营。如中发展集团、张江集团、中新建设等。整体上从产城融合走向科产城融合。这类公司核心是在不同发展阶段要处理好与政府（管委会）的关系，更好地配合政府解决市场失灵与培育市场，利用商业手段解决社会问题。

一类是平台型企业加快布局建设数字产业园区。如阿里、百度、腾讯、京东等。基本上是借助平台企业的数据优势、流量优势，强化数字基建、数字孪生、数字大脑、数字城市等。整体上这类企业需要真正将物理空间与虚拟空间、智能硬件与云台云端、智能硬件与数据驱动有机结合在一起。

整体而言，产业园区运营核心是用企业的方式、园区的形态、商业的运作和生态氛围，加快打造具有源头型、平台化、生态型的社会企业，发展成创新生态建设者。

15.5.2 从第二方走向第三第四方

在"新兴产业组织"方面，就是要打造具有全球引领的新兴产业。这种具有全球引领的新兴产业，主攻方向是构建现代化产业体系——抢占战略制高点的战略新兴产业、树立区域个性的原创新兴产业、前瞻培育的未来新兴产业以及一定的传统特色优势产业；主线是用创新生态视角培育新兴产业集群——促进上下游大中小企业的产业生态与体现"政、产、学、研、金、介、用"多创新主体的创新生态的有机结合；抓手是"三轴联动"的产业跨界融合——技术的跨界融合、业态的跨界融合、资本的产业整合，结果是具有爆发成长的新型企业梯队。在"科技服务集成"方面，就是做平台的平台。平台公司都是有产权、有物业的地"主"，但现在面临着大的转型，如何发挥优势规避短板、甚至坐享其成而摇身一变成为科技服务的定价者、分包者、集成商、服务商。在"科创社区／新城运营"方面，重在专业化、标准化、批量化以及精益化。"专业化"就是专业的服务队伍产生专业的服务能力，通过专业分服务模式、服务机制通过帮助他人走向成功而自己获取一定收益；"标准化"看似是一个伪命题，但越没有门槛的东西越可以做成门槛；"批量化"就是批量化提供服务供给，批量化产生新动能与新能量；"精益化"不是没有试错的"精准化"，而是更多的新服务模式新服务机制等。

15.5.3 建设未来都市发展运营商

如今创新从园区走向城市，发展从城市走向都市圈到城市群，开放从城市群走向经济带和全球化，我们需要很多平台公司发展成为未来都市发展运营商。"未来"就是面向未来，探索人民群众生产生活新的疆域与方式；"都市"而非"城市"，在于城市是基于物理空间地域的，还是基于数字化虚拟空间的；"运营商"就是从传统的二产走向现代的三产，从一级开发、二级开发走向三级开发。更进一步而言，可以归结为"12345"：一是一大价值主张。以人的更加美好、幸福、和谐的生产生活生态追求为核心，引领城市运营的方式。二是两大重要突破。需要从土地单纯的开发建设走向以数字化带动开发建设模式，一个突破就是用数字基建走出土地开发建设，一是突破是用数字孪生颠覆智慧城市建设。三是三方力量汇聚。核心是立足第二方，走向第三方和第四方。不仅从开发商、建筑商彻底走向运营商；关键是塑造生态圈，用生态圈合作伙伴的力量共同去服务社会、服务企业、服务政府、服务居民；还要做平台的平台，既有总包，也有组织者的成分，也有引领者的成分。四是四大功能提升。主要是将科技的功能、产业的功能、城市的功能、开放的功能在空间上如何更好结合。不光产城融合等，还要体现出创新功能、开放功能在一般城市化、数字城市建设中的重要作用，最后构建成开放的、泛在的、社交的超级智能物联生态圈。

15.5.4 创新开发建设投融资模式

在平台公司发展初期，政府通过向公司注入土地等资产，实现从资源向资金的初级转化。在此过程中，平台公司是政府资源和信用的变现主体。在企业市场化改革的推动下，平台公司回归企业主体地位，通过市场化方式融资，政府通过土地运作、国有资产划拨等方式，做大平台公司，培育一定的经营性业务，强化企业市场化融资能力。目前，政府投融资体制改革不断推进，更加强调发挥社会资本的作用，要求政府以资金投向为导向，引导经济要素的最优配置，以投资资金撬动更多的社会资本，构造起政府、企业、市场相结合的信用主体和融资结构。在此背景下，平台公司需要发挥链接政府和市场的桥梁纽带作用，成为区域资源的综合配置平台。从土地—资金简单转化——财政资金、土地出让金、银行贷款捆绑，用于建设和还本付息，到拓宽融资渠道——组合政府、企业、社会资源壮大融资平台并拓宽融资渠道、扩大直接融资、撬动间接融资、实现资本循环，目前地区平台公司进入资源综合配置阶段。这其中，不仅需要以资金投向为导向，引导经济要素的最优配置，调整优化产业结构；还将以投资资金撬动更多的社会资本，参与准公共物品的投资，构造起政府、企业、市场相结合的信用主体和融资结构；亦需要以地方融资平台支撑准公共物品的重点工程建设，形成经济发展的新支点和新增长点。

15.5.5 从资源资本到资产证券化

当前，资产证券化是平台公司实现融资转型的重要出路。平台公司在为政府提供基础设施建设和公用事业服务的过程中，形成了规模较大的资

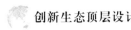

产，有些资产在未来较长时间里能够产生持续稳定的现金流，符合资产证券化的条件。平台公司将能产生现金收益的资产（项目）加以组合，出售给特定发行人，然后再以项目收益的现金流为支持发行证券化产品出售给投资者。资产证券化可以优化平台公司资产负债结构，提高资产流动性，同时实现融资渠道的多元化。根据监管部门的不同，目前我国资产证券化的途径有四种：一是中国证监会主管下的非金融企业资产证券化（ABS）；二是中国银行间市场交易商协会主管下的非金融企业资产支持票据（ABN）；三是保监会主管下的保险资产管理公司项目资产支持计划；四是人民银行和银监会主管下的信贷资产证券化。四种模式在发起人、基础资产、交易结构以及上市流通场所等方面存在一定差异，目前园区平台公司资产证券化的最主要途径是第一种，其中 PPP 项目资产证券化（PPP-ABS）和房地产信托投资基金（REITs）是需要园区平台公司着重关注的资产证券化领域。

15.6 创新平台公司业务模式及形态

15.6.1 做大形态开发的一维业务

在形态开发层面，平台公司重点加强城市/园区开发业务。以开发园区平台公司为例，具体包括土地一级开发、基础设施与公共设施建设、民生工程建设、先导性载体建设和地产开发等。在土地一级开发方面，重点推进土地一级开发工作，提升土地空间价值。建立完善征地拆迁、补偿等服务类工作流程，强化业务能力，落实土地整理、"几通几平"等建设类工作。在基础设施与公共设施建设方面，加快完善园区的基础设施建设以及公共设施建设，推动生态环境建设工作。着力推动市政道路、管网、综合管廊等的基础设施建设，完善区内公共服务设施。在民生工程建设方面，积极参与民生保障建设工作，提升人气、完善城市功能。积极承担区内安置房、公租房、保障性住房的建设，为安置区、保障房区搭配商业、生活区域，推动医疗、教育、文化、体育等城市配套设施建设。在先导性载体建设方面，打造一批标准厂房、孵化器、加速器等产业载体。规划改造、建设一批高端产业载体，规划建设员工宿舍、人才公寓、专业市场等生活配套设施，打造宜居环境，促进产城融合。在地产开发方面，重点关注商业地产、住宅地产、城市综合体等的开发，通过土地一二级开发联动、"三旧"改造等获取进入地产开发的机会，建设区域性商业中心，打造城市综合体。

15.6.2 做强功能提升的二维业务

在功能开发层面，平台公司重点加强城市/园区运营业务、产业促进服务。以开发园区平台公司为例，运营业务具体包括资产运营、城市资源运营、人才服务、形象提升等，提供综合运营服务，参与城市资源运营，提升城市综合运营能力。在资产运营方面，在盘活现有存量资产的基础上，通过购买、租赁等方式扩大公司资产规模，形成公司持续性的利润来源。在城市资源运营方面，参与城市资源运营。积极参与汽车租赁业务、停车场、公交运营、户外广告、加油加气站等经营项目，综合采用自主、合作等方式，加强投资、建设、运营。在人才服务方面，完善人才服务体系。落完善安居、子女教育、医疗、政务等生活配套服务，打造成一站式人才服务平台。产业促进业务包括招商引资、企业服务、产业投资和科技金融。在招商引资方面，搭建专业招商团队，创新招商方式，绘制招商地图，开展宣传和推介工作，提供项目签约、筹建、证照手续办理、投产经营等服务。在企业服务方面，为入驻企业提供人才服务、投融资服务、技术服、信息服务、培训、咨询服务、创新创业服务等。在产业投资方面，利用自有资金或联合社会资金组建投资基金，进行战略性项目投资。在科技金融方面，加强金融资源链接，积极与信托、保险、银行、融资租赁公司等金融机构合作，为企业提供针对性、专业化的金融服务。

15.6.3 做优生态智联的三维业务

围绕从土地单纯的开发建设走向以数字化带动开发建设模式。一是用数字基建走出土地开发建设，二是用数字孪生颠覆智慧城市建设。围绕科技的功能、产业的功能、城市的功能、开放的功能四大功能的优化提升加速场景化、数字化、智能化、金融化、生态化，最后构建成开放的、泛在的、社交的超级智能物联生态圈。场景化就是现在提供的东西不再是钢筋混凝土形态，而是从物理的形态走向更加社交、更加服务性。数字化就是数字孪生。

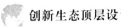

原来就叫钢筋＋水泥，或者鼠标＋水泥，现在应该是手机＋水泥。智能化就是将建筑重新来定义成具有功能性的智能硬件。当各种物理空间都嵌入了数字化、智能化系统成为智能硬件、智能终端后，就成为了数字城市建设的基础设施。金融化就是支撑政府从土地走向金融财政。政府单独做社区的不值钱，需要从一级开发走向土地的价值倍增。生态化不光是与自然、与社会的这种和谐，还要形成生态圈层。

近年来，伴随国家逐渐严控地方政府性债务，平台公司作为地方政府重要的融资渠道深受政策变革影响，平台公司转型成为大势所趋。地方平台公司既具有典型的政府融资职能，又兼具推动地区经济发展的重要使命，还在承担其他政府战略布局或服务职能，需要在政府使命、企业价值、社会价值等多重目标之间寻求平衡点。在新时代高质量发展指引下，地区平台公司应加快职能定位转变，从传统的融资建设平台转型成为区域资源综合配置平台，通过 PPP、混合所有制等方式，吸引社会资本参与园区开发建设和产业发展，优化政府、国有资本和社会资本的合作，最终发展成为地区创新生态建设者。

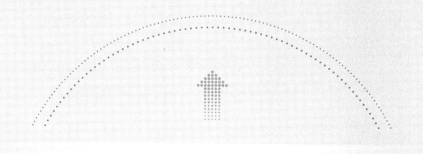

附篇

组织方式

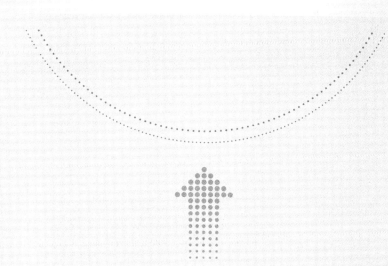

16 创新科技自立自强组织方式

在新经济视角下，科技自立自强不仅在组织动员上强调试错思维、引领思维、系统思维，还在创新方法上强调边际思维、逆向思维、投行思维、高维思维，亦在实际操作上重视闪击思维、增量思维、平台思维、生态思维、跨界思维、极化思维，进而优化顶层设计。如今，站在新的历史条件下践行科技自立自强，就要全面优化顶层设计，从 1.0 的科技创新体系、2.0 的科技创新网络到 3.0 的科技创新生态进阶发展，重点是适应小微化、扁平化、平台化、自组织、无边界、生态圈新型组织模式，坚持"海量试错优于权威指令、引导孵育优于自由放任、系统迭代优于单点突破、即插即用优于厚积不发、以销定产优于以产定销、愿赌服输优于四平八稳、穿越红海优于发现蓝海、集中一点优于全产业链、侧翼进攻优于正面交锋、平台赋能优于科层管理、开放包容优于闭门造车、交叉裂变优于平庸滚动、一针见血优于四面开花"等系列新经济创新法则。

16.1 新经济是科技自立自强突破口

冷战结束后，美国在军民融合催生信息技术、信息技术部门带动生产制造部门、生产方式带动生活方式的机制下，经济发展出现了自"二战"后罕见的持续高速增长，且伴之以低失业率、低通胀率、低财政赤字。在美国《商业周刊》1996 年年底的一篇文章中，最早将这种高增长、低失业、低通货、低赤字经济现象称之为"新经济"，并认为其主要动力是信息技术革命和经济全球化浪潮。而从本质来看，美国"新经济"发端于知识经济，其背后的作用机制在于军民融合催生信息技术、信息技术部门带动生产制造部门、生产方式带动生活方式。与此同时，我国在"科学技术是第一生产力"

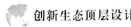

的著名论断基础上，依托高科技园区、高新技术企业抢占知识经济制高点，尤其是在改革开放后第一批海外留学生归国创业者与中国本土第一代科技下海人员、第一代互联网创业者的"共舞"下，不仅时刻跟随新科技革命与互联网经济脉搏，还抓住新科技革命机遇大力发展高新技术产业，带动国内产业发展经济嵌入国际产业分工体系价值链并不断向价值链高端环节攀升，在消费互联网、移动互联网等领域后来居上。伴随知识经济、网络经济、信息经济、社交经济、体验经济、平台经济、数字经济、智能经济、分享经济、生态经济等不同经济模式与经济形态发育，逐步形成中美引领新经济发展的格局和态势。

某种意义上，新经济既是时代际遇与发展背景，从以往产业技术革命由生产方式决定生活方式到如今产业技术革命由生活方式反向决定生产方式；也是新的经济模式与新经济形态，从工业经济条件下生产决定消费到新经济条件下消费反向决定生产；亦是全新的认识论和方法论，从传统工业化社会大生产的生产组织模式让位于到数智化条件下全新的组织模式与运行机制。简而言之，新经济的本质是一种消费反向决定生产的、生产消费两边贯通的、打破产业界限的经济形态及其发展范式。中美新经济的发展均根植于科技创新的范式创新、组织创新及与其相适应的创新组织。当今世界百年未有之大变局加速演进，新冠肺炎疫情对国际格局产生深刻影响，我国发展安全面临的国际形势不确定性、不稳定性增大，国家提出科技自立自强，就是要坚持创新驱动的自主创新战略基点，加强基础研究和原始创新，加快发展战略性、前沿性、颠覆性技术，不断提高自主创新科技自立自强的能力与实力。在中国新经济实践探索过程中，逐步呈现出新经济发展范式、方式以及经验等，并进一步形成相应的发展思维、运行机制以及组织模式，成为新时代条件下的科技自立自强的重要突破口、方法论和实施的组织创新与创新组织提供了全新的视角与借鉴路径。

16.2 从新经济范式看组织方式创新

"经济发展范式"的核心是回答经济发展的动力、推力、拉力及其相互关系的问题。譬如"创业－孵化－集群"分别讲了事物发展的从无到有、从小到大、从大到强的动力学、生物学、生态学。这其中，"创业"是最大的创新以及创新的动员机制，"孵化"是创业带动创新的助推机制，"集群"是创业创新的生态系统，三者分别隐含着创业试错创新、精准孵化型创新、系统迭代型创新等组织创新模式及创新组织机制。

16.2.1 创业试错型创新——试错思维下海浪淘沙优于权威指令

从创业的内生动力看，海量试错优于纵向指令，创业试错型创新不仅是最大的创新组织方式，还是重要的创新动员机制。一般而言，创业试错型创新常见于科技型创业、硬科技创业、前沿技术创业、高技术企业等，其基本含义是"创业是最大的创新，通过大量持续的试错把创新变成永续经营的事业，推进有创业的创新、有创新的创业、以创业带动创新，并在创业中实现科学、技术、商业与产业的结合"，核心机制是"试错思维"下的企业市场自然试错选择，体现了"海量试错优于纵向指令"的新经济创新法则。例如，《以色列：创业的国度》一书中，揭示了以色列如何将外部不利的环境加以转化，结合自身特有的无惧权威、扁平式领导的特有民族风格及政府政策，打造出一个拥有高度创意与企业家精神的社会，成为重要的科技强国、军事科技强国。再如，中关村的创业创新基因与及很多上市企业班底很大程度上崛起于 2000 年左右，彼时中关村抓住全球互联网经济兴起以及大量海外留学生归国创业机遇，强化硅谷与中关村人脉网络链接带动专利技术、风险资本、经验知识的链接，加强海外高层次人才引进，将中关村嵌入全球产业价值链，并为促进海外留学生在国内落地、生根、开花、结果，积极协调有关部委，推动商事制度改革、外汇制度改革、出入境改革等先行先试，培育了一批科技创新型上市公司、新物种企业等。对于科技自立自强的组织方式创新而言，创业既是最行之有效的研发创新组织方式和科技成果转移转化方式，也是原始创新、颠覆创新、引领创新的重要源头；迫切需要发挥广大民营的前沿技术企业、硬科技企业、高新技术企业等创业试错的源头作用与，巩固其战略节点地位，使其成为经济产业科技创新、国防社会科技创新等各个领域科技创新的重要参与者。

16.2.2 精准孵化型创新——引领思维下引导孵育优于自由放任

从孵化的外生推手来看，引导孵育优于自由放任，精准孵化型创新不仅是重要的创新组织方式，还是重要的创新助推机制。一般而言，孵化加速型创新常见于孵化器、加速器、大学科技园等创新载体，其基本含义在于"促进想法项目化、商业原型产品化、实验室产品产业化，只有对科技创业与成果转化过程精心呵护，创新之花才能更好地绽放"，核心机制是引领思维下的推拉并举助跑，体现出"引导孵育优于自由放任"新经济创新法则。如以色列形成全球最完备、最发达、最严密、最高效的科技孵化体系，以及"高标准准入、高水平支持、高效率产出"的发展机制。再如，2018 年 1 月美国空军创新枢纽——AFWERX 在内华达州拉斯维加斯市投入运行，旨在为保持美国空军未来优势提供技术创新孵化器。AFWERX 以开放式、非传统途径聚合创意和创新，核心使命是通过连接商业技术创新者，简化并加速商业技术向国防领域的转化过程，推动创新性、颠覆性技术集成与实施。将聚焦于打破国防需求和民用技术创新资源之间的壁垒，面向公众、学术界、小企业及行业远见者征集技术创新方案，在传统渠道之外寻求解决国家安全问题的新思路和新技术。对于科技自立自强及其组织方式创新而言，需避免重结果交付与结果导向、轻过程引导与过程支持，建立完善产业链、创新链、生态链、供应链、服务链；借助科技企业孵化器、硬科技企业加速器等平台载体，重点在科技资源密集、产业技术发达或高科技园区布局建设一批高能级创业孵化平台，坚持高标准准入、高水平支持、高效率产出的组织模式，提高科技创新效率效益。

16.2.3 系统迭代型创新——系统思维下族群迭代优于单点突破

从集群的生态拉手来看，族群迭代优于单点突破，族群迭代型创新不仅是重要的创新组织方式，还是重要的创新组织机制。一般而言，族群迭代型创新常见于产业集群、产业园区等创新主体或创新高地，其基本含义是"从串联创新、并联创新到系统创新，促进产业链、价值链、创新链、供应链、区块链系统性迭代创新与螺旋式上升，以产业族群带动企业协同发展"，核心机制是系统思维下的系统迭代创新，体现出"族群迭代优于单点突破"的新经济创新法则。如深圳在"十一五"末出现了以模仿创新为核心的山寨型电子产业集群，历经"十二五""十三五"十年的发育和蜕变，形成六个 90% 的深圳创新密码，发展成为全国创新之都、全球智能硬件之都。再如 128 号公路电子产业集群的崛起并非只依赖麻省理工等大学的力量，当 MIT 加快输送技术、校友纷纷创立新公司的时候，美国军方和宇航部门也在不断提供"真金白银"的项目和"真刀真枪"的需求。很多新技术一起步就能获得大量低成本的公共资源和用户资源，背靠积极进取的大学和各种军方项目的资助是 128 号公路产业集群崛起的重要原因。如果没有这些市场需求为整个产业族群提供从预研到型号研制全过程的资金支持，基础研究成果很难最后被打造成实用的产品，再雄心勃勃的创新计划也常常会半途夭折。对于科技自立自强及其组织方式而言，需要在充要监管范围内，打破各种"围墙"，从单点突破的"散打"到群体突围的"组合拳"，在有条件的地区同频共振、高举高打；这其中，迫切需要将创新型城市、科技型园区等作为科技自立自强的核心载体，通过畅通机制、搭建平台、风险投资、项目资助等强化业界联系与高水平创新成果研发应用。

表：从新经济发展范式看科技自立自强组织创新

组织方式	创新范式	主要法则	中外案例	主要启示
创业（从无到有，内生动力）	创业试错型创新（科技创业、高新企业）	在试错思维下，海量试错优于权威指令	以色列创业的国度、中关村创业故事	动员机制：最大范围动员与调动
孵化（从小到大，外生推手）	精准孵化型创新（孵化器加速器、科技园）	在引领思维下，引导孵育优于自由放任	美空军技术创新孵化器 AFWERX、以色列孵化器	助推机制：不是拿来主义，参与早期孵化
集群（从大到强，外部拉手）	系统迭代型创新（产业集群、科技园区）	在系统思维下，族群迭代优于单点突破	如深圳山寨产业高端化及美国 128 公路集群	组织机制：在有条件的地区同频共振

16.3 从新经济创新方法看组织创新

如果将一个从科研"想法"、商业"概念"，变成技术、再变成产品、再变成服务，最终"赚到钱"视为一个完整意义上的创新过程，那么这些想法概念、科学技术、商业模型、产品服务需要面对思想市场、技术市场、投资市场、消费市场四个市场的创新验证或最终检验。从创新方法的意义上，很多产品技术或服务的创新过程可以通过概念验证、逆向创新、风险评估、场景模拟等"四步法"的前置验证提高创新效能，顺便衍生出相应的创新范式——即插即用微创新、逆向垂直型创新、风险投资型创新、场景再造型创新，以及相应的创新组织机制。

16.3.1 即插即用微创新——边际思维下即插即用优于深藏不露

就知识层面的反复概念验证来看，即插即用优于厚积薄发，即插即用微创新不仅是重要的组织创新方式，还是重要的创新推演机制。一般而言，即插即用微创新常见于互联网企业等创新主体，其基本含义是"立足厚积爆发沉淀积累，强化短（短周期）平（薄创新）轻（轻资产）快（见效快）的即插即用，实现低风险低投入高收益快收益的微创新，从化整为零到化零为整，从以小见大、到越滚越大，从反复验证到循环利用"，核心机制在边际思维下的即插即用创新，体现为"即插即用优于厚积薄发"的新经济创新法则。如国内商业模式概念验证实验室，为各类企业商业模式创新提供概念验证服务；再如诸多互联网企业强调以微创新带动产品服务创新，各类军民融合挑战赛汇聚各类创业创新项目；再如"阿米巴经营模式"就是将整个公司分割成许多个被称为阿米巴的小型组织，每个小型组织都作为一个独立的利润中心，按照小企业、小商店的方式进行独立经营。比如说制造部门的每道工序都可以成为一个阿米巴，销售部门也可以按照地区或者产品分割成若干个阿米巴。阿米巴经营模式成功的关键在于通过这种经营模式明确企业发展方向，以及组织构造、运行方式及其背后的思维方式，并把它传递给每位员工，通过发挥个体的活力带动整体张力的激活。对于科技自立自强及其组织方式创新而言，既需要集大成者，也需要分布式创新，两者相辅相成，环环相扣；既可以创业试错，也可以研发众包，优化创新资源配置效率。

16.3.2 逆向垂直型创新——逆向思维下以销定产优于以产定销

就技术层面的逆向研发创新来看，以销定产优于以产定销，逆向垂直型创新不仅是重要的组织创新方式，还是重要的资源配置机制。一般而言，逆向垂直型创新常见于产业企业等创新主体，其基本含义是"打破工业经济的以产定销到新经济的以销定产，从市场需求—产业化—转移转化—商业应用—共性技术—基础研究—基础设施，形成反向资源配置的逆向创新，商业成功是检验研发创新的唯一标准"，核心机制在逆向思维下的逆向研发创新，体现出"以销定产优于以产定销"的新经济创新法则。典型的案例是浙江在科教智力资源薄弱的商业之地，从市场、应用反向切入从无到有、从小到大、从大到强；而陕西拥有大量军工资源、科教智力资源，但陷入"抱着金饭碗化缘"的境地。对于科技自立自强及其组织方式创新而言，需要将面向未来科技、引领未来产业与立足应用技术、服务市场应用相结合，将科学原理、技术实现、商业应用、产业转化高度垂直，打破正向的链式创新；在大科学时代，迫切需要从项目立项源头解决"政产学研用"的有机结合问题。

16.3.3 风险投资型创新——投行思维下愿赌服输优于四平八稳

就资本层面的风险投资挖掘来看，愿赌服输优于四平八稳，风险投资型创新不仅是重要的组织创新方式，还是重要的创新发掘机制。一般而言，风险投资型创新常见于风险投资机构、地方政府等创新主体，其基本含义是"通过风险投资识别机会、挖掘原创、育孵创新，借助风险投资的实际运作模式推动科技成果商品化、市场化、产业化"，核心机制是在投行思维下的风险投资发掘机制，体现出"愿赌服输优于四平八稳"的新经济创新法则。如近年来合肥被媒体誉之为"伪装成政府的投资银行"，阐述了合肥近几届政府在前瞻培育新兴产业过程中承担创新风险亦取得产业培育成效的故事，从20年前一个不通铁路干线的省会和"中国最大的县城"，到20年后成了世界最大平板显示基地、186家集成电路企业的存储产业基地、"中国声谷"，也意味着区域产业发展不仅仅需要外部招商引资以及市场自然生成，还需要政府的前瞻培育以及产业组织者的产业组织。再比如美国中央情报局与国防工业部门支持由洛克希德·马丁公司前首席执行官组建一家独立于CIA运作的商业性风险投资机构In-Q-Tel（IQT），旨在识别并资助那些发展尖端信息技术的公司，以满足 CIA 对信息技术的需求进而服务于美国国家安全。对于科技自立自强及其组织方式创新而言，需要借助风险投资机制链接科技型企业，掌握研发创新、科技成果、产业应用等前沿动态，保持对国防科技、产业科技等引领地位；可参照国内外成功投资运作经验，设立多层次多形态引导基金，促进科技创新、金融创新与产业发展有机结合。

16.3.4 场景再造型创新——高维思维下穿越红海优于发现蓝海

就应用层面的场景模拟再造来看，穿越红海优于挖掘蓝海，场景再造型创新不仅是重要的组织创新方式，还是重要的价值再造机制。一般而言，场景再造型创新常见于多类市场主体等，其基本含义是"借助数据、智能硬件、平台运营等，将产品服务、消费体验与应用场景有机结合，创造新的市场需求，产生全新的新经济形态，是需求拉动的升级版"，核心机制是在高维思维下的场景需求拉动，体现出"穿越红海优于发现蓝海"的新经济创新法则。典型案例是西安民用航天基地大力发展泛太空经济，将过去"从地面到太空"的航天思维、依赖国家政府投入、主要用于国防军事等安全领域、基本由国有大企业主导、社会效益大于经济效益的航天产业，加快向"从太空到地面"太空思维转变，强调国家、地方、企业、市场等多元投入机制，突出武器装备、新一代通信、太空互联网、先进材料以及太空服务的有机结合，强化商业化、市场化、产业化运作，最终从二维世界到高维世界。"泛太空经济"从字面理解就是比"航天产业"内涵更跨界、"太空经济"外延更宽泛的经济构成与经济形态，就是立足航天技术与太空经济，进一步与大数据、云计算、物联网、人工智能、移动互联网、5G等新一代信息技术以及新材料、新能源、新装备等先进制造相结合，通过进入太空、探索太空、获取太空资源的同时方向作用于地面生产生活与虚拟空间，进而衍生的新技术、新产品、新服务、新业态、新市场、新产业和经济效益。对于科技自立自强及其组织方式创新而言，需要打破一维传统产业、二维信息产业以及二维概念、二维世界等，实施升维创新、降维打击；借助智能科技等，加快将走向"软硬结合，数智兼备，器网融合"的发展形态。

表：从新经济创新验证四步法看科技自立自强组织创新

组织方式	创新范式	主要法则	中外案例	主要启示
概念验证（思想市场）	即插即用微创新（互联网企业）	在边际思维下，即插即用优于深藏不露	阿米巴经营模式、创新挑战赛	创新推演机制：不仅需集大成，还需要边角料
逆向创新（技术市场）	逆向垂直型创新（产业企业）	在逆向思维下，以销定产优于以产定销	浙江商业引领创新与陕西军工引领	资源配置机制：科学、技术、商业、产业高度垂直
风险投资（投资市场）	风险投资型创新（风险投资机构、地方政府）	在投行思维下，愿赌服输优于四平八稳	商业性风险投资机构 In-Q-Tel（IQT）	商机发掘机制：借助风投链接科技型企业前沿动态
场景模拟（消费市场）	场景再造型创新（多类市场主体）	在高维思维下，穿越红海优于发现蓝海	西安从航空航天基地到泛太空经济	价值再造机制：从一维产业、二维产业到三维产业

16.4 从新经济爆发成长看创新组织

一般而言，无论是新经济与传统工业经济实现新旧动能转换与产业转型升级的过程，还是瞪羚企业、独角兽企业等"新物种"企业的爆发成长，都是从中心化的发展结构（产业结构、企业结构、区域结构）到去中心化、再中心化、再去中心化、非中心化、极化。"中心化"就是"集中力量办大事"，实现重点突破；"去中心化"就是通过边缘式创新的增量培育带动传统存量提升，强调自组织自成长；"再中心化"就是打破传统的集团化、综合化、专业化，实现平台化运作；"再去中心化"就是形成共生共荣、你中有我、我中有你的生态圈；"非中心化"就是打破产业界限、商业疆域、企业边界、技术锁定；"极化"就是拥有"卡脖子"的制高点、主导权、主动权。在此过程中，衍生出不同创新范式——重点突破型创新、边缘外围型创新、平台衍生型创新、开放协同型创新、跨界融合型创新、非对称极化创新，分别代表了事物发展的重点论、自组织、平台化、生态圈、跨界别、引爆点等爆发成长机制。

16.4.1 重点突破型创新——闪击思维下集中一点优于全产业链

从中心化结构来看，集中一点优于全产业链，重点突破型创新不仅是

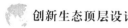

重要的创新组织方式，还是突出"重点论"的创新组织策略。一般而言，重点突破型创新常见于源头型组织，其基本含义是"通过举国体制或者新举国体制等，对人有我无的、我有人精等领域，搭建高端创新平台、创新源头以及大科学基础设施等，实施集中攻关与重点突破"，核心机制是集中力量办大事，体现出"集中一点优于全产业链"的新经济创新法则。典型案例如"两弹一星"、美国 NASA 等。对于科技自立自强及其组织创新而言，新一轮产业技术革命爆发不仅源于工业革命，更多的来自国防科技与军事安全等领域；当前需要在市场经济条件下发挥新型举国体制优势，引导大科学时代重点科技项目攻关，组织实施一批大科学装置布局建设，加快以国防科技的重大突破引领创新带动产业科技的自主创新。

16.4.2 边缘外围型创新——增量思维下侧翼进攻优于正面交锋

从去中心化结构来看，侧翼进攻优于正面交锋，边缘外围型创新不仅是重要的创新组织方式，还是强调"自组织"的创新组织策略。一般而言，边缘外围型创新常见于民营经济或子公司等，其基本含义是"依托体制外、副中心、次中心型创新主体，在不起眼、不重要的地方或角落更容易通过体制机制创新，实现创新目标"，核心机制是增量思维下的增量培育带动存量提升，体现为"侧翼进攻优于正面交锋"的新经济创新法则。如改革开放以来，我国以体制外增量培育盘活带动体制内增量提升，如今通过大力发展新经济促进新旧动能转换；再如某民营企业通过引进吸收再创新突破军民融合领域的关键技术、瓶颈技术，但纵向科技项目计划支持多年却没有结果。对于科技自立自强及其组织创新而言，其借鉴启示在于：以体制外增量培育盘活带动体制内增量提升，以新经济发展促进科技改革、创新、开放及发展；重视"高手在民间"以及"边角料"地带，支持民营企业、中小企业搭建重点实验室、重点学科实验室、重点国防条件平台等高水平科研条件平台，加快民营企业、民营中小科技企业纳入国家战略科技力量。

16.4.3 平台衍生型创新——平台思维下平台赋能优于科层管理

从再中心化结构来看，平台赋能优于科层管理，平台衍生型创新不仅是重要的创新组织方式，还是强调"平台化"的创新组织策略。一般而言，平台衍生型创新常见于平台型组织等创新主体，其基本是"强调平台赋能作用，通过扁平化组织以及前中后台协作，促进大中小企业互联融通，衍生新企业新技术新模式新业态"，核心机制是平台思维下的平台衍生能力，体现出"平台赋能优于科层管理"的新经济创新法则。典型案例如阿里军民融合、海尔等大企业平台化等，很多独角兽企业源自平台型企业或大企业平台化的衍生。如海尔通过开放内部研发、供应链和渠道等强大的产业资源整合来自全球的创意、技术和资金资源，配备宽带、办公桌椅、3D 打印模具等必要创客办公设备，建有创客学院、创客工厂、创客增值服务平台、创业基金投资平台、海立方线上平台五个线上线下服务平台，形成全流程的"众创 - 众包 - 众扶 - 众筹"服务模式与创业集成服务，为创业者提供供应链匹配和生产支持服务，吸引海尔内部员工和离职员工、合作伙伴、社会资源、全球资源、用户等在平台上进行创业，为创意提供产品样品设计、产品试制、小批量试生产等服务支持，并促进海尔自身改革和转型升级。对于科技自立自强及其组织创新而言，需要加大对平台型企业的支持，将平台型企业作为新一轮创新发展的基础设施与平台，提升全社会、全要素的科技创新与组织动员体系。

16.4.4 开放协同型创新——生态思维下开放包容优于闭门造车

从再去中心化结构来看，开放包容优于闭门造车，开放协同型创新不仅是重要的创新组织方式，还是强调"生态圈"的创新组织策略。一般而言，开放协同型创新常见于自组织型区域经济体等，其基本含义是"借助'政、产、学、研、金、介、用'六位一体无边界组织的开放式协同创新，实现产业生态与创新生态的协同"，核心机制是生态圈创新，体现出"开放包容优于闭门造车"的基本法则。典型案例是环北京贫困带与深圳产业创新生态比较。譬如，一批生态型企业采用平台化的组织体系，在全面开放自身资源的同时整合全球范围内的创新创业要素，为内外部的小微创新创业主体赋能，形成以企业为核心，客户、合作伙伴、员工、创客等共同参与、高效协作的生态圈。在此种模式下，企业自身资源丰富且与外部资源互动良好，具备资源整合及开放的能力，并通过资源开放共享机制，助力各类创新创业主体借助企业平台优势快速发展。对于科技自立自强及其组织创新而言，优化研发生态、服务生态、创业生态与产业生态闭环，促进核心能力圈、重要能力圈、一般能力圈三个生态圈建设，并实现圈层联动。

16.4.5 跨界融合型创新——跨界思维下交叉裂变优于平庸滚动

从非中心化的结构来看，交叉裂变优于平庸滚动，跨界融合型创新不仅是重要的创新组织方式，还是强调"跨界别"的创新组织策略。一般而言，跨界融合型创新常见于产业组织者、枢纽型组织等创新主体，其基本含义是"从单一产业的产业价值链分解融合到多个产业之间的跨界融合，通过高效产业组织（资源整合、要素配置）系统性降低创新成本与经营风险，在交叉领域跨界融合新学科新科技新业态"，核心机制是跨界思维下的产业跨界组织，体现出"交叉裂变优于平庸滚动"的新经济创新法则。如2015年8月美国国防部在硅谷正式启动国防创新实验单元（DIUx），作为国防部直接派出机构DIUx的使命是打破国防部围墙，让来自外部的创新注入国防部，成为创新系统新的血液。如果说IQT代表了美国官方运用商业手段链接全美乃至全球创新资源的探索，那么DIUx则代表了国防部对接特定创新高地资源的全新尝试。DIUx发挥的作用主要是对接信息并帮助硅谷公司应对国防采办规则和法规。在发现有价值的技术后，DIUx会与国防实验室或项目执行官建立联系，由后者根据需要去获得更多的信息。DIUx也被看成是一个"球探办公室"，将发现的技术与作战部队（包括国防部的科技队伍、采办队伍以及作战司令部）联系起来，提高国防部从硅谷高技术公司获取创新前沿技术的能力。对于科技自立自强及其组织创新而言，围绕科学技术以及各次产业的跨界融合，以大科学为代表的系统工程、交叉学科为代表的领域、新兴产业为代表的产业组织为突破口，在高投入、长周期之中探索高收益、低风险，畅通跨系统、跨层级、跨学科、跨产业的渠道与机制。

16.4.6 非对称极化创新——极化思维下一针见血优于四处用力

从极化的发展结构来看，一针见血优于四处用力，非对称针尖创新不仅是重要的创新组织方式，还是强调"引爆点"的创新组织策略。一般而言，非对称极化创新常见于多类创新主体，其基本含义是"先难后易一针见血，把握卡脖子等瓶颈环节掌握重中之重与要中之要，并通过一点突破带动整体提升，实现弯道超车换道超车"，核心是针尖思维下的重磅炸弹袭击，体现出"一针见血优于四面开花"的新经济创新法则。典型案例如不对称战略、非对称武器等。对于科技自立自强及其组织创新而言，突出针尖产业、尖端技术、顶尖平台、拔尖人才带动新技术、新模式、新业态、新产业发展，引实现以"四尖科技"带动"四新经济"。

表：从新经济爆发成长机制看科技自立自强组织创新

组织方式	创新范式	主要法则	中外案例	主要启示
中心化（重点论）	重点突破型创新（源头型组织等）	在闪击思维下，集中一点优于全产业链	中国"两弹一星"、美国 NASA	集中力量办大事
去中心化（自组织）	边缘外围型创新（民营经济或子公司等）	在增量思维下，侧翼进攻优于正面交锋	民营企业领先国家十年无果科技计划	体制外增量培育盘活带动体制内增量提升
再中心化（平台化）	平台衍生型创新（平台型组织等）	在平台思维下，平台赋能优于科层管理	阿里军民融合、海尔等大企业平台化	强化中台中场建设，将前台前端与后台后方相结合
再去中心化（生态圈）	开放协同型创新（枢纽型组织等）	在生态思维下，开放包容优于闭门造车	环北京贫困带与深圳产业创新生态	研发生态、服务生态、创业生态与产业生态闭环
非中心（跨界别）	跨界融合型创新（区域经济体等）	在跨界思维下，交叉裂变优于平庸滚动	产业共同体、产业技术联盟等	在高投入、长周期中实现高收益、低风险
极化（引爆点）	非对称极化创新（多类创新主体）	在针尖思维下，一针见血优于四面开花	不对称战略、非对称武器	针尖军工、尖端技术、顶尖平台、拔尖人才

围绕科技自立自强，需要建立创新型组织方式，并实现如下发展取向：一是以引领创新带动自主创新。面向未来科技、引领未来产业与立足应用技术、服务市场应用相结合，以重大突破引领创新带动产业科技自主创新，进而带动国家从跟随创新向引领创新方向发展。二是以跨界融合带动原始创新。强化大科学装置、前沿基础研究、靶向应用研究、高水平产学研结

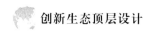

合与硬科技创业、未来产业、先导产业、原创产业、战略产业有机结合，以产业跨界融合带动科技原始创新。三是以系统迭代带动单点突破。以"四两拨千斤"场景创新为牵引，强化政、产、学、研、金、介、用、军等多类创新主体综合运用"概念验证＋产品构建＋技术集成＋企业协同＋产业生成"等方式突围突破前沿科技、尖端科技以及未来产业发展，进而带动国民经济整体突破。四是以四面撒网边缘创新带动重点捕捞颠覆创新。拓展科技创新新机制新平台新渠道新形式，通过海量试错、海量选择等突破前沿科技、瓶颈技术、重大工程技术等。五是以四尖科技带动四新经济。从以针尖产业、尖端技术、顶尖平台、拔尖人才为内涵的"四尖科技"，到以新技术、新模式、新业态、新产业为代表的"四新经济"，借助适宜新经济的组织模式推进创新驱动战略的高质量实施，以科技的自立自强带动新经济的引领发展。

参考文献

一、著作

徐苏涛. 中国新经济变革. 金城出版社. 2020.

徐苏涛. 大破局：中国新经济地理重构. 2021.

（美）威廉. 米勒. 硅谷优势：创新与创业精神的栖息地. 人民出版社. 2020.

（美）埃德蒙·费尔普斯. 大繁荣. 中信出版社. 2013.

二、报告

徐苏涛. 破除创新生态建设迷雾：生态发育与平台建设. 2021.

徐苏涛. 产业生态建设发育逻辑：从模块时代到生态时代. 2021.

徐苏涛. 数字生态建设发育逻辑：最佳实践与创新精要. 2021.

徐苏涛. 研发生态建设发育逻辑：最佳实践与创新精要. 2021.

徐苏涛. 创业生态建设发育逻辑：最佳实践与创新精要. 2020.

徐苏涛. 金融生态建设发育逻辑：最佳实践与创新精要. 2021.

徐苏涛等. 服务生态建设发育逻辑：最佳实践与创新精要. 2021.

徐苏涛等. 新型研发机构顶层设计：最佳实践与创新精要. 2021.

徐苏涛等. 大学科技园顶层设计：最佳实践与创新精要. 2021.

徐苏涛等. 天使投资平台顶层设计：最佳实践与创新精要. 2021.

徐苏涛等. 科技创业社区顶层设计：最佳实践与创新精要. 2021.

徐苏涛等. 产业互联平台顶层设计：最佳实践与创新精要. 2021.

徐苏涛等. 政府引导基金顶层设计：最佳实践与创新精要. 2021.

三、论文

徐苏涛.从全球科技创新中心指数看北京全球科技创新中心路数.中国科学报.2020 (9).

徐苏涛.让创业之都带动青春之岛加快兽变.半岛都市报.2020 (10).

徐苏涛.破除"大众创业"ABC 的迷雾.国际融资.2015(7).

徐苏涛.从创业市场的三个不成熟到"三位一体".中国高新区.2016(5).

徐苏涛.互联网的"下半场"与资本市场的"后半生".世界互联网大会·乌镇峰会.2018(11).

徐苏涛等.大学科技园为何变"物业".中国科学报.2021(5).

徐苏涛.让天使投资带动新经济轻盈地腾飞.科技潮.2014(5).

徐苏涛.为什么很多产业互联网平台会失败?.世界产业互联网大会.2021(10).

后 记

　　近年来，伴随我国开放创新发展大周期、中周期、小周期三重叠加，社会各界更加强调并践行创新驱动与科技创新。这个大周期以前后四十年为尺度，在中国改革开放第一个四十年，从计划经济到市场经济激活了资源配置效率；那么，第二个四十年则是将从工业经济向新经济全面转型过程中激发创新创业活力。中周期以前后十到十五年为尺度，在以往以开放促改革发展阶段，我国以贸易部门发展为引领，将农业部门剩余劳动力吸引到工业部门，创造了"中国制造"与"中国的奇迹"；那么，在以改革促开放的新阶段，迫切需要以科教工业部门为引领，在全球范围配置资源、创造财富、分配财富，实现由富变强。小周期以前后五年为尺度，过去五年无论全球经济形势、发展态势还是国内经济形势、发展态势都具有较大的动荡性，尽管新动能蓄势待发但虚假繁荣、结构矛盾等等比比皆是；那么，在未来五年可能将进入新一轮发展周期，核心是在各种不确定性中找到逆势增长、高质量发展的确定性。

　　在三个周期三重叠加条件下，我们究竟如何创新我们的组织方式，抑或形成怎样的创新组织？关于创新驱动的路数，大家最早讲"建设完善区域创新体系"，侧重的是平台载体层面，让创新能有所依托；后来讲"建设完善区域创新网络"，侧重组织方式，让创新成为集体行动；如今讲"优化创新生态"，侧重环境氛围，致力于营造一种质优创业创新氛围与自组织自成长的发展机制。从这个意义上，创新工作存在三大发展层次和三大发展形态。从发展层次来看，开始是空间载体，让创新主体有物理空间；后来是服务平台，让创新主体更加便利；如今是创新生态，让创新主体、创新资源、创新机制、创新环境更加开放、协同、融合，而且是基于数字化的。

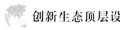

而与此对应的，同样是形态开发、功能开发、生态开发的三大发展形态。

《创新生态顶层设计》更多的是抛砖引玉，力求为创新生态建设发育提供全新视角、内在逻辑、发展规律与顶层设计。某种意义上，将很多思考撰写成书，在很大程度上得益于三位领导朋友的鼓励：一位在我们共同研究编制地方创新规划过程中，提出"（地方）政府应成为创新生态的顶层设计者、建设者和维护者"；一位是回顾其几十年主政经验时，说自己"用了一把手的资源整合能力，做了一个创新发展局局长的事"；一位是在创新生态分享后，告诉我"很多人讲的创新生态看不见、摸不着，您的创新生态观不仅看得见、摸得着，还能立得住、顶得着"。在本书形成过程中，很多朋友、同事、校友等先后给予了不同的协助与支撑，并协助了本书的编辑工作，在此一并表示最衷心的感谢。

徐苏涛

2022 年 12 月 20 日于北京